本书获海南热带海洋学院2019年校级教材建设项目资助

电子商务实训

吴清燕　吴英照　主编

中国原子能出版社
China Atomic Energy Press

图书在版编目（CIP）数据

电子商务实训 / 吴清燕，吴英照主编. -- 北京 : 中国原子能出版社，2019.10
ISBN 978-7-5221-0139-2

Ⅰ. ①电… Ⅱ. ①吴… ②吴… Ⅲ. ①电子商务－高等学校－教材 Ⅳ. ①F713.36

中国版本图书馆 CIP 数据核字（2019）第 234546 号

内容简介

本书属于电子商务专业的教材，由电子商务的发展、电子商务网站与非商务网站的特点、电子商务的分类、电子钱包设置、搜索引擎营销、电子商务与物流管理、电子商务安全与防范等部分组成，全书以电子商务的实训内容为研究对象，分析电子商务实训中需要掌握的各种技能，并提出电子商务技能操作中的重难点。对高校应用型本科及高职高专电子商务专业的学生具有学习与参考价值。

电子商务实训

出版发行　中国原子能出版社（北京市海淀区阜成路 43 号　100048）
责任编辑　王　丹　高树超
装帧设计　河北优盛文化传播有限公司
责任校对　冯莲凤
责任印制　潘玉玲
印　　刷　定州启航印刷有限公司
开　　本　710 mm×1000 mm　1/16
印　　张　14.25
字　　数　252 千字
版　　次　2019 年 10 月第 1 版　　2019 年 10 月第 1 次印刷
书　　号　ISBN 978-7-5221-0139-2
定　　价　49.00 元

发行电话：010-68452845　

前　言

随着世界经济的快速发展和全球经济一体化的不断深入，电子商务逐渐渗透到各个行业中，改变了原有的商务模式和商务流程。至今，电子商务历经了三个发展阶段。从资本市场运作，到商业模式运作，再发展到现今的企业经营运作，网络已经作为一个工具，逐渐渗透到各个领域、各个行业中。从雅虎到戴尔，再到现在的 AOL，电子商务已经开始从原来的新型企业向传统领域进军。我国对电子商务人才有巨大的需求。电子商务是一门交叉性的学科，并且需要学生掌握一定的实际操作技能。

本书采用基于工作任务的项目教学方式，无论内容的选取还是项目的编排，都体现了高等教育的宗旨，即“培养适应生产、建设、管理、服务第一线需要的高等技术应用型专门人才”。本书中每个项目中都设置了不同的任务，基本和现实工作任务相同，体现了项目式教学的思想。为了体现职业教育的特点，本书也融入了职业资格认证考试的内容。

本书适合高等电子商务专业及相关专业的学生实训使用，选取的所有实验都设定了任务目标、任务描述以及学习完成后的实训思考。本书主要由电子商务基本知识、电子商务的创建与管理、网络营销、电子商务的物流管理、电子商务的安全与防范等部分组成。

感谢所有为本书编写提供丰富参考文献的学者以及为本书编写付出心血的所有参编人员及其所在院校。电子商务是一个发展很快的领域，内容新、变化快，加之作者水平有限，书中难免存在遗漏和不足之处，望广大读者批评指正。

吴清燕　吴英照

2019 年 7 月

目　录

第1部分　实训说明

第2部分　实训内容

第1部分　实训说明

1　实训目的

电子商务是一门实践性很强的学科，由于其复杂、多变并具有不确定性，它的实训环节更是成为一个难点。为了使学生尽快熟悉和掌握电子商务流程，我们选用了目前成熟的软件系统作为实训环境，注重实用性和可操作性。教材分为实训说明和实训内容两个部分。第一部分，主要介绍实训的目的、需要掌握的基本技能以及教学目标等；第二部分，主要介绍实训的内容，包括电子商务的基本知识、网络购物及网上支付、电子商务创建与管理、网络营销、物流管理、电子商务安全与防范、电子商务法律法规与知识产权、电子商务模拟实训等。

随着计算机应用的普及，通过理论教学使学生了解电子商务的基本框架及初步应用，并通过学生亲自动手操作使他们了解电子商务的各个流程，有利于扩大他们的知识面。通过本教材的学习，学生可以了解电子商务操作的基本流程，初步掌握电子商务的基本技能，为在信息时代进行电子商务活动打下坚实的基础，并对电子商务的特点和应用领域有一定的感性认识。

2　基本技能要求

学生须具备以下三种技能。

技能一：掌握电子商务的定义及特点，熟悉电子商务系统框架结构，了解电子商务功能，了解电子商务网站的定义，熟悉电子商务网站的功能，掌握电子商务网站的构成和要素。

技能二：具有独立思考问题的能力，具有分析问题的能力，具有解决问题的能力和文字表达能力。

技能三：具有自学能力、文字编排能力，具有分析网站架构、功能、布局等技能。

具体要求如下。

（1）掌握计算机技术，能够熟练安装、使用客户端和服务器端操作系统和应用软件。

（2）掌握信息流、资金流、物流的关系；能对比分析“三流”的实现方式与过程。

（3）掌握 IP 地址与域名、WWW 服务、电子邮件与文件传输、域名申请、文件压缩等电子商务活动。

（4）掌握开设网上商店的步骤与方法。

（5）学会在 B2C 平台上开设商户并进行后台管理。

（6）学会在电子商务 B2B 平台上进行采购、销售、资金等的管理，学会网上贸易的后台操作与管理。

（7）学会设计网络市场的调研问卷，学会收集网络信息的方法，学会选择网络营销渠道等。

（8）学会使用一种网上支付工具，学会应用网上银行开展支付业务。

（9）学会 CA 证书的申请与使用，能分析保障电子商务信息传递过程的安全防范措施。

（10）掌握企业电子商务的决策、规划、设计和实施过程，具有较强的企业电子商务方案解决能力，能够规划、建设企业电子商务网站，能对网站的运营进行维护，并能借助网站进行电子商务活动。

3 实训项目及其教学目标

3.1 实训项目

电子商务专业主要培养利用计算机技术、网络技术等现代信息技术从事商务活动的专门人员。根据这一培养目标，电子商务实训的主要内容如下。

3.1.1 认识电子商务

主要学习电子商务的发展历史、电子商务与传统商务的区别、电子商务网站与非商务网站的特点、电子商务的分类等内容。

3.1.2 网络购物及网上支付

主要学习第三方支付平台账户、网上银行账户和虚拟支付账户的开通，电子钱包的设置以及电子钱包购物，移动购物与移动支付等内容。

3.1.3 电子商务创建与管理

主要学习第三方平台网上商店的创建与管理以及自建电子商务平台的创建与管理。

3.1.4　网络营销

主要学习网络营销工具、搜索引擎营销以及微博、微信和抖音等流行网络营销。

3.1.5　物流管理

主要了解海尔、淘宝、京东的物流及其他商务物流模式。

3.1.6　电子商务安全与防范

了解计算机网络病毒，并且知道怎么防范病毒，学习数字证书的申请与安装等内容。

3.1.7　电子商务法律法规与知识产权

学习与电子商务相关的法律、法规，了解一些电子商务侵权案例。

3.1.8　电子商务模拟实训

熟悉不同类型电子商务所有的运营过程，对电子商务学习所需要掌握的知识、技能有个初步的了解。

3.2　教学目标

电子商务已成为发达国家培养商业人才的高等教育中不可或缺的部分，并以商业课程为主干，形成了电子商务专业职业教育、学历教育配套培养体系。在电子商务高等教育中，重点突出了商业环节与信息技术的结合，建立了相关的实验、实训场所，并要求学生至少完成一个实际的电子商务项目，更加结合实际，强调实践环节，全面培养学生的商业素质、法律素质、财务管理能力与信息技术应用能力。科学实验是现代信息技术赖以发展的重要实践环节，而电子商务教学中的实验教学则是以实训教学形式培养电子商务人才的重要途径。深化电子商务实训教学改革，在加速高等教育从应试教育转向素质教育，提高教育的质量和效益方面起着重要作用。

电子商务实训课程是学生学习电子商务方法、技能的重要渠道。它对学生学习和掌握电子商务的基本思想、研究问题的方法、理论联系实际的方法以及开阔学生思维、激发学生的探索和创新精神、提高学生素质有重要作用。

电子商务实训课程增加了新的教学内容，开辟了新的教学体系和新的教学手段，使教师从传统的备课、授课方式拓展到计算机虚拟备课和授课的方式上，进一步扩展了教学空间，提高了教师对信息技术在商业中应用的认识。电子商务实训对教师提出了新的要求，提出了应用现代信息技术的挑战。在实训教学中，要求相关课程的教师编写新的系列教材，不仅要包括新的教学内容和教学方法，而且要针对不同层次和不同的教学培训对象编制不同程度的实训教学资料。

这直接推动了有关的课程改革和新的课程体系的建设，培养出适应时代发展的电子商务实训师资队伍。电子商务实训教学将探索一条科研的新路子，它必将推动一场教授相同课程的教师之间、教授不同课程的教师之间以及教学研究与实际部门之间的相互协作。电子商务实训已经成为一个推动“产、学、研”结合的新载体，必将推动我国电子商务及相关学科教学的发展，最终促进我国企业整体管理水平的提高，有力推动电子商务的发展。

将单纯的电子商务书本教学转变到重视电子商务实训教学的轨道上来，就必须构建与之相适应的新的实训课程体系。这种课程体系要有利于激发学生形成认知活动的主观能动性，有利于提高学生知识迁移、学用结合等实践活动的有效性，有利于引导学生培养科学的工作和学习作风及创新能力，有利于促进学生对整个学科体系全面而又深入的理解。

第2部分　实训内容

1　认识电子商务

【导入案例】

进入 21 世纪，以互联网（Internet）为核心的信息网络技术迅猛发展，商品贸易进入信息化高速通道，人类社会也随之步入网络经济时代。如今，电子商务作为一种新型商务模式已日臻繁荣，极大地提高了生产经营和商贸流通的效率，有效地降低了管理成本和流通成本，已成为全球贸易发展的“助推器”，也必将成为 21 世纪新的经济增长点。电子商务作为一种重要的贸易活动，不仅是一种贸易技术平台，也代表着未来商品贸易的发展方向，它的影响将比贸易活动本身更加深刻。

中国互联网络信息中心（CNNIC）于 2014 年年初发布的统计数据显示，我国网络购物用户规模已达 3.02 亿，使用率达到 48.9%，较 2012 年有 6 个百分点的增长；其中团购用户规模达 1.41 亿，团购的使用率达到 22.8%，较 2012 年有 8 个百分点的增长，用户规模年增长速度达 68.9%，是我国商务类应用中增长最快的一种。国家商务部发布的数据显示，我国 2014 年电子商务交易总额为 1.3×10^5 亿元人民币，在 10 年的时间里增长了近 10 倍。电子商务开创了“大众创业、万众创新”的新局面，线上销售与线下销售不断融合，传统企业迈向“互联网 +”的速度明显加快。面对新形势、新任务，2015 年国家商务部启动了新的电子商务专项行动计划，其核心就是规范和促进我国电子商务发展，主要包括完善标准规范和法律法规，推进中小城市电子商务应用，促进农村电子商务和农产品电子商务发展，大力防范侵权和假冒伪劣四个方面内容。

作为电子商务的重要组成部分，“农村电子商务是我国农村优化产业结构、繁荣实体经济、促进农民增收的有效途径”。我国是传统的农业大国，农业自古以来就是我国的基础产业。自 1989 年实施“科技兴农”战略以来，我国农业的基础条件、科技化水平、资金投入度等不断提升，农业生产量大幅提高，农民生活水平逐步提高。作为经济强省，江苏到 2018 年全省粮食总产量已达 3 660.3 万吨，保持了粮食“自给有余”的态势。放眼全国，江苏农业现代化水平处于第一方阵，科学技术对全省农业的贡献率达 63.2%，优势地位比较明显。农村市场是我国社会主义市场经济体系的重要组成部分，是我国体量最大、最具潜力的市场，也是我国扩大内需的主要战场。不断提升我国农业整体效益、压缩农产品交易成本、维护农业健康发展、确保农民持续增收，对建立一种信息畅通、运作规范、交易高效的新型农产品流通模式，提出了最为迫切的要求。随着经济全球化、一体化的持续推进，江苏农业面临的小生产与大市场的矛盾日益突显，农村生产经营分散、流通环节多、标准化程度低等一些传统制约因素依然存在。农村电子商务作为一种先进的商务模式，不仅为上述问题提供了较为成熟的解决方案，而且为经济新常态下推进社会主义新农村建设指明了方向。

发展农村电子商务，既有利于扩大特色农产品（加工品）的线上销售，进一步做大做强当地特色产业，又有利于优化农村生产资料配置，激发农村经济活力，带动农民就业和大学生回乡创业。近年来，党中央、国务院先后出台了一系列方针政策，扶持农村的信息化建设，全力以赴推动农村电子商务向前发展。《中共中央国务院关于推进社会主义新农村建设的若干意见》《2006—2020年国家信息化发展战略》《国民经济和社会发展信息化“十二五”规划》等文件都将农村信息化建设摆在了首要位置，都对加快建设步伐提出了明确要求。《阿里农产品电子商务白皮书（2013）》显示，截至2013年年底，全国已涌现出14个典型的“淘宝村”，有59.57万个淘宝网店开设在村（镇）这一级，电子商务等信息化应用已在改变农村传统流通方式、优化农村经济结构、增加农民收入、促进农村社会转型中发挥着积极作用。2014年，国务院办公厅出台了《关于促进内贸流通健康发展的若干意见》，提出“进一步拓展网络消费领域，支持电子商务企业向农村延伸业务”的发展目标。2015年5月，国务院发布《关于大力发展电子商务加快培育经济新动力的意见》，指出“要加强互联网与农业农村融合发展，引入产业链、价值链、供应链等现代管理理念和方式，研究制定促进农村电子商务发展的意见，出台支持政策措施”。同年8月，国家商务部等19部委联合下发《关于加快发展农村电子商务的意见》，提出“主动适应经济发展新常态，充分发挥市场在资源配置中的决定性作用，加强基础设施建设，完善政策环境，深化农村流通体制改革，创新农村商业模式，培育和壮大农村电子商务市场主体，发展线上线下融合、覆盖全程、综合配套、安全高效、便捷实惠的现代农村商品流通和服务网络”，这是我国第一个针对农村电子商务发展的纲领性文件。直到现在，电子商务仍在迅猛发展，尤其是一些跨境电子商务，2018年11月21日国务院常务会议明确提出，延续和完善跨境电子商务零售进口政策并扩大适用范围，释放出“延续”“扩围”“提额”三项实质性重磅利好，即从2019年1月1日起，延续实施跨境电商零售进口现行监管政策，并将政策适用范围从15个城市再扩大22个城市，产品范围也扩围新增63个税目，将单次交易限值由 2 000 元提高至 5 000 元，年度交易限值由每人每年 2 万元提高至 2.6 万元。

近年来，农村电子商务在欧美、日韩等发达国家或地区得到了长足发展。电子商务不仅作为农产品营销的主要渠道，而且是农产品生产、农用生产资料供给、农作物生长和病虫害防治技术的重要获取途径。农村市场是我国社会主义市场经济的重要组成部分，是扩大内需的主要战场，对我国经济的发展有着“稳定器”的作用，因此有必要加快推进电子商务在我国农村的发展进程。统计数据显示，截至 2013 年年底，江苏网民的规模近 4 100 万人，互联网普及率达 51.7%；备案网站数近 35 万个，经营性网站达到 21 万个，包括各种类型的在线交易平台 216 个，逾 50 万人直接参与电子商务的运营工作；全省电子商务交易额在 1.2×10^4 亿元左右，网络零售额约为 1 800 亿元；江苏居民的网上消费支出位列全国第五，昆山、常熟、江阴、吴江位列全国网络消费百强县前 10 名。由此可以看出，对于推进电子商务在农村地区的快速发展，江苏有着深厚的基础和底蕴。

在农村地区发展电子商务，有助于进一步推动电子商务的普及应用，更有利于解决“三农”问题，能逐步加快我国城镇化建设进程。由于我国城乡“数字差距”的存在，电子商务发展普遍面临着基础设施不完善、农民素质整体偏低、农产品（加工品）品牌建设滞后、生产过程缺少标准控制等问题。近年来，江苏各级政府在农村信息服务和电子商务领域的投入逐步加大，其功能不断增强，很多地方出现了依托电子商务平台实现农产品（加工品）销售、促进农民增收致富的成功案例。然而，农村电子商务仍然是江苏“大电商”体系的薄弱环节，对农业现代化和农村产业化的推进没有起到明显的激励作用。从省级层面看，江苏周边省份农村电子商务的发展已经形成了各自的特色，确立了某一领域的优势地位。众所周知，电子商务具有“赢者通吃”的互联网特性，尽管江苏电子商务发展的整体水平在全国位次靠前，但农村电子商务缺乏特色和优势是不争的事实。所以，有必要对该领域进行深度研究和挖掘，并遵循一般性规律，创新性地助力政府推进农村经济科学发展、可持续发展。

1.1 电子商务的发展

1.1.1 基础知识理论

21 世纪是信息化的时代，第三产业在全球的比重不断上升，特别是信息服务业成了主导产业。在全球信息化大趋势的影响下，各国的电子商务不断被改进和完善，电子商务成为各个国家和各大公司争夺的焦点。在我国，计算机与网络技术的普及与发展，促使电子商务迅速崛起，众多的信息技术企业、风险投资公司、生产流通企业纷纷开展电子商务。因此，研究和探讨电子商务的产生与发展显得尤为重要，这将为进一步深入了解电子商务打下坚实的基础。

1. 电子商务的产生

电子商务并非新兴之物，早在1839年，随着电报通信业务的出现，人们就开始利用电子手段进行电子商务了。随着电话、传真、电视等电子工具的诞生，商务活动中可应用的电子工具进一步扩充。到了20世纪40年代，随着第一台大型计算机的发明以及之后计算机的不断更新换代，计算机开始被用来进行商务活动。互联网的产生与发展，又进一步推动了电子商务的发展。目前，人们所提及的电子商务多指在网络上开展的商务活动，即通过企业内部网（Intranet）、外部网（Extranet）和Internet进行的商务活动就是电子商务。

（1）电子商务产生的技术基础

电子商务离不开互联网，而互联网最早是作为军事通信工具被开发的。1957年10月4日，苏联领先美国发射了人类第一颗人造地球卫星，美国为了扭转国际地位方面的劣势，专门成立了高级研究计划局（Advanced Research Projects Agency，ARPA），该局在20世纪60年代提出要研制一种崭新的、能够适应现代战争的、生存性很强的网络，目的是对付来自苏联的核进攻威胁。1969年美国国防部资助开发的ARPANET试验成功，它采用分布式控制与处理系统，确保当一个或多个站点遭到破坏时，其他站点间的连接保持完好。1972年，ARPANET公布于世，此时ARPANET约拥有20个分组交换节点和50个主机站点，是Internet的雏形。到了1975年，ARPANET已经连入了100多台主机，并结束了网络试运行阶段，移交美国国防部国防通信局正式运行。1983年，ARPANET中一部分站点的通信协议转化为TCP/IP，标志着Internet的诞生。1984年，美国国家科学基金会（National Science Foundation，NSF）组建NSFNET。1986年，NSFNET成为Internet主干网，完全取代了ARPANET。20世纪90年代初期，欧洲核子研究中心（CERN）研究出WWW（万维网）服务，之后Internet进入迅猛发展阶段，商务应用真正开始。1994年，美国提出了全球信息基础设施计划（Global Information Infrastructure，GII），以利用信息资源提高其在世界经济中的主导地位。20世纪90年代后期出现的Internet电话（IP电话、VoIP）、视频会议等，使网络实时多媒体业务的发展进入新纪元。

（2）电子商务产生的商务基础

商务交易是买卖双方将有价值的物品进行交换，买进或卖出商品及服务。构成商务交易的要素主要包括买方、卖方以及有价物品。通过协商买卖双方达成协议，确定交换方式、物品的质量和数量及送货的期限等。买卖双方以等价交换为原则，可以通过多种方式完成商务交易。

最早的交易是物物交换，人们使用以物易物的方式交换自己所需要的物资，比如一只羊换一把石斧。随着货币的出现，交易变得更加简便。货币不仅提供了一个相对常用的标准来衡量价值，还提供了一种简便的方式累积或转移财物，货币在商品的交易中作为一般等价物担负着重要的职能。19 世纪电报系统的出现使人们可以利用电报系统实现不同银行或分行之间的资金转移。由于商务交易的迅猛发展，交换信息量日益增加，电子计算机应运而生，并被广泛应用于商务往来。信用卡、电子货币的出现使商品交易可以通过电子的方式进行结算。随着计算机及其相关软硬件的开发和利用以及先进通信技术的使用，许多大公司通过建立自己的计算机网络实现各个机构之间、商业伙伴之间的信息共享，这个过程被称为电子数据交换（EDI）。EDI 通过传递标准的数据流可以避免人为失误、降低成本、提高效率，使新的电子信息技术与商务活动较好地融合起来，促进了生产力水平的提高，它是电子商务的基础，电子商务由此开始萌芽。

Internet 被广泛应用以后，许多商务交易转移到网上进行，供应商、服务提供者、生产企业、销售企业、银行等机构和个人，通过网上采购、网上销售，实现交易。网上购物给人们带来了极大的方便。因此，Internet 使商务交易发生了巨大的变化，商务交易的发展都是伴随着技术的不断进步而发展的，电子商务的产生使企业的商务交易完全不同于以往的方式，比过去的交易方式更具优势。EDI 技术已经从以前昂贵的企业独立网络摆脱出来，融于 Internet，更多的企业和企业之间的商务活动开始直接采用 Web 技术进行。现如今，不仅大企业，就连广大的中小企业也能利用 Internet 进行电子商务，实现网上交易，通过 Web 技术将产品、服务和信息销售给顾客，顾客在网上购买商品。

电子商务是在计算机技术、网络通信技术以及商务交易的互动发展中产生和不断完善的，近年来随着互联网的普及而急剧发展。

2. 电子商务的发展

电子商务是在 Internet 开放的网络环境下，基于浏览器 / 服务器应用方式，实现消费者的网上购物、企业之间的网上交易和在线电子支付的一种新型的商业运营模式。早期的电子商务采用传统的 EDI 方式，它是基于严格的事务处理标准集，且利用专网或增值网服务，成本高，难以实现跨平台、跨系统的数据交换。随着Internet的发展，出现了基于Internet的电子商务。到2000年初，“E概念”的电子商务被提出，并得到了迅速发展。

电子商务的发展大致经历了三个主要的阶段即基于EDI的电子商务阶段、基于Internet的电子商务阶段和基于E概念的电子商务阶段。

（1）基于EDI的电子商务（20世纪60年代—20世纪90年代）

电子数据交换（EDI）产生于20世纪60年代末的美国，当时的贸易商已经开始使用计算机处理各类商务文件，他们发现不同的计算机产生的数据之间存在关联，即一台计算机输入数据的70%来源于另一台计算机的输出，如果能在计算机之间实现数据自动交换，将大大提高数据的准确性，降低重复性劳动，从而提高效率，由此EDI技术应运而生。

EDI是将业务文件按一个公认的标准从一台计算机传输到另一台计算机的电子传输方法。这种直接在计算机之间传送信息的方法大幅减少了纸张票据的使用数量，因此人们曾形象地称EDI为“无纸贸易”或“无纸交易”。EDI通常包括硬件和软件两大部分，硬件主要指计算机网络，软件包括计算机软件和相关的EDI标准。1990年之前，网络安全技术尚不成熟，因此大多数EDI通过租用电脑线在专用的VAN增值网上实现。EDI软件主要将用户数据库系统中的信息翻译成EDI的标准格式，以供传输交换。由于不同行业的企业根据自己的业务特点规定数据库的信息格式，因此当需要发送EDI文件时，必须把它翻译成EDI的标准格式才能进行传输。

虽然EDI的运用提高了单证制作和文件处理的准确性，降低了费用，极大地推动了贸易的发展，但是EDI通信系统的建立需要较大的投资，使用VAN的费用也很高，一般的中小企业很难支付这笔费用，这大大限制了基于EDI的电子商务应用范围的扩大。越来越多的企业迫切盼望建立一种新的成本低廉、能实现信息共享的电子信息交换系统，基于Internet的电子商务便应运而生。

（2）基于Internet的电子商务（20世纪90年代中后期—2000年）

20世纪90年代中后期，Internet在全球迅速普及，逐步从大学、科研机构走向企业和个人，从信息共享工具演变成大众化的信息传播工具。传统的商业贸易活动开始和Internet结合起来，电子商务由此成为Internet应用的最大热点，Internet也借助商业贸易的应用迅速扩张。

在基于Internet的电子商务发展初期，企业在Internet上建立静态网站，并发布基于HTML的网页。1997年，一些创新公司实施了第二代电子商务计划，该计划的核心就是将其网站前端（信息发布浏览器主页和商品目录、价格、网上订单等）与后端的订单管理和存货控制系统相连接。第二代电子商务计划使客户能直接在一家公司的网站上发出和追踪订单，大大降低了交易费用，并使客户能更多地控制订购过程。第二代电子商务多以供应商为中心，因为公司希望其内部流程实现自动化，并将其链接到 Internet 上，以便为客户提供服务。这种后端系统与前端 Internet 界面的集成使公司随时可提供有关库存、价格及订货和发货状况的最新信息。与此同时，市场上出现了大量的工具和实用程序，它们使企业将其后端系统连入 Internet。这些易于使用的 Internet 接口甚至可以将更复杂的企业资源计划（ERP）应用程序链接到 Internet 前端。

相较于 EDI，基于 Internet 的电子商务具有以下明显的优势。

① 费用低

Internet 具有很强的开放性，使用费用低，一般来说，其费用不到 VAN 的 1/4。费用的相对低廉以及安全技术的发展使中小企业不再望而却步，也能和大企业一起参与电子商务，从而促进了电子商务的深入发展。

② 覆盖面广

Internet 目前已经成为全球最大的互联网络，几乎遍及全球的各个角落，涉及社会的各个领域，涵盖生活的各个方面。企业用户可以随时随地与世界各地的贸易伙伴传递商业信息和文件。Internet 使电子商务超越了时间和空间的限制。

③ 功能更全面

Internet 涵盖了各行各业，因此可以全面支持不同类型的用户实现不同层次的商务目标，如发布电子商情、在线洽谈、建立虚拟商场或网上银行等。Internet 使电子商务的应用范围更广、功能更全面。

④ 使用更灵活

基于 Internet 的电子商务不再受特殊数据交换协议的限制，任何电子商务文件或单证都与现行的纸面单证格式一致，无须翻译成标准格式后再进行传输，任何人都能看懂或直接使用。

Internet 克服了 EDI 的不足，为企业普及商务活动的电子化提供了可能。基于 Internet 的电子商务是电子商务发展的中级阶段。

（3）基于 E 概念的电子商务（2000 年至今）

“E 概念”的思想于 2000 年初被提出，并迅速得到认可和广泛传播。“E”即 electronic，是“电子化”的意思。随着电子商务的深入发展，人们逐渐认识到电子商务实际上就是将电子技术和商务活动相结合，以电子技术和网络技术为基础，其他技术或思想为上层平台，经过功能与理念的双重整合，形成对社会生活形态有重大影响的新事物。人们尝试着将电子信息技术与医疗、卫生、教育、军事、政府等有关的应用领域相结合，最终形成了有关领域的E概念，如电子医务、远程教育、电子军务、电子政务、虚拟企业、电子银行等。电子商务与产业发展实现了深度融合，商务及管理活动（广告浏览、市场调研、网上订购、电子洽谈、电子支付、物流配送、售后服务等）全程实现了电子化。

随着社会需求的增多，电子信息技术的不断发展，人们势必将电子技术与更多更新的应用相结合，产生越来越多的E概念，人类社会将进入真正的E时代。

1.1.2 实训内容

通过以下至少3种信息检索渠道获取电子商务发展的信息，每种检索渠道分别记录至少2个电子商务信息资讯、电子商务数据、电子商务研究或电子商务学习站点，保存并收藏其站点网址。

1. 搜索引擎

互联网的发展大大促进了信息检索技术的发展和应用，出现了一大批搜索引擎产品。国内有百度搜索引擎、搜狗搜索引擎、360搜索引擎、雅虎中国、微搜等；国外有谷歌、雅虎、必应等。

以百度搜索引擎为例，具体步骤如下。

（1）在浏览器地址栏中输入百度网址“www.baidu.com”，如图2-1-1所示。

图2-1-1 百度首页

（2）检索框输入电子商务大数据，检索结果如图 2-1-2 所示。逐个点击链接，前面两条为广告，不是想要的结果，继续向下直到获得满意的结果，如果不行可换个关键词重新检索。两个站点分别为魔镜市场情报（https://www.mktindex.com/home）和电商大数据网（http://www.100ec.cn/zt/bd/）。

图 2-1-2 检索结果

（3）收藏网址。

2. 专业数据库

目前，主流的中文期刊数据库有知网、万方和维普等。

以知网为例，具体步骤如下。

（1）在浏览器地址栏中输入知网网址“www.cnki.net”，结果如图2-1-3所示。

图 2-1-3 知网首页

（2）在检索框中输入关键词“电子商务”，检索结果如图 2-1-4 所示。逐个点击查看相关内容，结果与预想如果不一致，则换个网址或者关键词重新检索。得到其中一个网址即知网首页“http://kns.cnki.net”，在万方、维普或者其他数据库进行相同操作，将得到另一个网址。

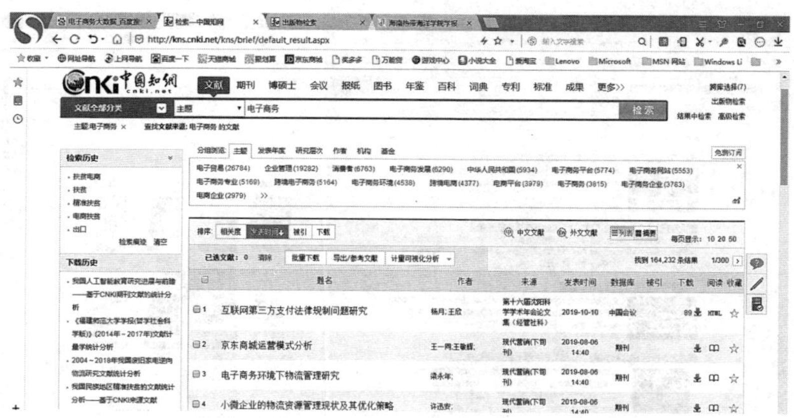

图 2-1-4 知网检索结果

（3）收藏网址。

3. 直接访问浏览相关站点

例如，国家统计局、百度指数、淘宝指数等。

以国家统计局为例，具体步骤如下。

（1）在浏览器地址栏中直接输入网址“data.stats.gov.cn”，结果如图 2-1-5 所示。

图 2-1-5 国家统计局国家数据页面

（2）与前两题操作类似，在检索框中输入关键词“电子商务”进行检索，逐个点击查看是否为所需要的内容，如果不是，则考虑置换关键词或网址。记录网址为 http://data.stats.gov.cn/。

（3）收藏网址。

4. 其他

例如，微信公众号、企业 APP、社交群、BBS 等渠道。

以微信为例，具体步骤如下。

（1）打开微信聊天页面，输入关键词“电子商务”进行检索，如图 2–1–6 所示，逐个点击查看是否为所需要的内容，如果不是，则考虑置换关键词或其他工具。

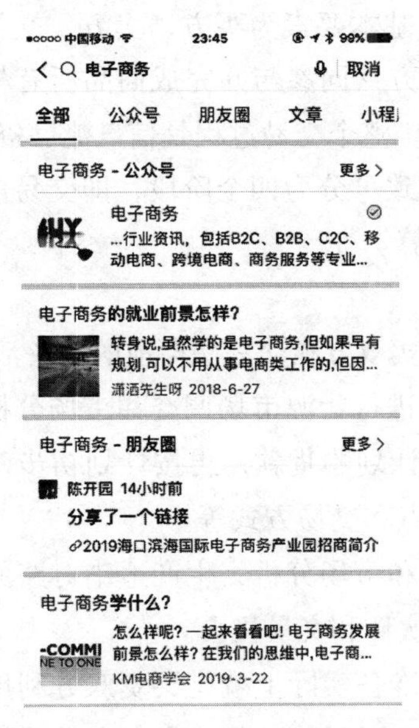

图 2–1–6　微信检索结果

（2）关注公众号“电子商务”“电子商务研究中心”等。

5. 论述

根据以上检索信息，论述中国电子商务发展过程。（至少 300 字）

具体过程略。

虽然网络系统提供了许多检索方法，但所得到的全球范围的、各行各业的大量信息常常把企业营销人员淹没在信息的海洋之中。在浩瀚的网络信息资源中，迅速找到自己所需要的信息，再经过加工、筛选和整理，把反映商务活动本质的、有用的、适合本企业情况的信息提炼出来，需要相当一段时间的培训和经验积累。

1.2 电子商务与传统商务的比较

1.2.1 基础知识理论

1. 传统商务的运作过程

传统商务是商品生产、流通、结算所进行的全部活动的总称。商务活动作为商业、贸易、服务、行政事务和经济事务的统称，几乎涵盖了人类社会经济生活的各个方面。

传统商务活动的三个基本要素为买方、卖方、交易。商品交易是商务活动的形式，必须由买方和卖方共同参与并完成商品所有权的转移，期间常常需要中介机构提供相应的服务。整个交易过程是信息流、资金流、物流的统一。

传统商品交易过程大致可分为四个阶段，即交易前的准备、交易磋商、合同签订与执行、支付与结算。

（1）交易前的准备

交易前的准备是指买卖双方在交易磋商前的准备活动。

买方根据自己的需求进行货源市场调查和市场分析，寻找满足需求的产品或服务，制订购货计划并计划购货款，再按计划初步确定购买商品的种类、数量、规格、价格、购货地点和交易方式等。

卖方要进行市场调研和市场分析，生产适销对路的产品，制定各种销售策略和销售方式，寻找交易伙伴和交易机会。

概括而言，交易前的准备实际上就是买卖双方利用各种有限的媒体空间进行商品信息的发布、查询和匹配的过程。在大多数情况下，彼此欲进行交易的标的已经存在，即前有“供”，后有“求”。

（2）交易磋商

交易磋商是指买卖双方对所有交易的细节进行谈判，包括双方在交易中的权利、所承担的义务以及购买商品的种类、数量、规格、价格、购货地点、交易方式、运输方式、违约方式和索赔等。贸易磋商实际上是贸易双方进行口头磋商或纸面贸易单证的传递过程。纸面贸易单证包括询价单、价格磋商、订购合同、发货单、运输单、发票、收货单等，各种纸面贸易单证反映了商品交易双方的价格意向、营销策略、管理要求及详细的商品供需信息，主要通过邮寄方式传递。

（3）合同签订与执行

磋商的过程，经常通过口头形式完成，但在磋商过程完成后，交易双方必须以书面形式签订具有法律效力的商贸合同，以确定磋商的结果和监督执行，并在产生纠纷时通过合同由相应机构进行仲裁。

根据合同，卖方要备货、组货，完成必要的交易手续，将商品交付运输公司包装、起运、发货或直接交付给买方。买方接到商品后，要组织验货，完成接收过程。

（4）支付与结算

买方要根据约定或合同规定进行付款，付款可通过银行和金融机构进行，以完成整个交易过程。传统商贸业务中的支付一般有支票和现金两种方式，支票方式多用于企业的商贸过程，现金方式常用于企业对个体消费者的商品零售过程。

2. 电子商务的运作过程

简单地讲，电子商务是指利用电子手段（特别是计算机网络）进行商务活动。电子商务的核心是"商务"，它是对传统商务所涉及的各种要素的重组。重组的目的是提高各种要素的运行效率和质量，它并没有摆脱传统商务活动的三个要素：买方、卖方、交易。在电子商务环境下，商务实际的运作过程虽然也有交易前的准备、贸易磋商、合同签订与执行、资金的支付与结算等环节，但是交易中具体使用的运作方法是完全不同的。

（1）交易前的准备

在电子商务模式中，交易的供需信息都是通过交易双方的网址和网络主页展示的。

（2）贸易磋商

电子商务中的贸易磋商过程在网络和系统的支持下由纸面单证变成了电子化的记录、文件和报文在网络上的传递过程，并且由专门的数据交换协议保证网络信息传递的正确性、安全性和快速性。

（3）合同的签订与执行

电子商务环境下的网络协议和电子商务应用系统的功能保证了交易双方所有的贸易磋商文件的正确性和可靠性，并且在第三方授权的情况下具有法律效力，可以作为在执行过程中产生纠纷的仲裁依据。

（4）资金的支付

电子商务中交易的资金支付采用信用卡、电子支票、电子现金和电子钱包等形式，以便在网上进行支付。

传统商务与电子商务运作过程的比较如表 2–1–1 所示。

表 2–1–1　传统商务与电子商务运作过程比较

	交易前的准备	贸易磋商过程	合同与执行	支付方式
传统商务	商品信息的发布、查询和匹配，通过传统的方式完成	口头磋商纸面贸易单证的传递过程。工具或方式：电话、传真、邮寄等	以书面形式签订具有法律效应的商务合同（纸面合同）	支票、现金
电子商务	通过交易双方的网址和网络主页完成	电子化的记录、文件和报文在网上传递	电子合同，同样具有法律效力	网上支付：信用卡、电子支票、电子现金、支付宝等

3. 传统商务与电子商务的比较

传统商务与电子商务的比较可以从信息提供、流通渠道、交易对象、顾客方便度、交易时间等几个方面进行，如表 2–1–2 所示。

表 2–1–2　传统商务与电子商务的比较

项　目	传统商务	电子商务
信息提供	根据销售商的不同而不同	透明、准确
流通渠道	企业→批发商→零售商→消费者	企业→消费者
交易对象	部分地区	全球
交易时间	规定的营业时间内	24 小时
销售方法	通过各种关系买卖	完全自由购买
顾客方便度	受时间与地点的限制	顾客按自己的方式购物
对应顾客	需要用很长时间掌握顾客的需求	能够迅速捕捉顾客需求，及时应对
销售地点	需要销售空间	虚拟空间

1.2.2　实训内容

自行任意选择一个行业，比较分析电子商务活动与传统商务活动的优劣。主要从以下几点进行分析。

（1）此行业开展传统商务的买卖双方业务流程和开展电子商务的买卖双方业务流程。

（2）此行业是否适宜电子商务活动，现有技术是否成熟，能否满足客户的要求，行业消费群体对网络的依赖度如何。

（3）此行业开展电子商务活动相对传统商务活动而言可持续的竞争优势是什么，劣势是什么，机会在哪里。

1.3　电子商务网站与非电子商务网站的特点

1.3.1　基础知识理论

1. 电子商务网站特点

（1）电子商务网站的设计思想

电子商务网站的设计思想应以客户为中心，树立企业品牌形象，提升企业核心竞争力。在此基础上要遵守以下设计原则。

① 明确建站的目的和目标群体，总体设计方案主题鲜明。

② 网站的版式设计表达出和谐与美，合理运用色彩，网页形式与内容相统一，利用多媒体功能。

③ 注意网站的层次性和一致性，内容经常更新，沟通渠道保持畅通。

④ 努力提高网站的性能，合理运用新技术。

（2）电子商务网站的基本特点

电子商务网站除了一般网站所共有的一些特点外，还有如下特点。

① 商务性

电子商务网站最基本的特点为商务性，即为买卖交易提供服务、手段和机会。

② 服务性

在电子商务环境下，电子商务提供的客户服务应该更方便。客户和企业都能从中受益。

③ 集成性

电子商务网站用到大量新技术，能规范事务处理的工作流程，将人工操作和电子信息集成一个不可分割的整体。这样不仅提高了人力和物力的利用率，还提高了系统运行的严密性。

④ 可扩展性

要使电子商务正常运作，必须确保其可扩展性。可扩展的系统才是稳定的系统。如果出现高峰状况时能及时扩展，就可使系统阻塞的可能性大为下降。

⑤ 安全性

在电子商务中，安全性是必须考虑的核心问题。欺骗、窃听、病毒和非法入侵都在威胁电子商务，因此要求网络能提供一种端到端的安全解决方案，包括加密机制、签名机制、分布式安全管理、存取控制、防火墙、SET（安全电子交易协议）和 SSL 等协议标准，使企业能建立一种安全的电子商务营运环境。

⑥ 协调性

电子商务活动是一种协调过程，它需要生产方、供货方以及商务伙伴间的电子商务系统具有协调性。

（3）电子商务网站需要具备的基本功能

电子商务网站可提供包括网上交易和管理在内的全过程服务，因此电子商务网站形成了其独有的服务功能，如信息发布、网上购物、网上支付、咨询洽谈、交易管理等。

① 信息发布功能

在电子商务中，商业信息发布的实时性和方便性是传统媒体所无法比拟的。信息查询技术的发展以及多媒体的广泛使用都使这些信息比过去更加精彩，更加吸引人。

② 网上订购功能

网上订购在技术上是通过网上交互进行的，厂商或者零售商在网页上提供有关商品的详细信息，并且附有订购信息处理手段，让用户与厂商直接交互，用户提交完订购单后，系统会回复确认信息，再次确定订购信息。

③ 网上支付功能

支付过程在商务活动中占有重要地位，网上支付必须解决好安全问题。

④ 咨询洽谈功能

电子商务可借助非实时的电子邮件和实时的讨论组了解市场和商品信息，洽谈交易事务，如有进一步的需求，还可用网上的白板会议及时交流图形信息。

网上咨询和洽谈能突破人们面对面洽谈的限制，提供多种方便的异地交谈形式。

2. 非电子商务网站特点

（1）高校校园网站特点

高校是知识传播和创作的重要基地，很多高等学校都建有自己的校园网站。随着网站内容的不断丰富，高校校园网站已经成了高校与高校、高校与学生及学生家长、高校与社会沟通的重要桥梁。高校网站的基本职能是面向访客提供他们所需要的信息、知识和服务。高校网站的建设应注重服务意识，要把学校的网站看作信息传播的窗口，研究成果展示的平台，与政府、企业、家庭、社会团体合作交流的中介，校友交流的纽带，知识服务的空间。同时，高校校园网站的建设应注重权威性，侧重为教学、科研和管理服务。

由于高校网站的用户可以分为未来的学生、现在的学生以及分布在各地的成人学生、教职员工、社会各界人员，因此要针对不同的群体和访客提供合理的、量身定做的需求信息。一般来说，高校校园网站要页面简洁、内容丰富、个性鲜明、容易交流，在信息的设置、功能的使用、操作的效率等方面充分体现访客需求第一的价值理念。

（2）省级旅游门户网站

省级旅游门户网站是省级旅游行政管理部门为履行职能、面向社会提供服务、开展互动交流所建立的通向旅游类信息资源并实现旅游政务公开的应用系统，承担了网上办公、政务公开、办公引导、业务协同、招商引资、宣传教育、投诉受理及行业监管等旅游行政管理职能及信息发布、营销推广、产品推介、虚拟旅游、安全提示和互动交流等旅游公共信息服务功能，为政府和公众提供网上办公、信息共享、便民利民和安全保障等多种服务内容。省级旅游门户网站生产者为省级旅游行政管理部门，使用者为公众，其是一种公共产品，不同于以追求最大利润为特性的商业网站，社会效益最大化是其最大的价值特性。

省级旅游门户网站影响力是省级旅游门户网站的信息资源与服务通过网络实现传递、交流与利用，从而驱动包括旅游行政管理部门、网站用户及其他网站在内的行为主体产生某种认知、评价及行为意愿的效应。1997 年，网络计量学的诞生，打开了基于客观计量指标的网站信息资源与服务研究新领域。与此同时，国内外把“影响力”作为网站评价的重要方面。理论发展与实践证明，基于客观计量指标的网站影响力评价理论可客观反映用户对网站信息资源与服务的利用情况，具有极强的操作性。

1.3.2 实训内容

电子商务网站与非电子商务网站的区别主要体现在网站的风格、功能、结构和推广等方面。

1.4 电子商务的分类

1.4.1 基础理论知识

电子商务涉及的领域和应用范围很广。按照不同的分类标准，电子商务的分类方法也不同，通常有以下几种主要的分类方法（表 2–1–3）。

表 2–1–3 电子商务的分类

分类标准	分 类
按照交易对象	B2B、B2C、B2G、C2C 、G2C
按照商务活动内容	间接电子商务、直接电子商务
按照商务活动的运作方式	完全电子商务、非完全电子商务
按照开展电子交易的范围	本地电子商务、远程国内电子商务、全球电子商务
按照电子商务的层次关系	初级电子商务、中级电子商务、高级电子商务

1. 按照参与交易的对象的不同分类

（1）企业对企业的电子商务（B2B）

B2B 是企业与企业之间通过专用网或互联网，进行数据信息的交换、传递，开展商业活动的电子商务形式。通过此种商务形式可以将有业务联系的公司之间的关键的商务处理过程连接起来，形成网上的虚拟企业圈。例如，企业利用计算机网络向其供应商采购，或利用计算机网络进行付款等。这一类电子商务，特别是企业通过私营或 VAN 采用 EDI 方式所进行的商务活动，已经存在多年。这种电子商务系统具有很强的实时商务处理能力，使公司能以一种可靠、安全、简便快捷的方式进行企业间的商务联系活动并达成交易。

（2）企业对消费者的电子商务（B2C）

企业与消费者之间的电子商务活动是人们最熟悉的一种电子商务类型。这类电子商务主要借助的是互联网开展的在线式销售活动。大量的网上商店利用互联网提供的双向交互通信在网上完成了销售的过程。最近几年，随着互联网的发展，这类电子商务的发展异军突起。例如，在互联网上已出现许多大型超级市场，所出售的产品一应俱全，从食品、饮料到电脑、汽车等，几乎包括了所有的消费品。这种模式可节省客户和企业双方的时间和空间，大大提高交易效率，节省各类不必要的开支，因此得到了人们的普遍认同，获得了迅速的发展。

（3）企业对政府的电子商务（B2G）

政府与企业之间的各项事务都可以利用电子商务完成，包括政府采购、税收、商检、社会保障、管理条例发布等。一方面，政府作为消费者，可以通过互联网发布自己的采购清单，公平、透明、高效、廉洁地完成所需物品的采购；另一方面，政府可以通过电子商务方式充分、及时地对企业执行宏观调控、指导规范、监督管理等职能。借助网络及其他信息技术，政府职能部门能更及时、全面地获取所需信息，做出正确决策，做到快速反应，迅速、直接地将政策法规及调控信息传达到企业，从而起到管理与服务的作用。在电子商务中，政府还有一个重要作用，即对电子商务的推动、管理和规范作用。

（4）消费者对消费者的电子商务（C2C）

C2C 指个人与个人之间的商贸活动，特点是消费者与消费者讨价还价进行交易。互联网为个人经商提供了便利，任何人都可以“过把瘾”。例如，消费者可以在意趣网上寻找自己感兴趣的商品，也可以任意地讨价还价。这种方式自由灵活，对于需求多样化的用户来说，是一种比较方便的商务模式。

（5）政府对消费者的电子商务（G2C）

政府对消费者的电子商务指政府对个人的电子商务和业务活动。这类电子商务活动目前还不多，但应用前景广阔。居民的登记、统计和户籍管理以及征收个人所得税和其他契税、发放养老金、失业救济和其他社会福利是政府部门与社会公众个人日常关注的主要内容，随着我国社会保障体制的逐步完善和税制改革，政府和个人之间的直接经济往来会越来越多。

2. 按照商务活动内容分类

（1）间接电子商务

间接电子商务是指有形货物的电子订货与付款等活动，它依旧用传统渠道送货，如邮政服务和商业快递车等。

（2）直接电子商务

直接电子商务是指无形货物或者服务的订货、付款等活动，如计算机软件，音像制品，娱乐内容的联机订购、付款和交付，或者全球规模的信息服务。

3. 按照商务活动的运作方式分类

（1）完全电子商务

完全电子商务是指完全可以通过电子商务方式实现和完成完整交易的行为和过程，强调实现交易过程中信息流、资金流、物流、商流的高度集成。换句话说，完全电子商务是指商品或者服务的完整过程是在信息网络上实现的电子商务。这种电子商务能使双方超越地理空间的障碍进行电子交易，可以充分挖掘全球市场的潜力。例如，许多数字商品的网上交易。

（2）非完全电子商务

非完全电子商务是指不能完全在互联网上依靠电子商务解决交易过程的所有问题，必须依赖其他外部条件的配合才能完成全部交易过程。一般来说，只要信息流、资金流、物流、商流中的任何一项没有在网上实现，都可认为是非完全电子商务。例如，采取离线支付方式、实物物流系统的电子商务都可以认为是非完全电子商务。

4. 按照开展电子交易的范围分类

（1）本地电子商务

本地电子商务指本城市内或本地区内的电子商务活动。本地电子商务系统是开展远程国内电子商务和全球电子商务的基础系统。

（2）远程国内电子商务

远程国内电子商务通常指在本国范围内进行的网上电子交易活动，其交易地域范围较大，对软硬件和技术要求较高，要求在全国范围内实现商业电子化、自动化和金融电子化，特别对配送提出了更高的要求。

（3）全球电子商务

全球电子商务通常指在全世界范围内进行的电子交易活动，参加电子交易的各方通过网络进行商贸活动。涉及交易各方的相关系统，如买方国家进出口公司、海关、银行金融、税务、运输和保险等。全球电子商务业务内容繁杂，数据来往频繁，要求电子商务系统严格、准确、安全、可靠。统一的电子商务标准和电子商务协议是使全球电子商务顺利发展的基础。

5. 按照电子商务的层次关系分类

（1）初级电子商务

初级电子商务是指企业开始在传统商务活动中部分引入计算机网络信息处理与交换系统，以代替企业内部或对外部分传统的信息储存和传递。例如，企业建立内联网络进行信息共享和一般商务资料的储存和处理，通过因特网传输电子邮件，在互联网上建立网站以宣传企业形象，等等。在初级电子商务层次，企业虽然利用网络进行了信息处理和信息交换，但所做的一切并未构成交易成立的有效条件，或者并未构成商务合同履行的一部分。

（2）中级电子商务

中级电子商务是指企业利用网络的信息传递，部分地代替某些合同成立的有效条件，或者构成履行商务合同的部分义务。例如，企业实施网上在线交易系统、网上有偿信息的提供、贸易伙伴之间约定文件或单据的传输等。在中级电子商务层次，企业实施电子商务的程度有所加深，虽然有些网络系统传输的信息并不十分复杂，操作程序也一般，但是它仍需要不同程度的人工干预，如在线销售环节与产品供应不能有效衔接，仍需要部分传统方式的操作。其本质特性是电子商务的操作要涉及交易成立的实质条件，或已构成商务合同履行的一部分。因此，这一层次的电子商务就涉及一些复杂的技术问题和法律问题。

（3）高级电子商务

高级电子商务是电子商务发展的理想阶段，是最完整的电子商务。它将企业商务活动的全部程序用基于网络的信息处理和信息传输代替，最大限度地消除了人工干预，在企业内部和企业之间，从交易的达成到产品的生产、原材料供应、贸易伙伴之间单据的传输，再到货款的清算、产品提供的服务等，均实现了一体化的网络信息传输和信息处理。也就是说，从寻找客户开始，一直到洽谈、订货、在线付（收）款、开具电子票据到电子报关、电子纳税等均通过 Internet 一气呵成。事实上，要实现完整的电子商务还会涉及很多方面，除了买家、卖家外，还要有银行或金融机构、政府机构、认证机构、配送中心等机构的加入。由于参与电子商务的各方在网络上互不谋面，因此整个电子商务过程并不是现实世界商务活动的翻版，网上银行、在线电子支付等条件和数据加密、电子签名等技术在电子商务中发挥着不可或缺的重要作用。

1.4.2 实训内容

举例比较不同类型电子商务网站的区别，回答以下几个问题。

（1）B2C、B2B、C2C 和 B2G 这几类网站面向对象的不同之处。

（2）垂直类 B2B 网站和水平类 B2B 网站的不同。

（3）B2G 和垂直类型 B2B 在交易方式、交易流程上的区别。

（4）分别列举初级电子商务、中级电子商务、高级电子商务站点，并说明划分的理由。

实训思考

一、选择题

1. 网上购物、网上银行、网络广告、网上娱乐、视频点播、信息增值服务以及供应链管理等属于（ ）。

A. 电子商务服务　　B. 电子商务支撑

C. 电子商务应用　　D. 以上都不对

2. 电子商务要成为一个完整的过程，（ ）是重要的环节。

A. 网上洽谈　　B. 商铺浏览

C. 网上支付　　D. 物流

3.（ ）是电子商务的初始应用方式。

A. 互联网　　B. 电子邮件

C. 电子数据交换　　D. 电子支付

4. 电子商务的初衷是为了（ ）

A. 教学　　B. 商业　　C. 军事　　D. 娱乐

5. 电子商务发展的第一阶段为（ ）

A. EFT　　B. 电子报文传输技术　　C. 联机服务　　D. WWW

6. 以下业务流程适合于电子商务的是（ ）

A. 在线传输软件　　B. 时装的购销

C. 易腐食品的购销　　D. 低值小商品的买卖

二、多项选择题

1. 网上传输的内容包括（ ）

A. 文本　　B. 图像　　C. 声音

D. 图片　　E. 数字

2. 非格式化消息传送的载体是（ ）

A. 传真　　B. 电子邮件　　C. 结构化订单

D. 基于表的系统　　E. 结构化报文

3. 公共的商业服务基础设施的目的在于消除（　）

A. 目录不足

B. 在线结算工具不足

C. 信息安全不足

D. 交易双方对电子商务理解方面的差异

E. 交易双方文化语言上的差异

4. 在线服务中公共的商业服务基础设施的作用在于（　）

A. 为在线购买提供便利

B. 保证网络信息安全

C. 开发加密和认证方法

D. 开发安全交易和安全在线结算工具

5. 所有电子商务应用和基础设施的两大支柱是（　）

A. 公共政策　　B. 技术标准　　C. 基本术语

D. 消息传送和信息发布　　E. 多媒体内容

6. 企业间的电子商务包括（　）

A. 供应商管理　　B. 存货管理　　C. 配送管理

D. 结算管理　　E. 渠道管理

三、简答题

1. 分别列举出适合电子商务、传统商务、电子商务与传统商务结合的业务流程。

2. 推动电子商务发展的力量有哪些？

3. 融合包括哪些方面？

4. 企业间的电子商务包括哪些方面？

5. 企业内部的电子商务包括哪些应用？

四、论述题

1. 论述电子商务的优势与劣势。

2. 试述电子商务对价值链的影响。

3. 电子商务将会取代传统商务活动吗？

2 网络购物及网上支付

【导入案例】

随着电子商务的蓬勃发展，网上购物、在线交易对于消费者而言已经从一个新鲜未知的事物变成了日常生活的一部分。对于网络商家而言，传统的支付方式如银行汇款、邮政汇款等，都需要购买者去银行或邮局办理繁琐的汇款业务，而如果采用货到付款方式，又给商家带来了一定风险和昂贵的物流成本。因此，电子支付在这种需求下逐步诞生，成为电子商务发展的必然趋势。

中国人民银行《电子支付指引（第一号）》对电子支付的定义如下：单位、个人直接或授权他人通过电子终端发出支付指令，实现货币支付与资金转移的行为。电子支付的类型按电子支付指令发起方式分为网上支付、电话支付、移动支付、销售点终端交易、自动柜员机交易和其他电子支付。

电子支付改变了支付信息和支付业务的传统处理方式，使支付处理方式从最初的面对面支付发展到现在的远程支付，从手工操作发展到电子化自动处理，从现金、票据等实物支付发展到各类现代化的非现金支付工具。电子支付具有传统支付手段不可比拟的优点，不但方便快捷、省时省力，而且能够降低交易成本、减少现金流、提高交易透明度，但也存在支付的安全隐患。在电子商务网站上影响交易最大的阻力可能就是交易安全，使用者担心在网络上传输的信用卡及个人资料信息被截取，或是不幸遇到“黑客”，信用卡资料被不正当运用。另外，网上商店也担心收到的是被盗用的信用卡号码，或是交易不认账等。因此，保证电子商务的安全交易是当务之急。

2.1 开通第三方支付平台账户、网上银行账户和虚拟支付账户

2.1.1 基础知识理论

1. 第三方支付平台账户——以支付宝为例

（1）电子支付和支付宝简介

长期以来，网络购物一直落后于中国互联网市场的整体发展速度。虽然百度等中国互联网公司的广告收入和股价飞涨，但中国电子商务市场仍然存在一

些不足。之所以会出现这种情况，一个很重要的原因就是信用卡普及率较低。在中国市场，消费者大多不愿意使用信用卡，因为担心遭遇欺诈。即使通过互联网购物，中国消费者也更倾向于采用货到付款这种高成本且不便利的解决方案。

现在，中国电子商务正在起飞。银行、PayPal、支付宝等第三方服务商提供的网络支付系统日渐普及。

电子支付是指电子交易的当事人，包括消费者、厂商和金融机构，使用安全电子支付手段，通过网络进行的货币支付或资金流转。电子商务系统中，支付系统是极其重要的组成部分，是关系到电子商务能否健康发展的核心因素。基于此，各国政府、大公司、银行、各大著名网站都极为关注电子商务支付系统的建设，纷纷推出解决方案，建设网上银行，颁布有关数字签名和身份认证等相关法律，开发安全交易协议，以保障互联网电子交易的每一个环节的安全。

支付宝是中国最大的第三方网络支付平台，是阿里巴巴网络技术有限公司针对网上交易而特别推出的安全付款服务。相对于国外的信用体系，在中国要把支付搬到网上去完成，我们的信用体系还不够完善。在美国成长的 eBay，已经建立起比较完备的银行信用体系。而在中国，很多交易要通过一手交钱、一手交货的方式进行。但在电子商务中，一手交钱、一手交货是做不到的。无论阿里巴巴网站还是淘宝网，每天都有成千上万的交易发生，为了解决网上买卖双方达成交易后的支付问题，阿里巴巴公司开发了安全、快捷的网上支付平台——支付宝。

支付宝服务于 2003 年 10 月在淘宝网推出，经过不断改进，其功能日趋完善。2004 年 12 月支付宝（中国）网络技术有限公司（以下简称“支付宝公司”）正式成立，其宗旨是借助阿里巴巴、淘宝网等业内强大的资源群和品牌资源，致力于为网络交易用户提供优质的安全支付服务，从而推动电子商务的发展。

支付宝的实质是以其为信用中介，在买家确认收到商品前，由支付宝替买卖双方暂时保管货款的一种增值服务。正是由于这一因素，使网络交易者可轻松地利用网络进行交易，解除了网络交易者最为担心的支付安全问题。

支付宝提出的建立信任、化繁为简、以技术的创新带动信用体系完善的理念深得人心。短短三年时间，用户覆盖了整个 C2C、B2C 以及 B2B 领域。截至 2007 年 11 月 19 日，使用支付宝的用户已经超过 5 600 万，支付宝日交易总额超过 2.3 亿元，日交易笔数超过 117 万笔。

支付宝创新的产品技术、独特的理念及庞大的用户群吸引越来越多的互联网商家主动选择支付宝作为其在线支付体系。

目前，除淘宝和阿里巴巴外，支持使用支付宝交易服务的商家已经超过30万家，涵盖了虚拟游戏、数码通信、商业服务、机票等行业。这些商家在享受支付宝服务的同时，更拥有了一个极具潜力的消费市场。

支付宝在电子支付领域稳健的作风、先进的技术、敏锐的市场预见能力及极大的社会责任感赢得了银行等合作伙伴的认同。目前，国内工商银行、农业银行、建设银行、招商银行、上海浦发银行等各大商业银行以及中国邮政、VISA国际组织等各大机构均与支付宝建立了深入的战略合作，支付宝不断根据客户需求推出创新产品，成为金融机构在电子支付领域最为信任的合作伙伴。

（2）支付宝的特点

支付宝的特点归纳起来包含了三个方面，即安全、简单、快捷。

支付宝出现以前的电子商务交易流程如下：在大部分情况下，买家和卖家都不见面，买家在网上看中了货之后，双方通过电话、网上聊天工具、电子邮件等进行商榷，最终确定订货的数量、价格等，然后买家把钱打入卖家的银行账号，卖家收到钱后将货物通过物流公司发出。在这个过程中买家承担着极大的风险，当他把钱汇出去后，交易的主动权就完全由卖家掌握，卖家有可能采取注销自己的账号，拿了钱不发货，而重新注册一个账号继续在网上实施欺骗行为。这种交易的不安全性使很多想在网上购物的人失去信心。

支付宝作为网络支付平台，其最大的特点就是使用了“买家收货满意后卖家才能拿钱”的支付规则，买家先把钱汇到支付宝上他自己的虚拟账号里，由支付宝通知卖家可以发货，当买家收到货验货之后通知支付宝付款给卖家，然后卖家可以通过银行把钱取走。实际上支付宝承担着第三方担保的功能，在流程上保证了交易过程的安全与可靠。

同时，支付宝拥有先进的反欺诈和风险监控系统，可以有效地降低交易风险。支付宝提出的“你敢付，我敢赔”服务承诺是指如果使用支付宝在交易过程中造成损失，支付宝将首先全额赔付，也让消费者购物没有了后顾之忧。

支付宝与国内各大银行建立了合作伙伴关系，支持国内外主要的银行卡，实现了与银行之间的无缝对接，使交易双方使用原有的银行账户就能顺利地利用支付宝完成交易。在交易过程中，支付宝用户可以实时跟踪资金和物流进展，方便快捷地处理收付款和发货业务。

支付宝采用的免费短信提醒业务使交易双方能及时知晓任何资金的变动。更值得一提的是，支付宝公司有近 200 人的专业服务人员队伍，为支付宝用户提供 365 天 ×24 小时全天候无间断服务，任何与支付宝相关的问题都能得到及时的、满意的答复。

2.1.2 实训内容

1. 开通第三方支付平台

开通第三方支付平台的具体步骤如下可以通过登录淘宝网站申请，也可在支付宝网站申请，这里以支付宝网站为例。

（1）进入支付宝网站

在浏览器中输入支付宝网站“www.alipay.com”，如图 2-2-1 所示。如果图片不能显示，请刷新一下，或者将鼠标放到显示有红叉的位置，点右键选择显示图片功能，就可以完整地显示屏幕的全部图片。点击“立即注册”按钮。

图 2-2-1 支付宝网站

（2）填写注册信息

输入注册信息，如图 2-2-2 所示，按照页面中的要求如实填写，否则会导致支付宝账户无法正常使用。

注意：支付宝账户分为个人和公司两种类型，请根据自己的需要慎重选择账户类型。公司类型的支付宝账户一定要有公司银行账户与之匹配。

图 2-2-2 支付宝申请信息

（3）提交信息

正确填写了注册信息后，点击“同意以下条款，并确认注册”，支付宝会自动发送一封激活邮件到你注册时填写的邮箱中（请确保注册时填写的 E-mail 真实有效）。

（4）查收邮件并激活账户

登录邮箱，点击邮件中的激活链接，激活你注册的支付宝账户。

（5）激活成功

支付宝注册成功，即可体验网上安全交易的乐趣。

2. 开通网上银行账户

网上银行（electronic bank，E-Bank）又称网络银行、在线银行或虚拟银行，是指银行利用 Internet 技术，通过在 Internet 上建立网站，向客户提供金融服务。网络银行是伴随着电子商务的发展而兴起来的，它为电子商务的发展提供了强大的支持作用。

（1）网上银行概述

网上银行是指银行利用 Internet 技术，通过 Internet 向客户提供开户、销户、咨询、对账、行内转账、跨行转账、信贷、网上证券、投资理财等传统服务项目，使客户可以足不出户就能够安全便捷地管理活期和定期存款、支票、信用卡及个人投资等。可以说，网上银行是在 Internet 上的虚拟银行柜台。1997 年，招商银行率先推出网上银行“一网通”，成为中国网上银行业务的市场导引者。

2006年，我国网上银行发展迅速，网上银行的交易额和交易笔数大幅增长，企业网上银行仍然占据市场主体，但个人网上银行市场潜力巨大。艾瑞市场咨询（iResearch）最新的研究成果显示，随着个人金融服务和产品的不断发展和丰富，个人网上银行用户规模迅速发展。未来几年中国个人网上银行用户规模将继续扩大。

（2）开通网上银行账户——以工商银行为例

① 个人网上银行注册

a. 登录电子银行界面，点击“个人网上银行注册”，如图2-2-3所示。

图2-2-3　工商银行首页

b. 申请个人网上银行服务，如图2-2-4所示。

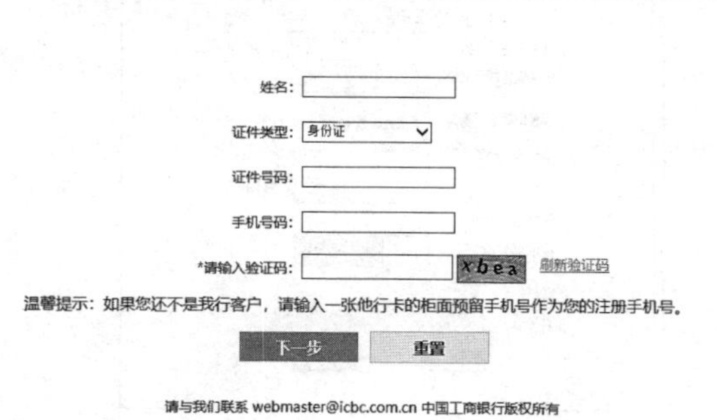

图2-2-4　填写个人网上银行注册申请表

c. 个人网上银行申请成功。

② 企业网上银行的注册

a. 进入中国工商银行首页，如图 2-2-5 所示，点击“企业网上银行登录”。

图 2-2-5 中国工商银行首页

b. 同意协议，进入注册页面，如图 2-2-6 所示。

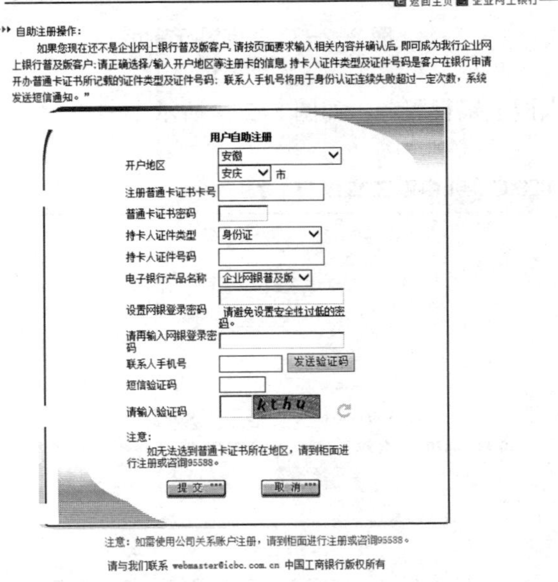

图 2-2-6 中国工商银行注册页面

c. 按照要求填入相应的信息，完成注册，注册成功。

③ 开通虚拟支付账户（以美团支付为例）

第一步：下载美团 APP，注册并登录 APP。在美团“我的”→“我的钱包”→【银行卡】中添加银行卡。

第二步：在美团 APP“我的”→“红包 / 卡券”中输入我的邀请码即可领取美团大礼包。

第三步：账户开通成功，选择商品进行消费。

2.2 B2B、B2C 和 C2C 电子商务的网上购物及网上支付

2.2.1 基础知识理论

电子商务在世界范围内得到了迅速发展，相继出现了多种电子商务模式。电子商务按照交易的对象可分为企业对企业的电子商务模式（B2B）、企业对消费者的电子商务模式（B2C）、消费者对消费者的电子商务模式（C2C）、企业对政府的电子商务模式（B2G）等。近两年，O2O 电子商务模式的兴起使线上和线下得以结合，能够更好地利用本地资源，做好电子商务。目前，B2B 和 B2C 依然是两种最基本的电子商务运作模式。

1. B2B 电子商务模式

企业对企业的电子商务（B2B）是指企业与企业之间通过 Internet 或者专用网等现代信息技术进行的商务活动。例如，工商企业利用 Internet 等向供应商采购或者利用网络付款等。就目前来看，电子商务最热心的推动者是企业。企业与企业之间的交易是能够通过引入电子商务产生大量收益的，企业也需要电子商务来建立竞争优势。B2B 模式是电子商务中历史最长、发展最完善的商业模式。

（1）B2B 模式的具体功能

① 供货管理

电子商务使企业能够减少订单处理费用，缩短交易时间，减少人力占用，同时加强与供应商的合作关系，概括地说就是“加速收缩供应链”。

② 库存管理

电子商务缩短了从发出订单到货物装运的时间，从而使企业可以保持与制定一个较为合理的库存数量，甚至实现零库存，促进存货周转，消除存货不足和存货不当。可以想象当大部分的贸易伙伴都由电子方式联系在一起时，原本需要用传真或信函来传递的信息现在只要鼠标一点就可以迅速地传递过去。

③ 安全管理

企业每一笔单证都是经过加密的，包含电子签名，并由专门的中介机构记录在案，从而保证了交易的安全性。

④ 运输管理

电子商务使运输过程所需的各种单证，如订单、货物清单、装船通知等能够快速准确地到达交易各方，从而加速了运输过程。由于单证是标准的，也保证了所含信息的准确性。

⑤ 信息传递、交易文档管理

在电子商务环境中，信息能够以更快、更大量、更准确、更便利的方式流动，并且能够被监控和跟踪。

对于一个处于流通领域的商贸企业来说，由于没有生产环节，电子商务活动几乎覆盖了整个企业的经营管理活动，是利用电子商务最多的企业。通过电子商务，商贸企业可以更及时准确地获取消费者信息，从而准确订货、减少库存，并通过网络促进销售，以提高效益、降低成本，获取更大的利益。

（2）B2B 模式的优势

企业间电子商务的实施将带来企业成本的下降，同时扩大企业收入来源。下面将针对采购成本、库存成本、周转时间和扩大市场机会、无间断运作五个方面进行分析。

① 降低采购成本

企业通过与供应商建立企业间电子商务，实现网上自动采购，可以减少双方为进行交易投入的人力、物力和财力。另外，采购方企业可以通过整合企业内部的采购体系，统一向供应商采购，实现批量采购，获取相应折扣。例如，Wal- Mart 将美国的 3 000 多家超市通过网络连接在一起，统一进行采购配送，通过批量采购节省了大量的采购费用。

② 降低库存成本

企业通过与上游的供应商和下游的顾客建立企业间电子商务系统，实现以销定产、以产定供，实现物流的高效运转和统一，最大限度地控制库存。例如，通过允许顾客网上订货，实现企业业务流程的高效运转，大大降低库存成本。

③ 节省周转时间

企业还可以通过与供应商和顾客建立统一的电子商务系统，实现企业的供应商与企业的顾客直接沟通和交易，减少周转环节。例如，波音（中国）投资有限公司（以下简称“波音公司”）的零配件是从供应商采购的，而这些零配件很大一部分是满足其顾客维修飞机时使用。为减少中间的周转环节，波音公司通过建立电子商务网站其供应商与顾客之间的直接沟通，大大减少了零配件的周转时间。

④ 扩大市场机会

企业通过与潜在的客户建立网上商务关系，可以覆盖原来难以通过传统渠道覆盖的市场，增加企业的市场机会。例如，通过网上直销，有 20% 的新客户来自中小企业，通过与这些企业建立电子商务，大大降低了双方的交易费用，增加了中小企业客户网上采购的利益动力。

⑤ 24 小时 ×7 天无间断运作

传统的交易受到时间和空间的限制，而基于 Internet 的电子商务则是一周 7 天、一天 24 小时无间断运作，网上的业务可以开展到传统营销人员和广告促销所不能到达的市场范围。

（3）B2B 模式的运营模式

① 垂直 B2B

垂直 B2B 可以分为两个方向，即上游和下游。生产商或商业零售商可以与上游的供应商之间形成供货关系，如戴尔电脑公司与上游的芯片和主板制造商就是通过这种方式进行合作的。生产商与下游的经销商可以形成销货关系，如思科与其分销商之间进行的交易。

② 水平 B2B

水平 B2B 是将各个行业中相近的交易过程集中到一个场所，为企业的采购方和供应方提供一个交易的机会，利用网上中介服务网站将买方和卖方集中到一个市场上进行信息交流、广告促销、拍卖竞标、商品交易、仓储配送等商业活动。这种模式之所以称为“水平 B2B”电子商务，是因为利用这种模式的行业广泛、企业众多，很多的行业和企业都可以在同一个网站上进行商务贸易活动。

③ 自建 B2B

行业龙头企业自建 B2B 模式是大型的行业龙头企业基于自身的信息化建设程度，搭建以自身产品供应链为核心的行业化电子商务平台。行业龙头企业通过自身的电子商务平台，串联起行业整条产业链，供应链上下游企业通过该平台实现沟通、交易。但此类电子商务平台过于封闭，缺少产业链的深度整合。

④ 关联行业 B2B

关联行业 B2B 模式是相关行业为了提升电子商务交易平台信息的广泛程度和

准确性，整合综合 B2B 模式和垂直 B2B 模式而建立起来的跨行业电子商务平台。

（4）B2B 模式的盈利模式

① 会员费

企业通过第三方电子商务平台参与电子商务交易，必须注册为此网站的会员，每年要交纳一定的会员费，才能享受网站提供的各种服务，目前会员费已成为我国 B2B 网站最主要的收入来源。

② 广告费

网络广告是门户网站的主要盈利来源，也是 B2B 电子商务网站的主要收入来源。

③ 竞价排名

企业为了促进产品的销售，都希望在 B2B 网站的信息搜索中使自己的排名靠前，而网站在确保信息准确的基础上，根据会员交费的不同对排名顺序做相应的调整。

④ 增值服务

B2B 网站通常除了为企业提供贸易供求信息以外，还会提供一些独特的增值服务，包括企业认证、独立域名、提供行业数据分析报告、搜索引擎优化等。例如，现货认证就是针对电子行业提供的一个特殊的增值服务，因为通常电子采购商都比较重视库存的优化，所以可以根据行业的特殊性深挖客户的需求，然后提供具有针对性的增值服务。

⑤ 线下服务

线下服务主要包括展会、期刊、研讨会等。通过展会，供应商和采购商面对面地交流，一般的中小企业比较青睐这种方式。期刊主要涉及行业资讯等信息，期刊里也可以植入广告。例如，环球资源的展会现已成为重要的盈利模式，占其收入的 1/3 左右。而 ECVV（深圳伊西威威科技开发有限公司）组织的各种展会和采购会也取得了不错的效果。

⑥ 商务合作

商务合作包括广告联盟、政府、行业协会合作、传统媒体的合作等。广告联盟通常是网络广告联盟，亚马逊通过这个方式已经取得了不错的成效。但在我国，联盟营销还处于萌芽阶段，大部分网站对联盟营销还比较陌生。国内做得比较成熟的几家广告联盟有百度联盟、谷歌联盟、淘宝联盟等。

⑦ 按询盘付费

区别于传统的会员包年付费模式，按询盘付费模式是指从事国际贸易的企业不是按照时间付费，而是按照海外推广带来的实际效果，也就是海外买家实际的有效询盘付费。其中，询盘是否有效，主动权在消费者手中，由消费者自行判断决定是否消费。尽管 B2B 市场发展势头良好，但 B2B 市场还是存在发育不成熟的一面。这种不成熟表现在 B2B 交易的许多先天性交易优势，如在线价格协商和在线协作等还没有充分发挥出来。因此，传统的按年收费模式越来越受到以 ECVV 为代表的按询盘付费平台的冲击。

阿里巴巴是全球 B2B 电子商务的著名品牌，是全球国际贸易领域内最大、最活跃的网上交易市场和商人社区，已融合了 B2B、B2C、C2C、搜索引擎和门户。公司总部位于中国杭州，在中国内地拥有 16 个销售和服务中心，在中国香港和美国设有分公司，遍布220个国家和地区，被商界评为最受欢迎的B2B网站。

2. B2C 模式

企业对消费者的电子商务（B2C）是指企业直接面向消费者销售产品和服务。这种形式的电子商务一般以网络零售业为主，主要借助互联网开展在线销售活动。B2C 即企业通过互联网为消费者提供一个新型的购物环境——网上商店，消费者通过网络在网上购物、网上支付。B2C 模式的电子商务有 3 个基本组成部分：为顾客提供在线购物场所的网上商店；负责为顾客所购商品进行配送的物流配送系统；负责顾客身份的确认、货款结算的银行及认证系统。

如果用一句话来描述这种电子商务模式，可以这样说："它是以 Internet 为手段，实现公众消费及提供服务，并保证与其相关的付费方式的电子化，它是随着 WWW 的出现而迅速发展的，可以将其看作一种电子化的零售。"目前，在 Internet 上遍布各种类型的商业中心，提供了从鲜花、书籍到计算机、汽车等各种消费商品和服务。

为了获得消费者的认同，网上销售商在"网络商店"的布置上往往煞费苦心。网上商品不是摆在货架上，而是做成了电子目录，里面有商品的图片、详细说明书、尺寸和价格信息等。所谓"第三方"的购买指南还不时帮助消费者在众多的商品品牌之间做出选择。消费者对选中的商品只要用鼠标轻轻一点，再把它拖到"购物车"里就可以了。在付款时消费者需要输入自己的姓名、收货住址等信息，付款方式是货到付款与网上支付相结合，而大多数企业的配送选择物流外包方式以节约运营成本。随着用户消费习惯的改变以及优秀企业示范效应的促进，网上购物的用户数量不断增长。

（1）B2C 模式的基本需求

① 用户管理需求：用户注册及用户信息管理。

② 客户需求：提供电子目录，帮助用户搜索、发现需要的商品；进行同类产品比较，帮助用户进行购买决策；商品的评价；购物车；为购买产品下订单；撤销和修改订单；能够通过网络付款；对订单的状态进行跟踪。

③ 销售商的需求：检查客户的注册信息；处理客户订单；完成客户选购产品的结算；能够进行电子拍卖；能够进行商品信息发布；能够发布和管理网络广告；商品库存管理；能够跟踪产品销售情况；能够和物流配送系统建立接口；与银行之间建立接口；实现客户关系管理；售后服务。

（2）B2C 模式的运营模式

① 综合型 B2C

其特点是要发挥自身的品牌影响力，积极寻找新的利润点，培养核心业务。例如，卓越亚马逊可在现有品牌信用的基础上，借助母公司亚马逊国际化的背景，探索国际品牌代购业务等新业务；网站建设要在商品陈列展示、信息系统智能化等方面进一步细化；对于新老客户的关系管理，需要精细客户体验的内容，提供更加人性化的、直观的服务；选择较好的物流合作伙伴，增强物流实际控制权，提高物流配送服务质量。

② 垂直型 B2C

其特点是要在核心领域内继续挖掘新亮点，积极与知名品牌生产商沟通与合作，化解与线下渠道商的利益冲突，扩大产品线与产品系列，完善售前、售后服务，提供多样化的支付手段。目前，一些垂直型 B2C 运营商开始涉足不同行业，需要规避多元化的风险，避免资金分散，因此与其投入其他行业，不如将资金放在物流配送建设上，尝试探索“物流联盟”或“协作物流”模式，若资金允许也可逐步实现自营物流，保证物流配送质量，增强用户的黏性，将网站的“三流”完善后再寻找其他行业的商业机会。

③ 传统生产企业网络直销型 B2C

首先，要从战略管理层面明确这种模式未来的定位、发展与目标。其次，要协调企业原有的线下渠道与网络平台的利益，实行差异化的销售，如网上销售所有产品系列。而传统渠道销售的产品则体现地区特色，实行差异化的价格，线下与线上的商品定价根据时间段不同设置高低，线上产品也可通过线下渠道完善售后服务。在产品设计方面，要着重考虑消费者的需求，要大力吸收和挖掘网络营销精英，培养电子商务运作团队，建立和完善电子商务平台。

④ 第三方交易平台型 B2C 网站

这种模式的 B2C 受到的制约因素较多，但中小企业在人力、物力、财力有限的情况下，这不失为一种拓宽网上销售渠道的好方法。关键是中小企业首先要选择具有较高知名度、点击率和流量的第三方平台；其次要聘请懂得网络营销、熟悉网络应用、了解实体店运作的网店管理人员；最后要以长远发展的眼光看待网络渠道，增加产品的类别，充分利用实体店的资源、既有的仓储系统、供应链体系以及物流配送体系发展网店。

（3）B2C 模式的营销策略

① 剔除不必要的成本

在 B2C 电子商务模式中，大部分人都会认为“库存和物流”是理所当然的因素，而且这两个方面也是成本较高的因素。既然这两个方面是成本比较高的因素，那么能不能剔除呢？大部分人的第一反应是肯定不能。没有什么是不可能的，办法总比问题多。已经有电子商务网站剔除了这两个环节。剔除这两个环节有两个方法：一是销售信息类产品，不销售实物类产品；二是如果是实物类产品销售，就需要整合相关的资源。

② 减少广告的投放

网络最大的优势就是，它是一种低成本的营销平台。B2C 网站想要获得快速发展，应减少硬广告的投放，降低营销成本，然后多花一些精力在营销创新方面。

③ 创造导购资讯和购物文化

大部分 B2C 网站都是展品展示和产品销售，内容单调，很难留住回头客。很多消费者在有需求的时候，面对众多的同类产品，他们的选择会非常盲目。如果有非常合理的导购信息让消费者对他们所要购买的产品进行客观的了解和比较，就很容易让他们购买到满意的产品。让消费者满意，消费者就愿意继续到该企业的网站购买产品。

大部分购物网站都缺少一种东西，那就是购物文化。什么叫购物文化呢？就是购物网站营造一种氛围，让消费者感觉到在这种氛围内购买产品是一种享受。

④ 提升仓储物流服务

随着电子商务的日益发展，物流配送业务也日趋庞大，甚至出现了供不应求的市场局面，因此仓储物流行业在近几年变得异常火爆。这类企业的主要业务除了仓储、代发货、物流配送以外，还包括配送跟踪、终端消费者退货投诉处理等业务。一家全面的仓储物流公司还会帮助供应商提供具体的物流解决方案，如高效的配送方案、低成本的配送选择等。而这类企业主要集中在上海、北京、广东这些资源集中型城市，像上海的智工厂仓储物流公司就是通过短短3年的时间发展成为全国知名的物流配送基地，开通了淘宝、天猫、京东、一号店等电商合作平台。同时，智工厂不单单服务于中小店铺卖家企业，更专注于品牌商的合作，如三主粮、匡威旗舰店、天美健天猫官方旗舰店等，而在选择这类企业的时候主要考虑发货速度、物流配送成本、货品安全性、订单处理量等方面。

⑤ 增加支付方式

大部分 B2C 网站只是选择两三种简单的支付方式。其实，支付方式是否便捷，直接决定着消费者的购买欲望。大部分消费者都属于冲动型购物者，如果在购物过程中遇到了一些麻烦，这些消费者就会转化成理智型购物者。所以，支付方式是否便捷对 B2C 网站至关重要。

（4）B2C 模式面临的困难

① 资金周转困难

除了专门化的网上商店外，消费者普遍希望网上商店的商品越丰富越好，为了满足消费者的需要，B2C 电子商务企业不得不花费大量的资金去充实货源。而绝大多数 B2C 电子商务企业都是由风险投资支撑起来的，往往把电子商务运营的环境建立起来后，账户上的钱已所剩无几了。这也是整个电子商务行业经营艰难的主要原因。

② 定位不准

一是商品定位不准，许多 B2C 企业一开始就把网上商店建成一个网上超市，商品大而全，但因没有比较完善的物流配送体系的支撑而受到严重制约；二是客户群定位不准，虽然访问量较高，但交易额小；三是价格定位偏高，网上商店追求的是零库存，有了订单再进货，由于订货的批量少，进货价较高。

③ 网上支付体系不健全

网上购物的突出特点是可以利用信用卡实现网上支付。目前来看，我国电子商务在线支付的规模仍处于较低水平，在线支付的安全隐患依然存在，多数第三方支付平台可直接支配交易款项，所以越权调用交易资金的风险始终存在。这种不完善的网上支付体系严重制约着 B2C 电子商务企业的发展。

④ 信用机制和电子商务立法不健全

有的商家出于成本和政策风险等方面的考虑将信用风险转嫁给交易双方，有的商家为求利益最大化发布虚假信息、扣押来往款项、泄露用户资料，有的买家提交订单后被卖家无故取消，有的卖家以次充好。这些现象就是导致消费者对网上购物心存疑虑的根本原因。

相比较而言，B2C 电子商务模式对整个社会基础设施的要求比 B2B 电子商务模式更高。B2C 电子商务模式虽然节约了店面成本，但要支付在线商店所必需的硬件成本和为了吸引更多关注而必须投入广告费用；B2C 电子商务模式节约了库存成本，但增加了从起点到终点的配送成本。因此，B2C 电子商务模式取得商业成功的关键条件是要达到“Internet 规模经济”，即要有足够多的网上购物用户和足够大的网上交易额。只有网上交易达到一定规模，B2C 电子商务模式节约店面成本、降低库存成本和节约人员开支的优越性才能得以体现，B2C 电子商务模式才能获得生存和发展。

3. C2C 模式

消费者与消费者之间的电子商务（C2C）是伴随着 Internet 的普及而发展起来的一种商务模式，通常以拍卖、竞价的方式进行商务活动。该模式很适合闲置物品、收藏品、二手货物等的交易。卖方可以将闲置物品的介绍、定价等信息放到网上的二手市场，买卖双方通过网络来讨价还价、买卖商品。网站通常充当第三方的角色，起着监督双方的买卖、保证交易公平的作用。而网站也往往会从交易中收取一定比例的提成，就像现实中自由市场的租金和管理费那样。C2C 电子商务的特征是“线上成交，线下交易”。

在 C2C 模式应用之初，网上交易结束后，买卖双方经过协商，希望使用 C2C 电子商务的物流服务，可以参考、比较网上推荐的特约物流公司，然后通过电话或 E-mail 的方式和顾客中意的公司联系。接下来就是物流公司在约定的时间到卖家指定地点取货，并收取物流费用，及时将送货至买家手中，并收取货款，最后将货款交付给卖家。C2C 电子商务模式的交易流程如图 2-2-7 所示。

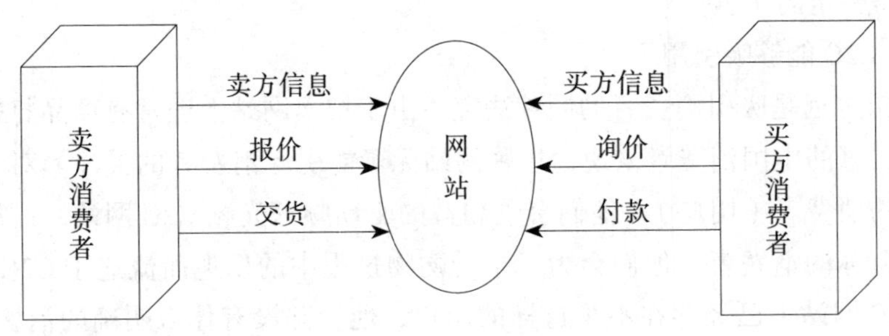

图 2-2-7　C2C 网上交流流程

国内 C2C 模式最早脱胎于国外的 C2C 电子商务模式，是以 eBay 为参照的。

C2C 最大的特点就是利用专业网站提供的大型电子商务平台，免费或以较少的费用在网络平台上销售自己的商品。该模式可以给用户带来便宜的商品，无论是外企白领、大学生还是下岗女工都可以在家“营业”，网上开店不需要店铺租金，不受地域、时间限制，却可以面向来自全国甚至全世界的客户。

目前实现 C2C 电子商务模式的新型电子中介商主要有两种形式。一种是提供一个虚拟开放的网上中介市场，在网上中介市场的消费者可以直接发布买卖信息，由买卖双方自己达成交易，这种电子中间商主要提供一个信息交互平台。另一种是比较成功的新型电子商务模式，就是通过网上拍卖实现交易，交易双方通过拍卖竞价确定成交价格。在进行拍卖时，消费者通过互联网轮流公开竞价，在规定的时间内价高者赢得购买权。如今，C2C 模式的电子商务网站有很多，像淘宝网、易趣网、拍拍网等。

（1）C2C 模式的优势

从理论上说，C2C 模式是最能体现互联网的优势和精神的，数量巨大、地域不同、时间不一的买方和同样规模的卖方通过一个平台找到合适的对象进行交易，在传统领域要实现这样大的工程几乎是不可想象的。同传统的二手市场相比，它不再受时间和空间的限制，节约了大量的市场沟通成本，其价值是显而易见的。从实际操作上说，C2C 具有以下两方面的优势。

① C2C 能够为用户带来真正的实惠

C2C 模式的电子商务不同于传统的消费交易方式。过去，卖方往往具有决定商品价格的绝对权力，使消费者议价空间非常有限，而拍卖网站的出现，则使消费者也有决定产品价格的权利，并且可以通过消费者相互之间的竞价结果，让价格更有弹性。因此，通过这种网上竞拍，消费者可以在掌握了议价的主动权后获得一定的实惠。

② C2C 能够吸引用户

打折永远是吸引消费者的制胜法宝。由于拍卖网站上经常有商品打折，对于注重实惠的中国消费者来说，这种网站无疑能引起消费者的关注。对于有明确目标的消费者（用户），他们会受利益的驱动频繁光顾 C2C 网站，而那些没有明确目标的消费者，他们会为了享受购物过程中的乐趣而流连于 C2C 网站。如今 C2C 网站上已经存在不少这样的用户，他们并没有什么明确的消费目标，花大量的时间浏览 C2C 网站只是为了看看有什么新奇的商品，有哪些商品特别便宜。对他们而言，这是一种很特别的休闲方式。因此，从吸引注意力的能力来说，C2C 确实是一种能吸引眼球的商务模式。

（2）C2C 模式的运作方式

① 拍卖平台运作方式

拍卖平台运作方式是指 C2C 电子商务企业通过为买卖双方搭建拍卖平台，并按比例收取交易费用。

网上拍卖是指网络服务商利用互联网通信传输技术，向商品所有者或者某些权益所有人提供有偿或无偿使用的互联网技术平台，让商品所有者或者某些权益所有人在其平台上独立开展以竞价、议价方式为主的在线交易模式。网上拍卖一方面遵循传统拍卖方式的基本规则；另一方面又与传统拍卖方式有很大的不同，主要表现在拍卖的运作成本、拍卖的周期、拍品的展示、拍卖过程的监控、支付方式等方面。

② 店铺平台运作方式

店铺平台运作方式是指电子商务企业提供平台，方便个人在上面开设店铺，以会员制的方式收费，也可通过广告或提供其他服务收取费用。这种平台也可称作网上商城。入驻网上商城开设网上商店不仅依托网上商城的基本功能和服务，而且其顾客主要也来自于该网上商城的访问者，因此平台的选择非常重要。但用户在选择网上商城时往往存在一定的决策风险，尤其是初次在网上开店，由于经验不足以及对网上商城的了解比较少等而带有很大的盲目性。有些网上商城没有基本的招商说明，收费标准也不明朗，只能通过电话咨询，这也使用户在网上商城的选择上产生一定的困惑。

（3）C2C 模式的盈利模式

① 会员费

会员费就是会员制服务收费，是指 C2C 网站为会员提供网上店铺出租、公司认证、产品信息推荐等多种服务组合而收取的费用。由于网站提供的是多种服务的有效组合，比较能适应会员的需求，因此这种模式的收费相对稳定。客户第一年交纳费用，第二年到期时进行续费，续费后才能获得下一年的服务，不续费的会员将恢复为免费会员，不再享受多种服务。

② 交易提成

交易提成无论什么时候都是 C2C 网站的主要利润来源。因为 C2C 网站是一个交易平台，它为交易双方提供机会，就相当于现实生活中的交易所、大卖场，从交易中收取提成是其市场本性的体现。

③ 广告费

企业在网站上有价值的位置放置各类型广告，根据网站流量和网站人群精确标定广告位价格，再通过各种形式向客户出售。如果C2C网站具有充足的访问量和用户黏度，广告业务量会非常大。但是，C2C网站出于对用户体验的考虑，均没有完全开放此业务，只有个别广告位不定期开放。

④ 搜索排名竞价

C2C网站商品的丰富性决定了购买者搜索行为的频繁性，搜索的大量应用就决定了商品、信息在搜索结果中排名的重要性，由此引出了根据搜索关键字竞价的业务。用户可以为某关键字提出自己认为合适的价格，最终由出价最高者竞得，在有效时间内该用户的商品可获得竞得的排位。只有卖家认识到竞价为他们带来的潜在收益，才愿意花钱使用。

⑤ 支付环节收费

支付问题一直是制约电子商务发展的瓶颈，直到阿里巴巴推出了支付宝，才在一定程度上促进了网上在线支付业务的开展。买家可以先把预付款通过网上银行打到支付宝的个人专用账户，待收到卖家发出的货物后，再通知支付宝把货款打入到卖家账户，这样买家不用担心收不到货还要付款，卖家也不用担心发了货而收不到款。而支付公司就按成交额的一定比例收取手续费。

（4）C2C模式存在的问题

虽然C2C模式有着可观的盈利前景，并得到了快速发展，但它仍然面临着许多问题，如果这些问题不能得到妥善解决，将可能影响和制约C2C电子商务的发展。特别是我国电子商务还处在起步阶段，制度、技术、信用体系等方面都存在很多不完善的地方，必须更加重视并积极解决这些问题。

① 法律制度需完善

法律制度的不完善不仅使参与网上交易的个人、企业的权益得不到保障，更会使网上拍卖成为一种新的销赃手段。因此，亟须制定合适的法律来规范C2C电子商务的交易行为。

② 交易信用与风险难控制

互联网的虚拟性决定了C2C交易风险更加难以控制。电子交易平台提供商必须扮演主要角色，建立一套合理的、有利于在线交易达成的机制，从而促进C2C电子商务的发展。

③ 在线支付方式有待完善

目前，买卖双方通过网下直接面对面交易仍然是主流，电子交易平台提供商根本无法对交易进行控制。这主要是因为目前国内信用卡用户规模还不大，而且国内的金融结算体系还不能完全适应电子商务的要求，其安全性不够，也没有完备的认证体系，无法消除用户对交易安全性的顾虑。

④ 技术实力有待提高

鉴于互联网的特点，对C2C电子商务平台提供商来说，技术是至关重要的。只有拥有先进的技术，才能保证网络服务的不间断，保证用户资料的完整性和准确性，才能为用户提供更为安全和理想的交易环境。

⑤ 消费者的消费习惯有待转变和培养

电子商务毕竟只在中国出现了短短十几年的时间，因此让大部分的消费者转变消费观念，接受这种新型的购物方式，还需要一定的时间。根据CNNIC的调查和分析，截至2014年6月，我国网民规模达6.32亿，网络购物用户规模达到3.32亿，也就是说，愿意从事网络购物的网民的比例占52.5%。因此，还需要继续努力，让越来越多的消费者了解电子商务、认识电子商务，并积极参与到电子商务中来。

目前，由于受各方面制约因素的影响，C2C电子商务模式的发展并非一帆风顺。但是，由于C2C电子商务模式具有良好的盈利潜力，能够为买卖双方和电子交易平台带来实实在在的实惠和利润，因此我国的C2C电子商务模式必将会有更为广阔的发展前景。

4. 电子商务的网上购物及支付

电子交易中在线支付的实现方式主体表现为两种形式。一种是网银在线支付模式；一种是第三方支付模式。网银在线支付模式是指商业银行通过互联网，为参与电子商务的企业提供在线支付、订单管理、资金结算、三方存管等综合性金融服务，专门为电子商务活动中的卖方和买方提供安全、快捷、方便的在线支付中介服务，从而连接电子商务活动中的卖方和买方，保障资金流的畅通，加速卖方资金回笼，方便买方购物支付。第三方在线支付平台是指由非银行的第三方机构投资运营的网上支付平台。通过提供通信、计算机和信息安全技术，在商家和银行之间建立连接，发挥信用担保和技术保障的职能，从而实现从消费者到金融机构以及商家之间货币支付、现金流转、资金清算、查询统计的一个平台。

由于支付平台和应用环境不同，在支付实现方式上存在不同，下面我们列举几个案例。在电子商务中，使用在线支付的业务服务是在线交易服务，包括大宗交易和小额批发。大宗交易典型的服务平台包括浙江塑料城网上交易市场（www.ex-cp.com）等，小额批发的典型服务平台为全球速卖通（www.aliexpress.com）、敦煌网（www.dhgate.com）。

针对交易双方没有足够的交易信用推行的在线支付模式。民生银行的银行保证金在线支付模式，如图 2-2-8 所示。

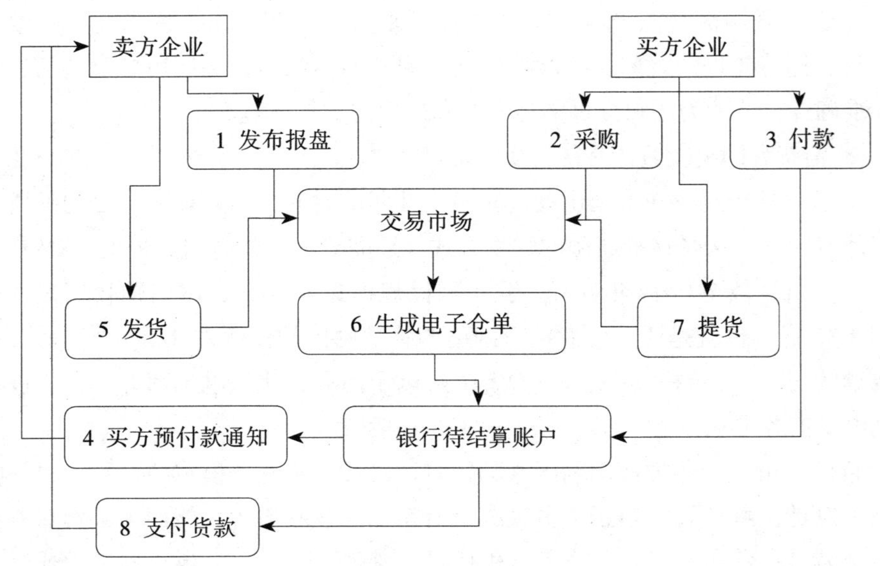

图 2-2-8 中国民生银行 B2B 电子交易银行保证金支付结算模式

全球速卖通是阿里巴巴帮助中国网商接触海外终端零售商和网店，小批量、多批次快速销售，拓展利润空间而全力打造的融订单、支付、物流于一体的国际小额批发在线交易平台。全球速卖通采用的收费模式与敦煌网相同，即收取交易佣金。全球速卖通在线交易支付实现方式是国际支付宝的一种面向国际贸易的第三方支付结算方式。交易过程中首先由买家将货款打到第三方担保平台的国际支付宝账户中，然后第三方担保平台通知卖家发货，买家收到商品后确认，货款放于卖家，至此完成一笔网络交易。通过国际支付宝完成交易的产品，可以通过 EMS、DHL、UPS、FedEx、TNT、SF、邮政航空包裹 7 种运输方式进行发货，每笔订单金额小于 1 000 美元（产品总价加上运费的总额），属于国际贸易小额批发模式。国际支付宝的交易流程如图 2-2-9 所示。

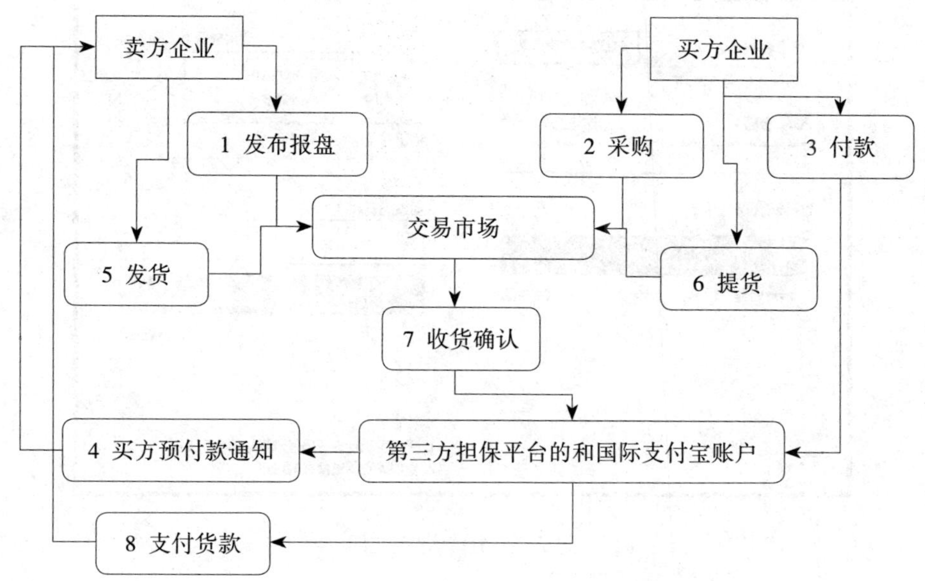

图 2-2-9　国际支付宝支付结算模式

2.2.2　实训内容

（1）C2C 网络购物与支付，以淘宝网为例

① 账号注册

第一步：如图 2-2-10 所示，在登录页面，找到上方的“手机动态密码登录”，切换到访客登录页面，编辑短信“TP”发送到对应的运营商号码获取动态密码，然后输入你的手机号码和收到的动态密码，登录淘宝网。需要注意的是，发送短信的手机号码和登录时输入的手机号码都必须是你之前访客购买时验证过的号码。

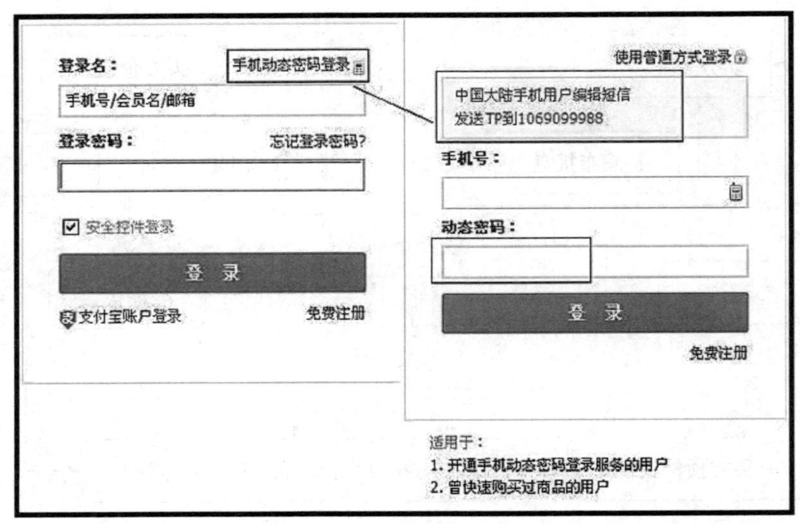

图 2-2-10　淘宝注册

第二步：进入我的淘宝页面，点击“账号管理”，如图 2-2-11 所示。

图 2-2-11　账号管理

第三步：进入账号管理页面后，会看到“访客升级”的字样，根据页面提示，设置你的登录密码后，即可成为淘宝会员。需要注意的是，手机号码和会员名两项不可修改，后续可以使用手机号码或者会员名登录淘宝网，如图 2-2-12 所示。

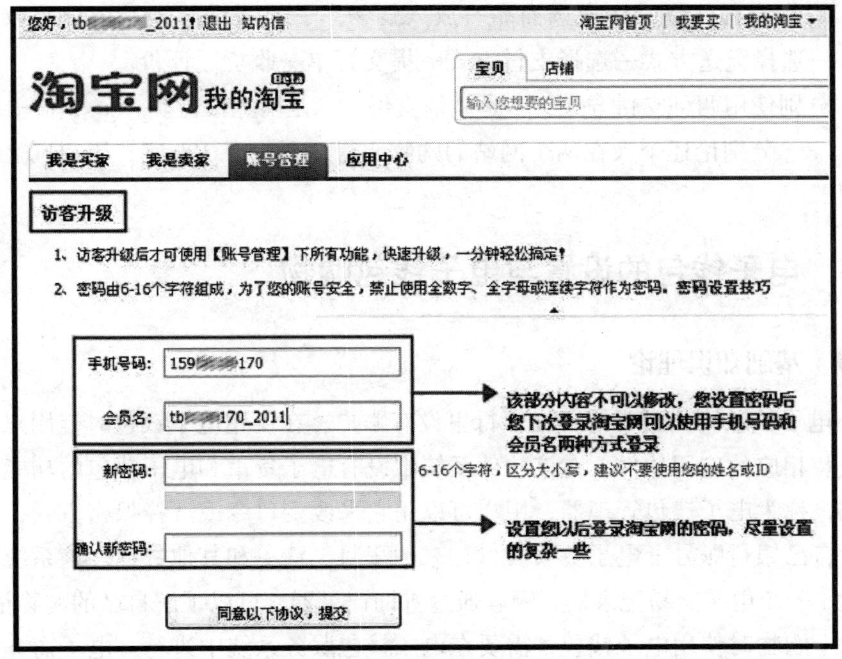

图 2-2-12　访客升级

从访客升级为淘宝会员后，就可以使用页面上提示的会员名和你设置的密码登录阿里旺旺并与他人沟通了。

② 进行网上购物

网上购物流程：登录淘宝—搜索产品—加入购物车—提交订单—选择送货方式—付款—查询订货状态—购物信息反馈。

分别使用两种支付方式：一是支付宝；二是网上银行。

（2）B2C 网络购物与支付，以京东商城为例

① 注册

第一步：点击页面顶部“免费注册”，进入注册页面。

第二步：填写用户名、密码、邮箱等个人信息进行注册。

第三步：选中“我已阅读并同意《京东商城用户协议》”，并点“完成”按钮完成注册。请在注册时务必详细填写个人信息。如果忘记密码，网站提供了找回密码的功能，可在忘记密码的页面中输入你的 ID 号或注册时输入的电子邮箱，系统将发送找回密码的链接到你注册的邮箱里。

② 进行网络购物

购物流程：登录—挑选商品—放入购物车—进入结算中心—填写收货人信息—选择配送方式—选择支付方式—提交订单—收货后评价。

分别使用两种支付方式：一是微信支付；二是网上银行。

（3）分别论述个人在两个网站的购物心得（不少于300字，不得网上抄袭复制）

2.3 电子钱包的设置与电子钱包购物

2.3.1 基础知识理论

电子钱包用户通常需要在银行里设有账户。在使用电子钱包时，用户应首先安装相应的应用软件，在该软件系统中设有电子货币和电子钱包的功能管理模块，称为电子钱包管理器，用户可以用它来改变口令或选择保密方式，以及查看自己银行账号上电子货币收付往来的账目、清单和其他数据。该系统中还提供了一个电子交易记录器，顾客通过查询记录器，可以了解自己的购物记录。在网上购物时使用电子钱包，需要在电子钱包服务系统中进行。电子商务活动中的电子钱包软件通常都是免费提供的，用户可以直接使用与自己银行账号相连接的电子商务系统服务器上的电子钱包软件，也可以通过各种保密方式利用因特网上的电子钱包软件。世界上有VISA Cash和Mondex两大电子钱包服务系统，其他电子钱包服务系统还有Master Card Cash、Euro Pay的Clip和比利时Proton等。

使用电子钱包的顾客通常要在有关银行开立账户。在使用电子钱包时，通过下载对应的电子钱包应用软件安装电子钱包，并关联到电子商务服务器上，利用电子钱包服务系统就可以把自己的各种电子货币或电子金融卡上的数据输入进去。在需要收付款时，顾客可以使用电子信用卡付款，如用Visa卡或Master卡等收款时，顾客只要单击一下相应项目（或相应图标）即可完成，这种电子支付方式称为单击式或点击式支付方式。在电子钱包内只能装入电子货币，即装入电子现金、电子零钱、安全零钱、电子信用卡、在线货币、数字货币等。这些电子支付工具都可以支持单击式支付方式。电子商务服务系统中还有电子交易记录器，顾客通过查询记录器，可以了解自己都买了什么物品，购买了多少，也可以把查询结果打印出来。

1. 电子钱包的概念

电子钱包有两种概念。一是纯粹的软件，主要用于网上消费、账户管理，该类软件通常是与银行账户或银行卡账户关联在一起的；二是小额支付的智能储值卡，持卡人预先在卡中存入一定的金额，交易时直接从储值账户中扣除交易金额，即实物形态的电子钱包。电子商务中涉及的电子钱包主要是第一种概念，即软件形态的虚拟电子钱包。软件形态的虚拟电子钱包，是客户用来进行安全电子交易和储存交易记录的软件，往往与电子现金卡、银行卡和 IC 卡结合使用，可以保护用户的银行账户。根据电子钱包软件的存储位置，可将虚拟电子钱包分为服务器端电子钱包和客户端电子钱包。

2. 电子钱包的功能与特点

电子钱包的功能与特点如下。

（1）电子钱包的主要功能为，个人资料管理、网上付款、交易记录查询、银行卡余额查询等。

（2）电子钱包最突出的特点就是支持不受时间和地点限制的自由支付、方便购物、快速完成支付指令等。

3. 电子钱包的使用

电子钱包（Electronic Wallet）是电子商务活动中网上购物顾客常用的一种支付工具，是在小额购物或购买小商品时常用的新式钱包，它是以智能卡为核心的。电子钱包的电子现金支付系统用途广泛，具有信息存储、电子钱包、安全密码锁等功能，安全可靠。

电子钱包一直是世界各国开展电子商务活动的热门话题，也是实现全球电子化交易和 Internet 交易的一种重要工具。全球已有很多国家正在建立电子钱包系统，以便取代现金交易的模式。

利用电子钱包在网上购物，彻底改变了传统的面对面交易和一手交钱一手交货等购物方式，是一种有效而且安全可靠的电子购物，通常包括以下步骤。

（1）客户使用浏览器在商家的 Web 主页上查看在线商品目录浏览商品，选择要购买的商品，填写详细信息。订单可通过电子化方式从商家传过来，或由客户的电子购物软件建立，或让客户与商家协商物品的价格。

（2）客户确认所需购买的商品后，如果选定用电子钱包支付，则将电子钱包装入系统然后打开，输入自己的口令，取出一张电子信用卡付款。

（3）电子商务服务器对此信用卡号码采用某种加密算法加密发送到相应的银行，同时商家收到了经过加密的购货账单，商家将自己的客户编码加入电子购货账单后，再转送到电子商务服务器上。商家对客户信用卡上的号码不应该也不可能知道，也无权处理信用卡上的款项，所以只能把信用卡送到电子商务服务器上进行处理。经过电子商务服务器确认客户合法后，将其同时送到信用卡公司和商业银行，在信用卡公司和商业银行之间进行应收款项以及账务往来的电子数据交换和结算处理。信用卡公司将处理请求再送到商业银行请求确认并授权，商业银行确认并授权后送回信用卡公司。

（4）如果经商业银行确认后拒绝并且不予授权，则说明客户信用卡上的金额不够，客户可继续选择另一张信用卡，重复上述操作。

（5）如果经商业银行证明这张信用卡有效并授权，则商家就留下整个交易过程中发生往来的财务数据，出示一份电子收据发送给客户，并将货物发送到客户手中。

电子钱包的购物过程虽经过信用卡公司和商业银行等多次身份确认、银行授权各种财务数据交换和财务往来等，但都是在极短的时间内完成的，这种电子购物方式十分省时、省力，而且对客户来说，整个购物过程自始至终都十分安全可靠。客户信用卡上的信息他人是看不见的，其保密性很好。有了电子商务服务器的安全保密措施，可以保证客户去购物的网店是真实可靠的，客户可以放心地购物。

2.3.2 实训内容

电子钱包的申请与使用，以京东钱包（网银钱包）为例。

自 2015 年 4 月 28 日 00：00 起，网银 + 更名为京东支付，网银钱包更名为京东钱包，域名由 wangyin.com 变更为 jdpay.com。

具体操作步骤如下：

（1）登录京东支付首页，网址为“www.jdpay.com”，如图 2-2-13 所示。

图 2-2-13　京东支付首页

（2）点击左上角“个人”链接（如为企业用户则选择企业），再点击右上角注册按钮，注册账户。填写详细的相关信息，同意各种条款后提交信息。

（3）打开邮箱并激活邮件。点击电子邮件中的链接，将会回到京东钱包页面，确认完毕后返回首页登录，如图 2-2-14 所示。

图 2-2-14 京东钱包个人页面

（4）点击右上角“账户管理”，填写个人相关信息。钱包申请完毕后，具体操作还需下载京东金融 APP 方可进行。

2.4 移动购物及移动支付

2.4.1 基础知识理论

1. 移动购物

（1）移动购物的概念

移动购物是指利用移动终端，借助移动支付手段完成货品或服务挑选及购买的行为。移动购物是移动商务发展到一定阶段所衍生出来的一个分支，从属于移动商务，又是移动商务一个更高的发展层次。

（2）移动购物的特点

尽管属于电子商务的一部分，移动购物还是有它自己的特点的，具体如下。

① 移动性

移动购物并不受互联网光缆的限制，也不受接入点的限制，用户可以利用随身携带的手机、PDA 等移动通信设备随时随地进行购物（需要无线网络覆盖）。

② 无处不在性

移动技术可以让用户在任何具有移动通信信号覆盖的地方获取信息。

③ 个性化

移动硬件有存储容量上的限制，内存软件可以更好地帮助用户进行信息存储和分类，以满足用户的需求。

④ 灵活性

移动通信设备的便捷性表现在用户可以不受时间和地点的限制进行购物。不论用户忙于旅行、工作还是其他活动，都可以通过手机或 PDA 互相交流，也可以单向收取信息。

⑤ 传播性

零售商或其他信息编写人可以通过无线网络向部分或者全部进入这个区域的移动服务用户发送特定信息。

（3）移动购物的主要形式

移动购物目前有以下两种主要表现形式。

① 比价购物

比价购物就是用户可以通过搜索的方式进行商品的比价选择。通过手机将网上价格与消费者所在地零售商店的价格进行比较。只要轻轻一扫，就能知道在方圆 5 000 米内是否有更便宜的相同商品。

② 移动支付

移动支付业务是将移动网络与金融系统相结合，为用户提供更为便利的手段进行商品交易、缴费等的金融业务。

2. 移动支付

（1）移动支付的概念

移动支付是近几年发展起来的技术与业务，根据阐述角度不同，相关行业、组织给予其的定义与解释也各有不同。

根据移动支付论坛的定义，移动支付就是交易双方使用移动设备转移货币价值以清偿获得商品和服务的债务。这是一种依靠短信、HTTP、Wap 或 NFC（近场通信技术）等无线方式完成支付行为的新型支付方式。移动支付所使用的移动终端可以是手机、PDA、移动 PC 等。

另外一种定义认为，移动支付是电子支付的一种方式，是指交易双方为了某种货物或者服务，以移动终端设备为载体，通过移动通信网络或者 NFC 实现的商业交易，它属于移动电子商务的范畴。移动支付是移动终端由通信工具变成信用支付工具的一种功能性的扩展，也是移动电子商务过程实现的一种价值体现。

（2）移动支付分类

根据不同标准，移动支付分类方式也不相同，常见分类方式如下。

① 按照支付的交互流程，移动支付可以分为近场支付和远程支付。近场支付是指移动终端通过非接触式受理终端在本地或接入收单网络完成支付过程的支付方式。按技术实现手段，近场支付技术方案主要包括基于 13. 56 兆赫兹频段和基于 2.45 吉赫兹频段的技术方案。例如，现在国内推出的手机公交一卡通等就属于近场支付。

远程支付是指用户与商家非面对面接触，用户使用移动终端在支付应用平台选购商品或服务，在确认付款时，通过无线通信网络，与后台服务器之间进行交互，由服务器端完成交易处理的支付方式。远程支付业务范围包括数字虚拟产品、电话 / 网络购物、公共事业缴费等。远程支付的“任何地点、任何时间”的特性，使用户可以随时随地进行购物及支付，尽享优质生活。例如，利用支付宝手机钱包线上购物付款就属于远程支付。远程支付技术方案主要包括短信支付、移动互联网（无卡）支付和基于智能卡的远程支付三种技术方案。

② 按照支付账户的性质，移动支付可以分为银行卡支付、第三方支付账户支付、通信代收费账户支付。

银行卡支付就是直接采用银行的借记卡或者贷记卡账户进行支付的方式。第三方支付账户支付是指为用户提供与银行或金融机构支付结算系统接口和通道服务，实现资金转移和支付结算功能的一种支付服务。第三方支付机构作为双方交易的支付结算服务的中间商，需要提供支付服务通道，并通过第三方支付平台实现交易和资金转移结算安排的功能。

通信代收费账户是移动运营商为其用户提供的一种小额支付账户，用户在互联网上购买电子书、歌曲、视频、软件、游戏等虚拟产品时，通过手机发送短信等方式进行后台认证，并将账单记录在用户的通信费账单中，月底进行合单收取。

③ 按照用户支付的额度，移动支付可以分为小额支付和大额支付两种。通常来讲，交易金额小于 10 美元的称为小额支付，主要应用于游戏、视频内容等互联网虚拟产品的购买；交易金额大于 10 美元的称为大额支付。两者之间最大的区别在于对安全要求的级别不同。对于大额支付来说，通过金融机构进行交易鉴权是非常必要的，而对于小额支付来说，使用移动网络本身的 SIM 卡鉴权机制就已经足够了。

④ 按照支付的结算模式，移动支付可以分为即时支付和担保支付。即时支付是指支付服务提供商将交易资金从买家的账户即时划拨到卖家账户。一般应用于“一手交钱，一手交货”的业务场景（如商场购物），或应用于信誉度很高的 B2C 以及 B2B 电子商务。

担保支付是指支付服务提供商先接收买家的货款，但并不马上支付给卖家，而是通知卖家货款已冻结，让卖家发货；当买家收到货物并确认后，支付服务提供商再将货款划拨到卖家账户的支付方式。支付服务提供商不仅负责资金的划拨，还要为互不信任的买卖双方提供信用担保。担保支付业务为开展基于互联网的电子商务提供了基础，特别是对于没有信誉度的 C2C 交易以及信誉度不高的 B2C 交易。目前做得比较成功的担保支付为支付宝。

⑤ 按照用户账户的存放模式，移动支付可以分为在线支付和离线支付。在线支付是指用户账户存放在支付提供商的支付平台，当用户进行消费时，直接在支付平台的用户账户中扣款。例如，通过短信、Wap、IVR 等方式完成的支付，交易发生在网络侧。

离线支付是指用户账户存放在智能卡中，当用户进行消费时，直接通过 POS 机在用户智能卡的账户中扣款。如通过近距离非接触技术完成的支付，交易发生在手机侧。

（3）移动支付基本要素

移动支付的本质是支付服务提供商通过合适的支付渠道为买家购买服务或商品而将资金从买家的账户划拨到卖家账户。移动支付和电子支付同样，主要包括四个要素：买家和卖家的资金账户、资金安全、支付接入渠道、支付应用。因此，开展移动支付服务，首先必须回答以下四个问题：要服务于什么类别的支付应用；可以使用哪些支付账户；可以向用户提供哪种支付渠道；如何保障支付安全。

① 支付账户

电子支付本质上就是资金在不同账户间的转移，资金从哪里来及到哪里去，是电子支付业务最关键的问题，因此支付账户是开展支付业务的核心。一般可用的支付账户包括：银行账户、第三方支付账户、积分账户、离线钱包账户和运营商的通信账户。

a. 银行账户。银行账户包括借记卡、信用卡、存折等账户，拥有庞大的资金，是支付业务最重要的资金来源，任何支付业务的服务商都难以绕开银行账户。

b. 第三方支付账户。支付服务提供商为摆脱银行账户资金调度灵活性方面的制约，建立起自己的电子货币账户体系（如支付宝等）。这类电子货币账户上的资金一般与人民币等值，具有全部业务的支付能力，由于支付服务商可完全掌控自建的电子货币账户上的资金，有利于其提供灵活的支付业务模式，资金可通过银行转账到电子货币账户，有的电子货币账户甚至可以再转回银行，本质上类似于银行账户。

c. 积分账户。运营商或各服务提供商（如航空公司、连锁超市等）为使用其业务或购买其商品的用户赠送积分，拥有积分的用户同时拥有运营商或服务提供商的某种权益，如可获取某些类型的商品、换取礼品、联盟商家购物时可抵扣一定的金额等。因此，积分从某种意义上来讲，也可当成一种外部支付账户。其特点是不能直接当现金使用，只能在特定的应用范围内使用，通常需要配合适当的营销策略。

d. 离线钱包账户。该账户不与后台账务系统实时交互，是直接记录在某种载体上（如集成 RFID 芯片的手机或其他移动终端）的电子货币。其特点是能充分利用庞大的移动终端的用户群以及移动终端随身携带的特性，快速发展支付用户；支付过程中不需要与后台系统实时交互，适用于公交、商店、电影票、彩票等小额近距离支付业务。

e. 运营商的通信账户（如固定电话、手机、宽带上网账户等）。通信账户代收费是电信运营商特有的电子支付模式，可充分运用运营商庞大的用户群体，以及已经建立的缴费渠道，为其他支付应用提供代收费服务，从中获取收益。

② 支付应用

服务于特定的支付应用以获取收益是开展移动支付业务的目标，移动支付业务提供的资金转移一定是为某项商业活动服务的。移动支付服务必须建立支付业务管理平台，实现与商户（卖家）系统的交互，协助商户完成交易，并提供对账、结算等服务。根据支付应用的不同，移动支付服务提供的形式和模式都不尽相同。按应用类型分，移动支付业务可分为互联网虚拟服务购买、公共事业充值缴费、线上和线下实物购买和离线钱包支付。

a. 互联网虚拟服务购买。为虚拟服务提供商的虚拟产品或服务（包括电信增值业务、互联网服务等）提供支付，不涉及实物交易。虚拟服务购买业务的支付商户一般是各类内容应用服务提供商（SP），典型的业务有虚拟点卡、影视下载、会员包月、软件许可购买等。

b. 公共事业充值缴费。向某个特定账户中转移一笔资金，用于清缴因为使用某种业务或服务已经发生的费用（缴费）；或预存一笔资金，为以后使用某种业务或服务付费（充值）。充值缴费类业务通常资金用途明确，支付商户一般是服务面广泛、用户需要定期缴费大型企业或事业单位。典型业务有电信业务充值缴费、公共事业缴费（水、电、煤气等）。

c. 线上和线下实物购买。为网上购物或者实体店购物提供非现金的电子支付，将资金从买家的账户划拨到卖家的账户。

d. 离线钱包支付，主要用于公交等一些小额快速的支付场合。

③ 支付渠道

支付渠道指发送和接收支付指令的场所和方式，是开展移动支付业务的基础。支付渠道主要包括互联网支付渠道、固定终端支付渠道、移动终端支付渠道、声讯支付渠道和 RFID 支付渠道。

a. 互联网支付渠道。使用互联网的方式操作支付账户，为特定的业务完成支付，多服务于互联网虚拟服务购买类业务，是目前支付渠道的主流。

b. 固定终端支付渠道（不包括归属银行业务的银行柜员机和传统 POS 机）。用户使用固定的支付终端，通过刷卡的方式认证支付账户，为特定的业务完成支付，多服务于账单已形成（如公共事业缴费）或向固定账户充值类的应用（如各类账户的充值服务），服务对象多为拥有大量用户基础的行业。

c. 移动终端支付渠道。用户使用手机终端，通过 WAP、短信等方式操作支付账户，为特定业务完成支付。

d. 声讯支付渠道。用户拨打声讯电话，通过按键操作和语音提示操作支付账户，为特定业务完成支付。

e. RFID 支付渠道。用户通过近距离射频技术（如 RFID），使用卡片等载体与特殊的机具交互，为特定的应用实现方便快捷的支付，如北京的公交一卡通、广州的羊城通卡等。RFID 渠道可以与移动终端支付渠道结合，如日本的 FeliCa 手机支付模式。

④ 支付安全

移动支付涉及用户和商家资金的转移，保障资金安全是开展移动支付业务的首要前提，用户可知的常用的安全手段主要有支付密码、数字证书、终端认证（如 USB-KEY、实体卡、手机终端）等。

2.4.2 实训内容

百度、支付宝、微信、QQ 等任选两个 APP，进行移动电子钱包的申请和使用。

以微信为例，具体操作步骤如下。

（1）准备一张银行卡，并在发卡行里面预留电话号码。注意：持身份证到银行办理，且说明目的是绑定电子钱包，开通短信通知功能。

（2）登录微信→“我”→“支付”→“钱包”→“银行卡”→“+”添加银行卡。

（3）输入相应信息。设置“支付密码”很重要，这就相当于你的银行卡密码，因为只凭这个密码，就可以把钱花出去。支付密码设置成功以后，进入；输入你的姓名、银行卡号，必须要真实。如果与事实不符，就无法完成绑定，这也是对你个人财产的保护行为，如果你不想输入繁琐的卡号，相机可以帮你。

（4）成功绑定银行卡。由于现在电子钱包的功能还不是很完善，大部分只能绑定银行卡，而且钱包不具备兼容性。

注意：密码不能泄露，手机不得借给他人使用，不要随便点击网络链接，绑定的银行卡里面尽量不要有太多余额等。

实训思考

一、单项选择题

1. 电子支付是指电子交易的当事人使用安全电子支付手段，通过（ ）进行的货币支付或资金流转。

A. 网络　B. 开户银行　C. 发卡银行　D. 中介银行

2. 网上交易的安全性是由（ ）来保证的。

A. 厂家　B. 认证中心　C. 银行　D. 信用卡中心

3. 个人拍卖的网络交易是电子商务的（ ）基本形式。

A.G2B　B.C2C　C.B2C　D.B2B

4、目前应用最为广泛的电子支付方式是（ ）。

A. 银行卡　B. 电子货币　C. 电子支票　D. 电子本票

5. 网上购物中，银行卡电子传输系统采用的是（ ）。

A. 城域网　B. 因特网　C. 专用网　D. 局域网

6.CFCA 根 CA 证书申请和发放的传递方式是（ ）。

A. 在线方式　B. 电话　C. E-mail　D. 软盘 / 光盘

7. 客户在淘宝网进行的电子商务活动属于（ ）。

A. B2C 电子商务活动　B. B2G 电子商务活动

C. B2B 电子商务活动　D. C2C 电子商务活动

二、思考题

1. 简述网上购物的过程。

2. 论述网上购物和线下购物相比的优劣性。

3. 网络支付的一般流程是怎样的?

4. 大额支付系统和小额支付系统有什么不同之处?

5. 网络银行的特点有哪些?网络银行如何才能更好地体现出服务个性化?

6. 第三方支付的风险有哪些?如何才能规避这些风险?

7. 阐述虚拟支付平台支付、第三方支付平台支付和网上银行支付各自的特点。

3　电子商务创建与管理

【导入案例】

阿里巴巴是全球 B2B 电子商务的著名品牌，是目前全球最大的商务交流社区和网上交易市场。如今已成为全球首家拥有 210 万商户的电子商务网站，是全球商户网络推广的首选网站。下面我们对阿里巴巴的网站设计进行分析。

1. 网站板块结构

以 B2B 为中心的阿里巴巴网站主要分为两大部分：市场和资讯行情。市场又分为按行业划分的阿里巴巴行业市场和面向企业的阿里巴巴市场。资讯行情中包含行业资讯、价格行情和以商会友三个部分。此外，还有网站指南和免费信箱服务。

2. 栏目内容及功能

进入阿里巴巴网站，便可以查询商业机会，发布信息，查看每日最新商机，商情特快；在公司库中，有中文公司网站大全，可以按行业类别查询各类公司资讯；可以在“我的公司电子商务资料库”免费创建公司网页，并加入阿里巴巴“公司库”。

（1）产品展示区：分类陈列展示阿里巴巴会员的各类图文并茂的产品信息；会员可创建“产品目录”，建立和编辑自己的私人产品目录。

（2）免费邮箱：是阿里巴巴免费为会员提供的信箱服务。

（3）以商会友区：可以和其他会员交流行业见解，或轻松地交流经验。

（4）行业资讯：是每日更新的行业新闻报道，帮助用户了解变幻莫测的行业动态。

3. 布局设计

阿里巴巴网页一般分为上、中、下三部分。上面是网站的主导航条，方便访问者在不同的分区穿梭浏览；中间是最主要的信息内容，分类目录或者其他信息，一般还配有很有用的查询栏；下面是关于网站和公司信息的导航栏。

4. 支付安全性

在付款方式上，阿里巴巴支持汇款、电汇转账和在线支付。在线支付时，用户资料经银行认证和安全加密处理直接发送给银行系统，其他人包括阿里巴巴不会得到用户信用卡资料。

5. 页面设计

（1）整体结构：每个页面都有独立的标题，并且网页标题中含有有效的关键词，每个网页还有专门设计的 META 标签，而且图形和文本层叠有序。

（2）页面分割：在信息量很多时，将关键词列出来，将页面分成若干小块，小块之间有视觉上的不同，这样可以使浏览者一目了然。

（3）页面对比：对比手法很多，使设计更加富有生气。例如，多与少、曲与直、强与弱、长与短、粗与细、疏与密、虚与实、主与次、黑与白、动与静、美与丑、聚与散等。

（4）页面元素：阿里巴巴在网页设计中颜色、文本信息、文字的大小、格式等都无可非议，因为它给人的感觉很协调、很舒服。

阿里巴巴网站首页（http://china.alibaba.com/）设计如图 2-3-1 所示。

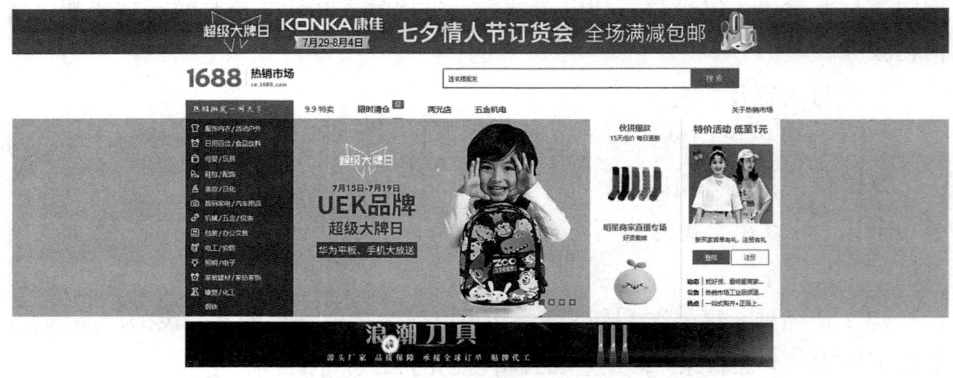

图 2-3-1 阿里巴巴网站

3.1 第三方平台网上商店创建与管理

3.1.1 基础理论知识

1. 第三方电子商务平台概述

第三方电子商务平台泛指独立于产品或服务的提供者与需求者，通过网络服务平台，按照特定的交易与服务规范，为买卖双方提供包括认证、交易、支付、物流、信息增值业务等服务的过程。这一概念表明，为交易双方提供信息匹配、准确地在互联网中寻找到具有价值的信息、提供资金支付的安全保障、提供物流的方便快捷是第三方电子商务平台的核心作用。第三方电子商务平台可以聚集众多优秀的供应商和采购者，产生聚集效应，不断提高中介平台的品牌和影响力。第三方电子商务平台可以是行业性、区域性或者是综合性的。第三方电子商务模式的实质就是依赖第三方提供的公共平台开展电子商务。

2. 第三方电子商务平台存在的必然性

据统计资料显示，我国工商注册的中小企业有数千万家，但是由于中小商家行业历史短、信息化水平低、相对分散，它们面对日益繁荣的互联网经济，感到无所适从。无论是中小企业还是个人，在开展电子商务方面由于受到人才、资金等方面的限制，与大型企业相比有一定差距，难以有效地利用网上信息资源。

鉴于以上的种种限制与不足，中小商家如何顺应电子商务的发展趋势，如何将数量大、行业分布广等特点转变为电子商务时代下，中小商家的优势便成为企业和电子商务行业发展所要解决的问题。与大型企业自主开发电子商务平台，利用自身资源走电子商务发展之路相比，中小商家信息化水平低的劣势再次凸显出来。中小商家怎样通过网络资源搜集买家的需求以及自身供应商的准确信息，甚至行业竞争者的定价和交易等信息？中小商家怎样走电子商务发展之路？什么样的电子商务模式能充分发挥中小企业个人自身优势，解决中小企业个人电子商务的发展问题？在电子商务行业的发展和买卖双方需求不断增长的过程中，第三方电子商务平台成为这一模式的具体形式。

真正的电子商务应该是专业化、具有很强的服务功能、具有“公用性”和“公平性”的第三方服务平台。它应该是制造业、流通渠道和零售终端的服务商，目标是为制造企业和流通企业搭建一个高效的信息交流平台，创建一个良好的商业信用环境。这个平台要能保证交易双方的合法性与诚信，使交易双方不会担心诸如卖了货拿不到钱或付了钱拿不到货、拿到假货等信用问题。而对双方有争议的问题，也可以通过第三方交易平台公正处理，采用商业和法律手段有效约束。电子商务不是一家一家单独搞起来的，也就是说电子商务发展特别需要提供公共服务的机构来推动和完善。这并不一定是政府机构，而是能够为许多企业提供服务的一个统一平台。应该说这是企业信息化过程中一种全新的模式，特别是对我国非常分散、信息化基础不高的中小商家非常适用。

第三方电子商务平台为中小商家提供低成本、专业化的电子商务应用服务系统，有利于中小商家提高效率、拓展市场并且获得更多的商业机会。由第三方建设的电子商务平台是为多个买方和多个卖方提供信息和交易等服务的电子场所。其特性包括保持中立立场得到参与者的信任、集成买方需求信息和卖方供应信息、撮合买卖双方、支持交易以便利市场操作。买卖双方与第三方平台集成，能够很好地利用第三方平台的规模效益。因此，选用第三方电子商务平台是买卖双方应用电子商务的一种非常好的选择。

3. 第三方电子商务平台的分类

目前国内的第三方电子商务平台主要有两种类型：实物销售平台和虚拟服务平台。

实物销售平台以淘宝网为代表。淘宝网（www.taobao.com）是深受欢迎的网购零售平台，目前拥有近 5 亿的注册用户，每天有超过 6 000 万的固定访客，同时每天的在线商品数已经超过了 8 亿件，平均每分钟售出 4.8 万件商品。截至 2011 年年底，淘宝网单日交易额峰值达到 43.8 亿元，创造了 270.8 万直接且充分的就业机会。随着淘宝网规模的扩大和用户数量的增加，淘宝也从单一的 C2C 网络集市变成了包括 C2C、团购、分销、拍卖等多种电子商务模式在内的综合性零售商圈，目前已经成为世界范围的电子商务交易平台之一。

淘宝网致力推动“货真价实、物美价廉、按需定制”网货的普及，帮助更多的消费者享用海量且丰富的网货，获得更高的生活品质；通过提供网络销售平台等基础性服务，帮助更多的企业开拓市场、建立品牌，实现产业升级；帮助更多胸怀梦想的人，通过网络实现创业、就业。新商业文明下的淘宝网，正走在创造 1 000 万个就业岗位这一目标的路上。

虚拟服务平台以猪八戒网为代表。猪八戒网（zbj.com）创建于 2006 年，现已发展成为中国领先的人才共享平台。猪八戒网开创式地为人才与雇主搭建起双边市场，通过线上线下资源整合与大数据服务，实现人才与雇主精准无缝对接。

猪八戒网不仅为人才匹配全球商机，还帮助他们突破时空限制，实现“我在猪八戒，服务全世界”。同时，猪八戒网通过整合平台专业人才资源，打造了八戒企业管家，用真人管家帮助企业解决发展难题，提高工作效率，降低用人成本。平台上有超过 1 300 万专业人才，通过专属的平台经营权益、系统的运营教学以及八戒工场快速适应互联网生存，做全球生意。借助平台强大的孵化能力，已有 15 万人在猪八戒网上从个人成长为公司。

3.1.2 实训内容

1. 实体销售 C2C 网上开店，以淘宝网为例（淘宝网开店具备一定的周期，请提前准备相关资料，如身份证、网银等）

在淘宝网上当买家，只要申请了淘宝会员，往支付宝电子钱包里充入足够的钱，就可以点击鼠标购物了。当卖家还需要申请支付宝认证，取得网上创业的资格。

（1）用户注册

登录 http://www.taobao.com，单击页面右下方的“免费注册”，如图 2-3-2 所示，同意协议，进入用户注册页面。

图 2-3-2　淘宝网的免费注册

第一步，填写账户信息。在打开的页面中，填写账户信息，如图 2-3-3 所示，单击“同意以下服务条款并注册”按钮。

图 2-3-3　淘宝网的用户注册页面

第二步，验证账户信息。在弹出的验证页面（图 2–3–4），可以使用手机验证和邮箱验证，我们选择使用手机验证，输入手机号码，单击提交。验证码会发送到手机里，然后输入验证码（图 2–3–5），单击确认。按照提示一步一步地操作就可以注册成功，获得淘宝账户和支付宝账户。

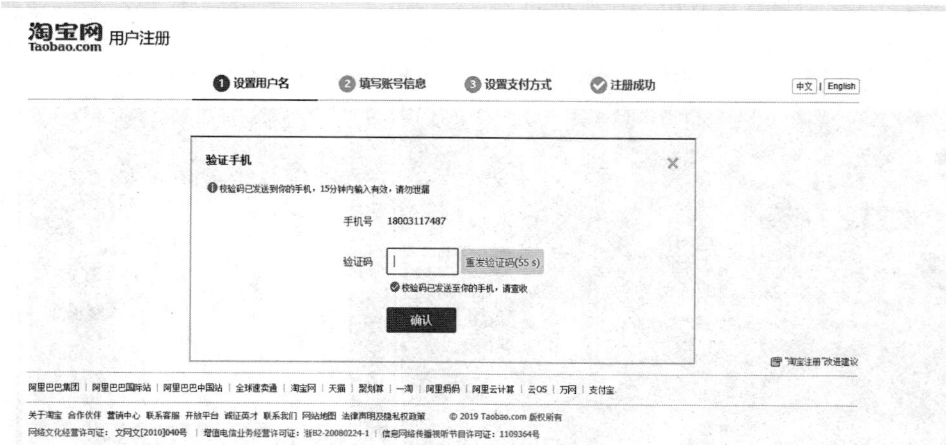

图 2–3–4　验证信息

图 2–3–5　填入验证码

（2）身份认证

淘宝网规定只有通过实名认证之后，才能出售宝贝，开店铺。所以在注册用户之后，还要进行相应的认证（包括个人实名认证和支付宝认证两个过程）。

具体的操作步骤如下。

第一步，登录淘宝网，单击页面上方“我的淘宝”。在打开的页面中，单击“卖宝贝请先实名认证”。

第二步，在打开的页面中，填写支付宝，补全相应信息，最后单击“确定”按钮。

第三步，选择“在线开通支付宝卡通认证方式”，单击“立即申请”，按照提示填写相关信息。

第四步，登录网上银行，通过支付宝卡通授权，完成实名认证。

（3）我要开店

第一步，登录你的淘宝网会员名，并单击“千牛卖家中心”，进行支付宝实名认证。单击卖家中心后，出现如图 2-3-6 所示的界面。

图 2-3-6　千牛卖家工作台

单击“我要开店”，对各项信息进行认证，单击“立即申请”，按照要求填写个人信息、银行卡信息等。单击“确认信息”并提交。

支付宝公司在 1 ～ 2 天内，会给准卖家的银行卡打入不足 1 元金额，会给准卖家的手机发短信通知，让其登录网银查看。登录网银后，单击查看“账户明细”，同样单击卖家中心、免费开店、开店认证、开通实名认证（注意：此时会出现让你输入打款金额，将支付宝给你的打款金额，正确地输入到文本框里面），单击“确认”提交，如果输入的金额正确，网银认证就通过。

第二步，获取免费店铺。淘宝为通过考试的会员提供了免费开店的机会，填写店铺信息，选择卖家类型、主要货源及对店铺进行描述等，然后单击“提交”按钮，在出现的页面中出现了“恭喜！您的店铺已经成功创建……”的字样，并提供了店铺的地址。

（4）发布宝贝

在淘宝开店铺，除了要符合认证的会员条件之外，还需要发布卖家要出售的宝贝。在整理好商品资料、图片后，要开始发布第一个宝贝。

第一步，登录淘宝网，在页面上方单击“我要卖”。在打开的页面中，可以选择“一口价”或“拍卖”两种发布方式，这里选择单击“一口价”。

第二步，选择类别，根据自己的商品选择合适的类别。比如，选择了女鞋的宝贝详情。单击“好了，去发布宝贝”按钮继续下一步。

第三步，填写宝贝的基本信息，然后单击发布，自己的店铺就有了商品。在免费开店之后，卖家可以获得一个属于自己的空间。和传统店铺一样，为了能正常营业、吸引顾客，需第三方市场交易服务平台对店铺进行相应的“装修”，主要包括店标设计、宝贝分类、推荐宝贝、店铺风格等。

① 基本设置。登录淘宝，打开“我的淘宝”→“我是卖家”→“管理我的店铺”。在左侧“店铺管理”中单击“店铺基本设置”，在打开的页面中可以修改店铺名、店铺类别、卖家类型、店铺简介、店铺介绍等。

② 宝贝分类。给宝贝进行分类，是为了方便买家查找。在打开的“管理我的店铺”页面中，可以在左侧单击“宝贝分类管理”；接着，输入新分类名称，单击“保存”按钮即可添加了。

③ 推荐宝贝。淘宝提供的“推荐宝贝”功能可以将最好的宝贝拿出来推荐，在店铺的明显位置进行展示。打开“管理我的店铺”页面，在左侧单击“橱窗推荐”，然后就可以在打开的页面中选择推荐的宝贝，单击“推荐”按钮即可。

④ 店铺风格。不同的店铺风格适合不同的宝贝，给买家的感觉也不一样，一般选择色彩淡雅、看起来舒适的风格即可。若选择“绿野仙踪”的风格模板，右侧会显示预览画面，单击“确定”按钮就可以应用这个风格。在店铺装修之后，一个焕然一新的页面就出现了。

2. 虚拟服务 C2C 网上开店，以猪八戒网为例

猪八戒网网上创业主要有以下几个阶段。

（1）入驻前准备

入驻猪八戒网成为猪八戒服务商前，需着手做三方面的准备。

① 了解招商信息。主要了解猪八戒商家入驻的资讯及政策、不同会员的入驻流程、不同会员入驻标准及资费要求、招商活动信息。具体操作：访问猪八戒网首页→“客服中心”→“规则中心”。

② 准备资质材料。如为个人店铺，则需要准备身份证正反面；如为企业店铺，则需准备法定代表人身份证及企业营业执照；特定类目则需上传类目经营许可证，如经营权、安全许可证、代理证等。

③ 注册账号。注册猪八戒网账号，在线签署《猪八戒网服务协议》。具体操作：访问猪八戒网首页→“免费注册”，填写手机号、密码等相关信息，选择“我要入驻赚钱”选项（图 2–3–7）→勾选“我已阅读并同意服务协议、隐私保护政策”。

图 2–3–7 手机注册猪八戒网

（2）开始入驻

① 完善店铺信息。在线签署《猪八戒平台知识工作者入驻协议》、完善店铺基础资料、完善入驻类目、店铺基础资料等，入驻类目信息需官方审核并在 3 个工作日内给出反馈结果。

② 完善技能属性。根据入驻类目，需完善类目属性，有助于平台派单精准匹配到你。

③ 通过入驻考试。为了更了解平台和避免入驻后违规，需通过平台入驻考试。

④ 完成实名认证。如你选择个人实名认证，需要准备身份证正反面；如你选择企业实名认证，需要准备法定代表人身份证正反面、企业营业执照，实名认证需官方审核并在 3 个工作日内反馈结果。

⑤ 缴纳诚信保证金。根据猪等级和入驻类目等规则缴纳足额的保证金，保证金的具体数额请查看诚信保证金规则。

（3）完成入驻成为普通会员

普通会员权益主要包括使用旺铺基础版、店铺咨询量 2 个雇主 / 日上限、店铺下单量 2 个雇主 / 日上限等。

（4）升级工场会员

如有需要，可升级会员，享受高级服务，否则此步骤可省略。

① 查询入驻社区名额。选择入驻的类目和地区，查询对应社区的名额，如社区有名额，即可申请；如社区无名额，可提前预约。

② 达到工场会员入驻标准。入驻主要标准有成为普通会员、店铺至少有一个出售中的服务、店铺至少有两个显示的案例及完善专职运营人员信息。

③ 签署工场会员协议并缴费。签署与入驻的社区签署工场会员协议，根据不同社区标准缴纳工场会员费用和保证金。

④ 开通工场会员权益。主要权益有旺铺个人版 / 旺铺企业版、店铺咨询量不限、店铺下单量不限、可购买广告服务、派单匹配特权和办公室空间权益等。

3.2 自建电子商务平台创建与管理

3.2.1 基础理论知识

如果企业规模较大、资金充足和技术条件允许，而且有大量的信息需要和外界交流，最好自己构建一个独立的网站，不仅使用方便，还可以将企业内部网络和因特网相连接，使企业内部管理的数据和外部营销的数据高度一体化，进一步提升原有资产的价值。在自建的网站中可以设置各种类型的主机，如 Web 服务器、DNS 服务器、邮件服务器、应用服务器和数据库服务器等，使企业的管理上升到更高层次。

自建网站的优势包括易于经常实现新技术；对网络安全性有更大的控制力；能出租 WEB 空间；拥有自己的系统管理员；对内容完全控制；可作为企业内部网，提供到大型机的直接数据库连接等。劣势包括需要全天候的系统管理；费用高；要负责管理服务器；需要更多的安装时间；需要更多职员等。自建网站除需花费高速网络专线、服务器通信设备方面的资金外，还要支出信息和通信费用。另外，还需要至少 3 ～ 5 名网络技术人员。

自建电子商务网站重点要考虑的问题包括服务器、操作系统、数据库系统和接入技术的选择。

下面我们以自建企业商务网站为例。

1. 自建企业商务网站，动态信息发布

自建商务网站更便于企业进行网上宣传以及利用 Web 页面开展网上业务。因特网上的站点使企业拥有一个属于自己而又面向广大上网者的网上家园。这是一个高效率、低成本、生动且具有互动特性的媒体，是超越传统媒体的一个特点。它可以使企业将信息发布到内部网进而发布到因特网上，如发布一些产品信息、价格信息等。企业网站信息由企业定制，没有传统媒体的时间、版面等限制，也可随企业的进步发展不断更新，企业网站可应用虚拟现实等多媒体手段吸引受众并与访问者双向交流，及时有效地传递并获取有关信息。网站的这些特点是吸引企业网上宣传，使其由内部或区域宣传转向外部和国际信息交流的重要因素。

在动态信息发布阶段，企业可以根据企业规模、资金情况采用下列方法。

（1）建立网页（Web）开展电子商务

很多 ISP 都可提供主页制作及发布服务，企业用户可以申请一个免费或付费的主页空间，自己设计主页，并上传到提供主页的服务器上。企业利用主页既可以发布文字信息，又可以展示商品或产品的形状，可以应用多媒体技术演示它的功能，还可以实现交互的功能，这是单纯的 E-mail 难以办到的。企业使用主页可实现以下功能：内部通信和外部通信的交流与共享；信息管理和分发；客户服务和技术支持；展示企业的形象；产品或商品广告；完成网上在线交易。

做到这一切的费用比传统经营中使用的大众媒体（如建立橱窗、做广告、邮寄信件等）要便宜和便捷。

在网上建立了主页，企业就拥有了一个在因特网上的地址——网址。无论在世界上的哪一个角落，只要打开浏览器，在地址栏（URL）中输入这一网址，就可以看到该企业的相关信息。下面简单说明在一个 ISP 的主机中建立企业主页的主要步骤。

第一步：设计主页（包括结构、内容和形式等）；

第二步：向提供主页服务的 ISP 申请主页空间；

第三步：传送主页到 ISP 提供的主机中；

第四步：不断维护和更新主页。

用来设计主页的基本语言被称为超文本标记语言（HTML）。此外，现在很多软件公司都提供制作主页的专门软件工具，随着这些工具的不断改进，使用起来越来越方便，即使不懂多少软件开发知识的用户，也可以设计出不错的主页。

（2）建立虚拟主机开展电子商务

企业在 ISP 的主机上建立了自己的主页后，还是没有一个完全独立的网上地址——IP 地址，而且网页的空间毕竟有限，可以考虑向某个 ISP 申请一个虚拟主机。所谓虚拟主机，其实并不是一台实际存在的单独主机，它只是在 ISP 的主机上租用的磁盘空间。有了虚拟主机，企业就可以有自己的独立域名、自己的 IP 地址，只要支付一定的费用，ISP 服务商还负责对虚拟主机的维护。

在建立拨号上网的基础上，再建立虚拟主机，不需要任何新的硬件投资，只需要向所选择的 ISP 申请一个 IP 地址和域名以及虚拟主机服务要求即可。ISP 服务商在其已有的主机上建立一个针对企业的 IP 地址的虚拟目录，这就是企业的虚拟主机。

（3）建立网站开展电子商务

虚拟主机毕竟是在别人的主机上建立的，如果企业的资金和技术条件允许，最好自己构建一个独立的网站，不仅使用方便，还可以将企业内部网络和因特网相连，使企业内部管理的数据和外部营销的数据高度一体化，进一步提升原有资产的价值。企业在自己网站中可以设置各种类型的主机，如 WWW 服务器、DNS 服务器、邮件服务器、应用数据库服务器等，使企业的管理上升到更高层次。

企业网站可以通过 DDN（数字数据网）专线或 ADSL（非对称数据用户线系统）实现与因特网的连接。

DDN 专线利用数字信道提供永久或半永久性线路，建立以数据信号为主的网络，为企业提供数字数据传输通道。中国数字数据网目前已经覆盖全国绝大多数地区，为客户提供电路、帧中继、语音、传真和虚拟专用网服务。

ADSL 是一种充分利用现有的电话铜质双绞线来开发宽带业务的非对称性的因特网接入技术。所谓非对称就是指用户线的上行（从用户到网络）和下行（从网络到用户）的传输速率不相同。根据传输线质量、传输距离和线芯规格的不同，ADSL 可支持 1.5 ～ 8 Mbps 的下行带宽，16 kbps ～ 1 Mbps 的上行带宽，最大传输距离可达 5 千米左右。

企业通过 DDN 专线或 ADSL 将自己的网站与提供因特网服务的站点相连，就可以在因特网上开展更广泛的电子商务活动了。

表 2-3-1 中将企业开展电子商务的几种方法进行了比较。

表 2-3-1 企业开展电子商务的几种方法

	E-mail	主 页	虚拟主机	企业内部网
投资	最低	较低	较高	最高
技术	简单	较复杂	较复杂	复杂
功能	较少	较多	多	最强

在因特网上除了 E-mail、Web 以外，还有很多其他的应用工具可用于电子商务。只要接入因特网，企业就可以利用因特网上的各种工具进行电子商务活动。表 2-3-2 列出了在因特网上可以进行电子商务应用的一些工具。因特网上的所有服务几乎每一种都可以挖掘出它的巨大商业应用价值。可以设想，因特网上的工具会越来越多，并且使用越来越方便。不管哪种方法，只要使用得当，都会给企业带来巨大效益。

表 2-3-2 因特网上可用的工具及其商业应用

因特网上的工具	中文名称	主要功能	商业应用
E-mail	电子邮件	发送接收信息	产品目录、客户意见
FTP	文件传输协议	上传或下载文件	信息反馈、信息发布
Usenet	新闻组	专题讨论	广告、信息发布
WAIS	广域信息查询系统	快速信息查询	查询
BBS	电子公告板	发布信息	发布信息、技术支持
Telnet	远程终端协议	使用远程主机资源	文件传递

（4）选择 ISP/ICP

企业必须依靠 ISP/ICP 的服务接入因特网来开展电子商务。随着我国网络经济的发展，特别是电子商务日益显示出强大生机，ISP/ICP 的数目如雨后春笋般发展起来。因特网服务行业已成为充满诱惑的一个新兴行业。为了吸纳更多的客户，各个 ISP/ICP 之间竞争激烈，都推出了各种诱人的条件和促销策略。因此，为了保证企业顺利开展电子商务，就必须认真选择服务提供商。选择的主要原则大致有以下几条：服务项目的多少及服务质量；接入速度；信箱、网页以及虚拟主机的空间；技术支持；知名度；费用。

2. 建立客户数据库，实现客户关系管理

（1）CRM（客户关系管理）的概念

客户关系在电子商务中被认为是尤为重要的。随着电子商务的发展，企业需要有效管理和优化其客户关系。即使是企业对企业（B2B）的电子商务，随着业务的发展，供应商和客户基本上也成了合作伙伴，通过网络互相连接。为此，建立 CRM 就显得更重要了。

电子商务是信息化的商务，在每一个环节都充分利用电子信息的传递取代传统商务中人工的操作。不断将客户（包括合作伙伴）的数据存储到企业数据库中，并使用专门的统计分析软件进行处理，以作为企业经营决策的重要依据，就可使企业的电子商务上升到新的、更高的、更科学的高度。

传统商务中企业的销售人员仍需独自追踪他们的合同信息，并把账户信息和销售策略信息等各自独立记录保存。这样的数据不但分散、无法共享，而且随着企业销售量的不断增长，以这种形式保存的信息很容易丢失。最重要的是不能充分对这些信息进行处理，挖掘客户信息存在的价值。由此可见，拥有一个性能良好的 CRM 方案已成为目前许多企业的迫切需求。

（2）CRM 解决方案

CRM 的实现包含客户信息的搜集管理、为客户提供满意的信息服务并向企业中每一个需要与客户打交道的部门提供客户信息。

一个有效的 CRM 解决方案应具备以下要素。

① 畅通有效的客户交流渠道。在通信手段极为丰富的今天，如何将面谈、电话和 Web 访问等交流渠道协调起来，使客户既能以自己喜好的形式与企业交流，又能保证整个系统信息的完整、准确和一致是十分关键的。

② 对已获得信息的分析处理能力。面对浩如烟海的客户信息，必须有一个完善和智能的分析系统。

③ 对因特网的全面支持。因特网已成为沟通全球的重要手段，CRM 解决方案必须考虑能充分利用因特网。

④ CRM 必须与后台的 ERP（企业资源计划）很好地集成。将前端的销售、市场和服务等信息及时传达到后台的财务、生产、采购等部门，使企业有效地运转。

⑤ 建立客户数据库以便企业对系统数据维护更加方便。将所有历史数据均保存在总部数据库服务器中，备份十分简单。各分支机构均只保存当月数据，管理、维护、查询更加简单。

统计数据表明，企业发展一个新客户往往要比保留一个老客户多花费 8 倍的投入，而使用 CRM 可以给企业带来忠实和稳定的客户。

3. 建立虚拟企业

所谓虚拟企业，就是借助计算机网络把分散在不同地域的生产要素组织起来完成企业的基本功能（生产和交易）。虚拟企业可以达到优化配置和优化组合生产要素的目的，可以减少投入，增加产出。在虚拟企业内，企业的功能、地域、组织甚至部分人员都可以虚拟化，但企业的整体功能和最终产品却是实际的。利用虚拟思维方式，可以构成虚拟企业、虚拟商场、虚拟学校、虚拟医院等。虚拟企业还可通过互联网与客户及上下游企业间建立灵活、方便的联系。虚拟企业的组织形式是对传统企业结构严密、层次化组织结构的挑战。

信息是维系虚拟企业的主要纽带，企业可通过数据分析、数据挖掘等工具发现市场需求和潜在的客户。在虚拟企业阶段，信息实现高度集成，企业进行完全的网上经营，几大流程在网上融合，内部网络和互联网络平滑衔接，安全而稳定地运行，通过网络管理整个业务流程，24 小时不停地办公。

这一环境不只是对企业的某一环节和过程，还将对企业组织、运作及管理观念产生重大影响。一些企业已经迅速融入这一环境，依靠网络与原料商、制造商、销售商和消费者建立密切联系，并通过网络收集、传递信息，并根据消费者需求，充分利用网络伙伴的生产能力，实现产品设计、制造及销售服务的全过程。

戴尔公司就是这种“虚拟”企业的例子。

戴尔公司通过因特网和企业内部网与其上游的配件制造商组成“虚拟”企业。戴尔创造的网上直销模式使其在 2001 年登上 PC 销售第一的宝座。戴尔正是以电子速度对客户订单做出反应：顾客可以通过因特网等多种形式下订单，订单传到戴尔公司信息中心，由公司控制中心将订单分解为多个子任务，并通过因特网和企业间信息网分派给各独立配件制造商。各制造商按戴尔电子订单进行配件生产组装，并按戴尔控制中心的时间表供货。戴尔公司只需在成品车间完成组装和系统测试，其他的事情由客户服务中心处理。

在企业实现电子商务的四个阶段中，前两个阶段强调的是信息传递环境和企业电子商务基础的建立，后两个阶段重点在于信息的集成及应用，实现适应于电子商务的信息化管理。但是，并不是所有的企业都必须完全按照这四个阶段来实现自己的电子商务，企业可根据自己的特点进行改变。

3.2.2 实训内容

1. 使用 HTML 建立一个简单的网页

内容自定，使用 ASP 服务器进行发布并且要求可以在局域网访问。

实训示例：

（1）搭建并运行 ASP 服务器

下载并安装 ASP Web 服务器，安装文件可自行百度下载或由教师提供。测试是否安装成功，可输入网址“127.0.0.1”，界面如图 2-3-8 所示，即安装成功且能正常运行。

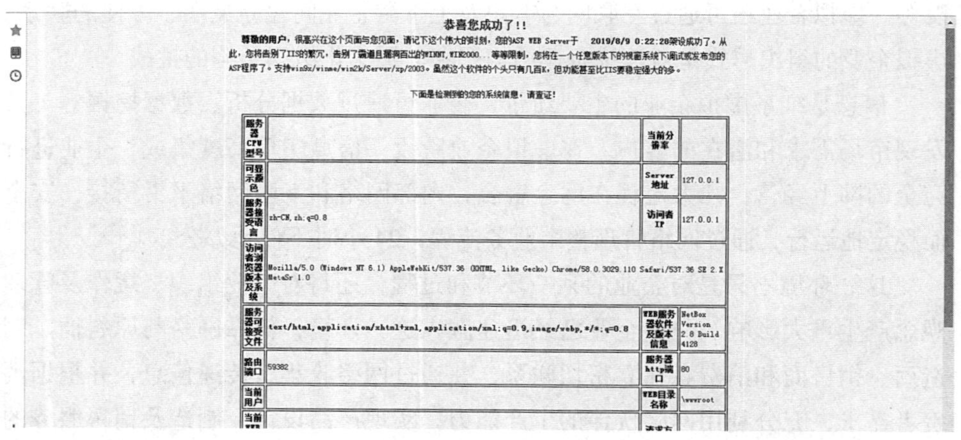

图 2-3-8 安装成功界面

（2）建立基本的 HTML 网页文件，编辑网页内容

①“新建”→“文本文档”，输入以下代码。

```
<html>
<head>
<title> 电子商务网页基础 </title>
</head>
```

<body>

自建电子商务网页试验，具体网页制作方法请访问 <a href="https://www.w3school.com.cn/html/index.asp">html 教程 </a>

</body>

</html>

② 如图 2-3-9 所示，点击“文件”→“另存为”，“保存类型”为“所有文件”，“文件名”修改为 index.html，点击“保存”。

图 2-3-9 文本文档另存为 HTML 文档

（3）在客户端浏览器访问

在局域网中的任一客户端浏览器输入网址“127.0.0.1/index.html”，即可访问建立的站点内容，如图 2-3-10 所示。

图 2-3-10 页面访问

2. 申请域名

要搭建网站就必须有域名，有了域名别人才可以访问你的网站。域名是由一串用点分隔的名字组成的 Internet 上某一台计算机或计算机组的名称，用于在数据传输时标识计算机的电子方位。

申请域名的网站及渠道非常多，推荐到知名度高的大型网站去申请，如阿里云、西部数码、新网等。以阿里云为例，具体步骤如下：

（1）在浏览器输入“www.aliyun.com”，进入阿里云官网后，将光标放在导航栏“产品”上，如图 2-3-11 所示。

图 2-3-11　阿里云页面

（2）将光标放在左侧的“精选”或“企业应用”，找到右侧的“域名注册”，点击进入域名注册页面。

（3）进入注册页面后，找到查询框，在里面输入你想要的域名，单击查域名。

（4）将未注册的域名选中加入清单进行结算。

（5）填写域名所有者相关信息资料，完成支付过程，域名即注册成功。

注意：域名申请成功后代表在一定期限内你拥有该域名的使用权，如果需要使用，还需根据网络服务器提供商的要求进行域名解析。

3. 网络空间申请及使用

网络空间或者网络服务器是网站的“家”，存放网站的所有内容。下面以 3v 免费空间为例。

（1）使用 IE 浏览器访问，输入网址“free.3v.do/”，点击“免费注册”（第一次使用需要注册）。

（2）如图 2-3-12 所示，填写用户名、密码、邮箱等相关注册信息，并点击提交。

图 2-3-12　3v 注册页面

（3）进入邮箱进行验证完毕，即注册成功。

（4）使用注册的用户名和密码进行登录，进入个人管理中心，如图 2-3-13 所示，可以查看服务提供商提供的域名信息，在互联网输入可直接访问。

图 2-3-13　3v 管理中心

（5）点击“FTP 管理”，弹出激活 FTP 账号信息，输入密码进行激活，可看到个人空间 FTP 账号信息，如图 2-3-14 所示。

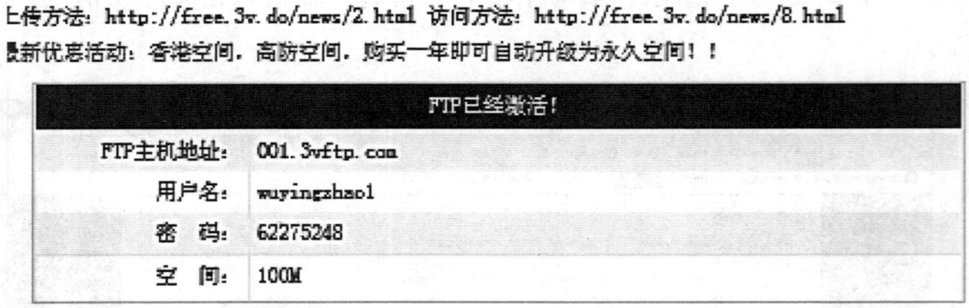

上传方法：http://free.3v.do/news/2.html 访问方法：http://free.3v.do/news/8.html
最新优惠活动：香港空间，高防空间，购买一年即可自动升级为永久空间！！

FTP已经激活！	
FTP主机地址：	001.3vftp.com
用户名：	wuyingzhao1
密　码：	62275248
空　间：	100M

图 2-3-14　FTP 账号信息

（6）FTP 具体上传和访问方法可点击 FTP 信息上方的两个网址进行操作，上传成功后可输入空间分配的域名进行访问。

实训思考

1. 什么是电子商务？电子商务有几种分类方法？按参与的主体，电子商务可以分为哪几类？
2. 举例说明电子商务的时空观的变化。
3. 和传统商务相比，电子商务有哪些主要特征？
4. WWW 技术在电子商务中有哪些应用？
5. 实现电子商务可以分为哪几个阶段？
6. 利用电子邮件可以进行哪些电子商务活动？
7. 利用建立网站可以进行哪些电子商务活动？
8. 什么是客户关系管理？客户关系管理有什么功能？
9. 什么是虚拟企业？虚拟企业有什么优越性？

4 互联网应用服务——网络营销

【导入案例】

C 信息咨询公司近期刚刚完成了公司企业网站的上线测试，准备进行网站推广，以提高公司知名度并挖掘、培养潜在客户。陈晓霞作为公司的新进员工被领导安排负责搜索引擎的营销任务，以此增加企业网站的曝光率与被关注度。众所周知，在浩渺无边的互联网中，信息实在太多，而每个人兴趣点则又是有限的，如何“在大海里捞针”，是需要掌握技巧的。搜索引擎的出现极大地方便了我们查找信息，同时给我们推广自己的产品和服务创造了绝佳的机会。据统计，除电子邮件外，信息搜索已成为第二大互联网应用，并且随着技术进步，搜索效率不断提高，用户在查询资料时不但越来越依赖搜索引擎，而且对搜索引擎的信任度也日渐提高。搜索引擎营销这一依托于搜索引擎的网络营销方式，利用人们对搜索引擎的依赖和使用习惯，在人们检索信息的时候将信息传递给目标用户，带来更多的点击与关注。

4.1 网络营销工具

4.1.1 基础理论知识

网络营销工具是在互联网上从事营销活动所使用的工具，是企业或个人以网络技术为基础，为实现营销目标而使用的各种网络技术、方法和手段，包括搜索引擎工具、邮件群发工具、网站视频在线客服工具、社会化书签工具，也包括时尚的微博工具等。在现阶段的网络营销活动中，常用的网络营销工具包括企业网站、搜索引擎、电子邮件、网络实名通用网址、即时通信、浏览器工具条等，还包括客户端专用软件、电子书、博客、RSS 等。借助这些手段，实现了营销信息的发布、传递、与用户之间的交互以及营销的有利环境。

1. 企业网站

企业网站是许多网络营销方法的载体，是所有网络营销工具中最基本、最重要的一个。企业网站是各种网络营销职能的基础，也是搜索引擎营销、网络会员制营销等网络营销方法的基本条件，是网络营销策略的重要组成部分，也是网络营销信息源的基础。企业网站的功能直接决定网络营销方法的选择。

企业网站具有自主性、灵活性和稳定性的特点，是主动性与被动性矛盾的统一体，是其他网络营销手段和方法的基础，其功能需要通过其他网络营销手段才能体现出来。

企业网站的营销功能具体体现在传递企业品牌形象和企业文化信息，发布企业新闻、供求信息及人才招聘信息，同时向供应商、分销商、合作伙伴、直接用户等提供信息和服务，进行产品展示、推广和销售，收集和管理用户信息等。图 2-4-1 为华润集团的网站页面截图。

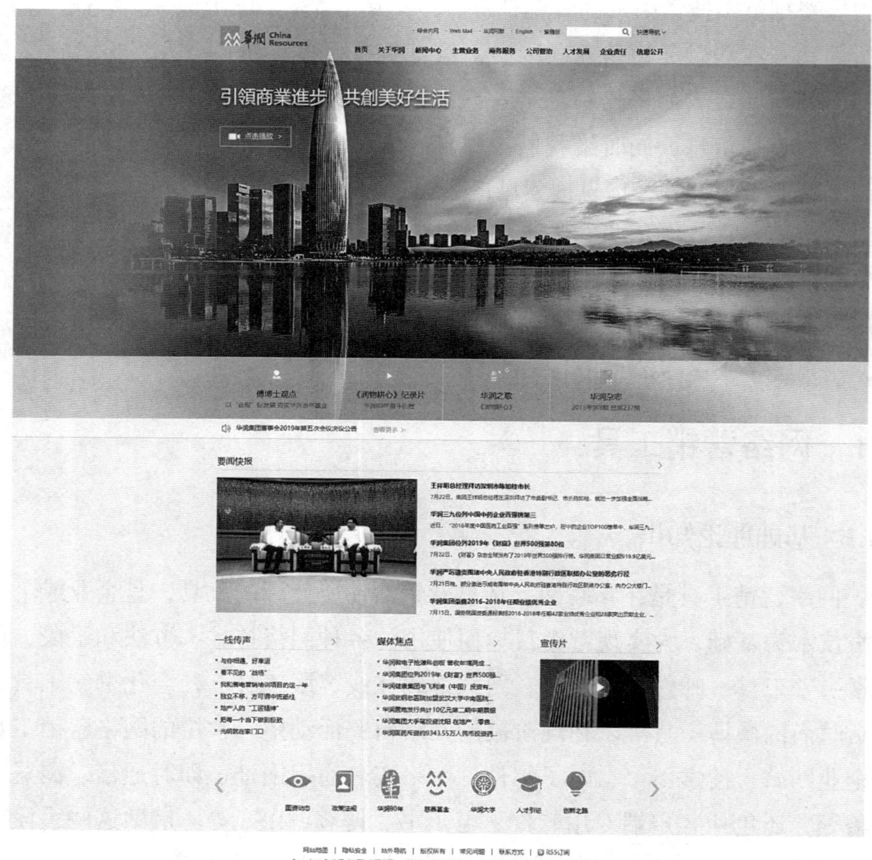

图 2-4-1 华润集团企业网站

2. 搜索引擎

搜索引擎是常用的互联网服务之一，其基本功能是为用户查询信息提供方便。搜索引擎分为全文检索搜索引擎、分类目录、多元搜索引擎和集成搜索引擎。目前，搜索引擎仍是最主要的网络营销工具之一，其自然搜索结果的搜索引擎推广受到众多中小企业的重视，搜索引擎营销也是网络营销方法体系的主要组成部分，对企业的经营起着至关重要的作用。

企业通过搜索引擎可以对企业网站的优化结果进行检测，并且能对网站和产品进行推广，提升自身的品牌形象。同时，搜索引擎还能作为在线市场调研的工具，帮助企业对竞争者和用户行为进行研究，还能帮助企业在短时间内获取网上发布的各种商机。图 2-4-2 为百度搜索结果页面。

图 2-4-2 百度搜索结果页面

3. 电子邮件

电子邮件是一种用电子手段提供信息交换的通信方式，它不仅是一种个人交流工具，还与企业经营活动密不可分。因此，电子邮件也成为有效的网络营销信息传递工具之一，在网络营销中具有极其重要的作用。电子邮件在网络营销中可以扮演多种角色，企业可以在网络营销的不同阶段应用电子邮件完成不同的营销功能。例如，使用电子邮件进行企业品牌宣传、销售产品等，同时能利用电子邮件进行广告宣传和产品服务的推广。另外，电子邮件也可以进行市场信息调查和收集，使客户意见反馈到企业，拉近客户与企业之间的距离。

4. 博客

博客即 Blog，也称为网志或者网络日志，又音译为部落格或部落阁等，是一种通常由个人管理、不定期张贴新的文章的网站，具有知识性、自主性、共享性等基本特征。博客不仅被用于发布个人的网络日志，也成为企业发布信息的工具。

作为一种新型的网络营销工具，博客的内容提供和发布方式更为灵活，具有较大的自主性。博客的信息量更大，表现形式灵活，而且完全可以用中立的观点对自己的企业和产品进行推广。同时，与论坛营销的信息发布方式相比，博客文章显得可信度更高。

5. RSS

相对于博客，RSS 的知名度要低很多。RSS 是指简易信息聚合，也称为聚合内容，在互联网上被广泛采用的是内容包装和投递协议。RRS 是一种描述信息内容的格式，是目前使用最广泛的 XML 应用。

RSS 的特点在于多样的个性化“聚合”。同时，信息发布具有时效性和低成本的特点。由于 RSS 服务是用户通过订阅 RSS 而建立，企业通过对订阅者的跟踪，了解用户行为习惯，因此 RSS 一般不会产生大量“垃圾”信息，并且更便于本地内容的管理。图 2-4-3 为新浪博客与 RSS 订阅图标。

图 2-4-3　新浪博客与 RSS 订阅图标

6. 网络实名

网络实名是一种最快捷、最方便的网络访问方式。使用时只需要输入中英文、拼音及缩写甚至几个相关的字符就可以找到要访问的目标。而通用网址是通过建立与网络资源地址的对应关系对网站或网页进行访问的一种应用服务。中国各大门户的搜索引擎几乎都采用了实名技术，而拥有实名的企业也将更便于被用户找到。图 2-4-4 为百度搜索网络实名展示。

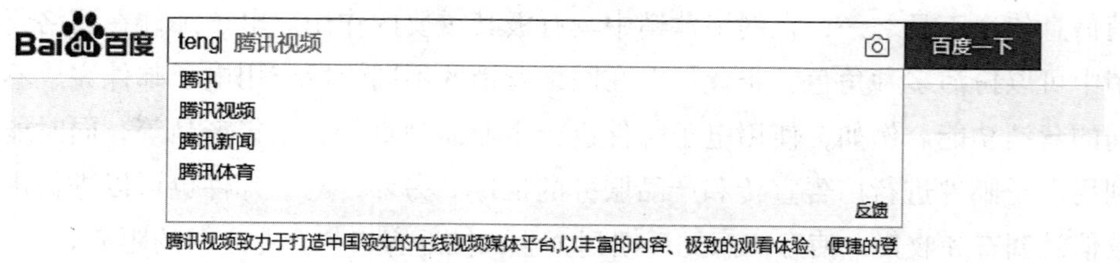

图 2-4-4　百度搜索网络实名展示

7. 即时通信软件

即时通信（IM）是指能够即时发送和接收互联网消息等的业务。经过多年的发展，其功能日益丰富，逐渐形成了电子邮件、博客、音乐、电视、游戏和搜索等多种功能。国内的即时通信工具有 QQ、微信、新浪微博、陌陌、飞信、YY 语音等。

随着移动互联网的发展，互联网即时通信也在向移动化扩张，主要即时通信提供商都开展通过手机接入互联网即时通信的业务，用户可以通过手机与其他已经安装了相应客户端软件的手机或电脑收发消息。企业可借助即时通信工具，发布产品信息，进行企业推广，也能通过即时通信工具实现与客户的在线交流，同时可帮助对企业感兴趣的客户跟企业取得在线联系。

8. 电子书

电子书是指将文字、图片、声音、影像等信息内容数字化的出版物和植入或下载数字化文字、图片、声音、影像等信息内容的集存储和显示终端于一体的手持阅读器。

电子书的优势在于它可以将信息完整并且长久地保存，同时可以离线阅读，便于继续传播。另外，其销售形式灵活，营销效果也可测量。借助多媒体技术，电子书比平面广告、软文更加生动且更为便宜，而且它由用户主动下载，接受度也较高。

4.1.2 实训内容

（1）邮箱的申请和使用（以新浪邮箱为例）

①访问新浪邮箱首页（http://mail.sina.com.cn/），如图 2-4-5 所示。

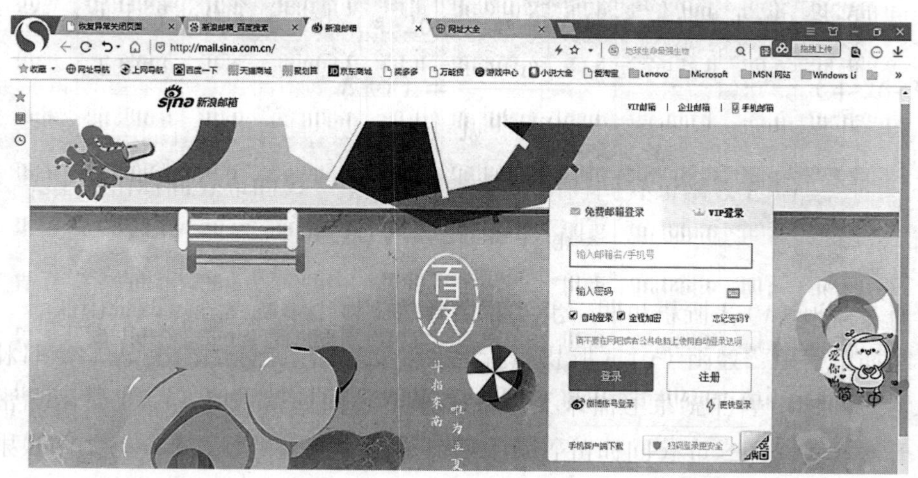

图 2-4-5 新浪邮箱首页

②点击“注册”，在注册页面填写邮箱注册详细信息，如图 2-4-6 所示，申请通过后可互发一封邮件测试。

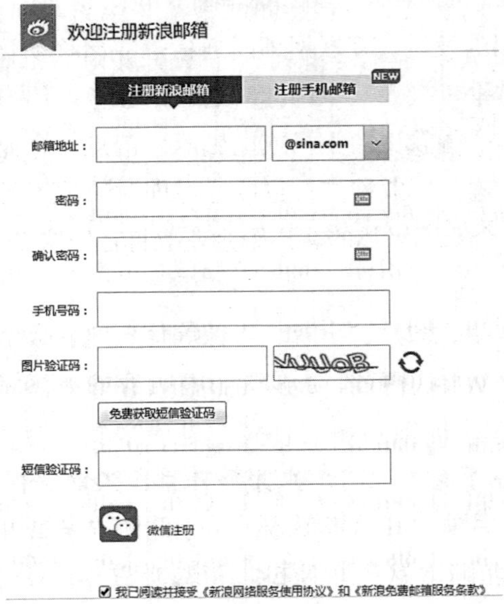

欢迎注册新浪邮箱

注册新浪邮箱　注册手机邮箱 NEW

邮箱地址：　@sina.com

密码：

确认密码：

手机号码：

图片验证码：

免费获取短信验证码

短信验证码：

微信注册

我已阅读并接受《新浪网络服务使用协议》和《新浪免费邮箱服务条款》

图 2-4-6　新浪邮箱注册资料

③登陆邮箱→右上角“设置”→左侧“客户端 pop/imap/smtp”，界面显示如图 2-4-7 所示，服务状态选择“开启”，并点击“保存”。

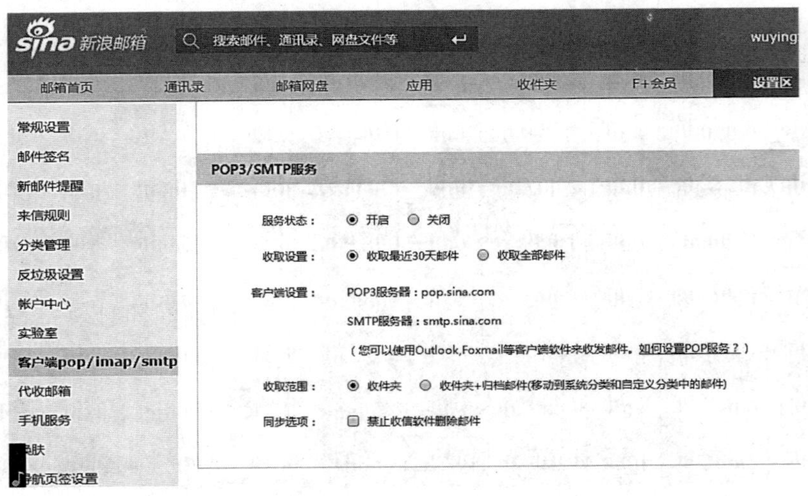

图 2-4-7　POP3/SMTP 服务设置

（2）使用第三方软件收发电子邮件（以 Outlook Express 2007 为例）.

①启动客户端软件 Outlook Express 2007，如图 2-4-8 所示。

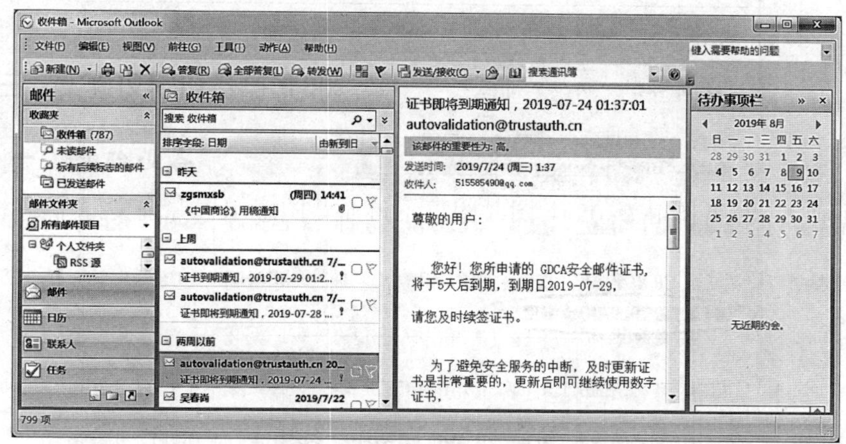

图 2-4-8 Outlook Express 2007 界面

②点击“工具”→“账户设置”→“新建”，弹出窗口，点击“下一步”，如图 2-4-9 所示。

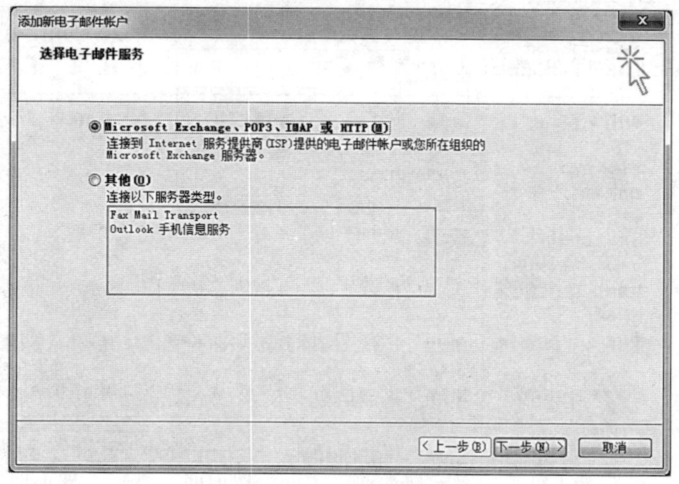

图 2-4-9 电子邮件服务器选择

③在“添加新电子邮件帐户”中，输入姓名、邮件地址、邮箱密码，勾选“手动配置服务器设置或其他服务器类型”，然后点击“下一步”，如图 2-4-10 所示。

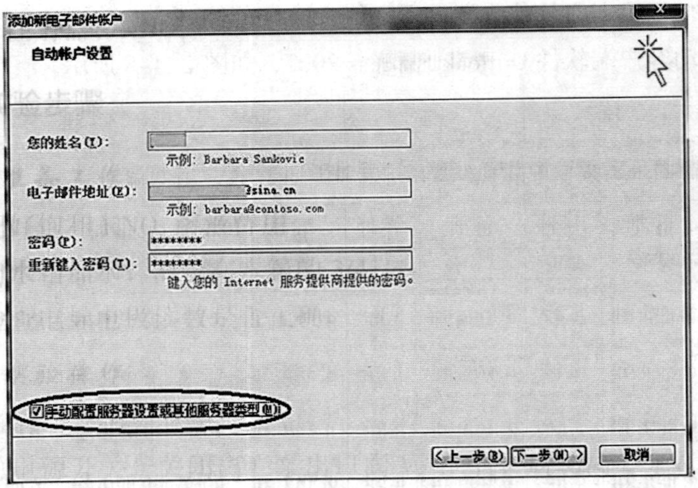

图 2-4-10　自动账户设置

④选择 POP3 服务器，并输入新浪免费邮箱邮件服务器的地址。接收服务器地址为“pop.sina.com”或“pop3.sina.com”，发送服务器地址为“smtp.sina.com”，如图 2-4-11 所示。

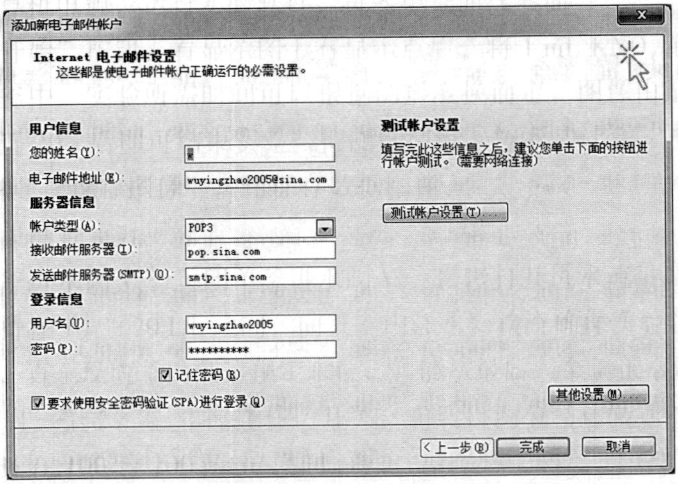

图 2-4-11　电子邮件设置

⑤其他设置，点击“发送服务器”选项卡，选中“我的发送服务器（SMTP）要求验证”选项，此处必须勾选，否则将无法正常地发送邮件，如图 2-4-12 所示。

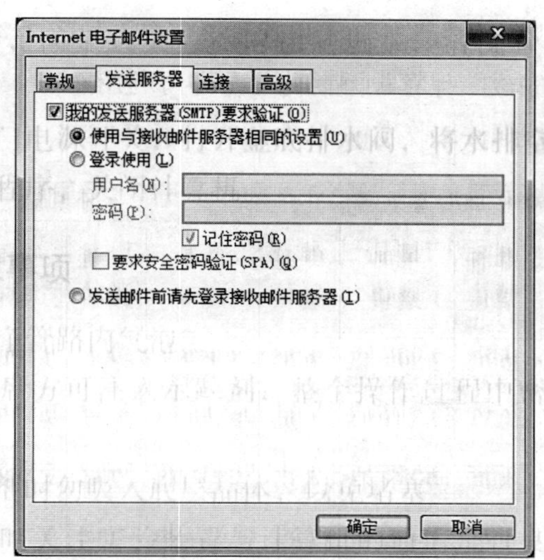

图 2-4-12　其他设置

⑥如果想同时在页面中保留邮件，点击其他设置，选择“高级”选项卡，选中“在服务器上保留邮件的副本”。为了账号及邮件信息安全，建议设置 SSL 加密传输设置，先开启 SSL，然后设置服务器端口，IMAP 服务的加密端口为 993，POP 服务的加密端口为 995，SMTP 服务的加密端口为 465，如图 2-4-13 所示。

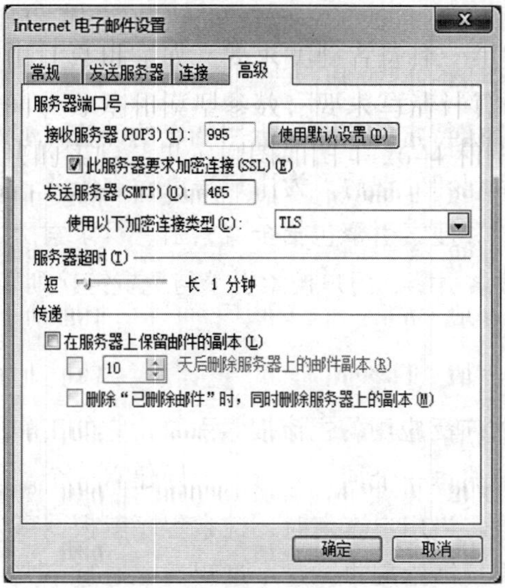

图 2-4-13　高级设置

⑦点击“测试账户设置”，如果出现测试窗口，如图 2-4-14 所示，则说明设置正确，单击“完成”保存设置。此时，即可利用 Outlook Express 工具软件对新浪免费邮箱进行邮件的收发了。

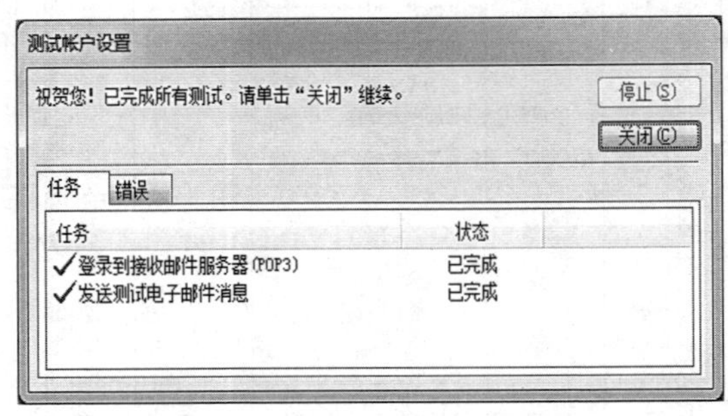

图 2-4-14　测试成功

（3）开通新浪微博和博客发布至少 3 篇软文，相互点击关注且粉丝量至少 50 个以上。如果拥有新浪通行证、新浪邮箱或者新浪 UC 号，可用该账号直接登录。

（4）注册天涯社区个人账号，选择自己感兴趣的领域发帖和回帖。

（5）注册人人网账号并完善相关个人信息。

4.2　搜索引擎营销

4.2.1　基础理论知识

1. 搜索引擎概念

搜索引擎是指根据特定的策略，运用特定的计算机程序从互联网上搜集信息，在对信息进行组织和处理后，为用户提供检索服务，将用户检索的相关信息展示给用户的系统。搜索引擎包括全文索引、目录索引、元搜索引擎、垂直搜索引擎、集合式搜索引擎、门户搜索引擎与免费链接列表等。

2. 搜索引擎分类

（1）全文索引

全文索引是目前广泛应用的主流搜索引擎。它的工作原理是，计算机索引程序通过扫描文章中的每一个词，对每一个词建立一个索引，指明该词在文章中出现的次数和位置。当用户查询时，检索程序就根据事先建立的索引进行查找，并将查找的结果反馈给用户。这个过程类似通过字典中的检索字表查字的过程。国外具有代表性的有谷歌（Google），国内著名的有百度（Baidu）。它们都是通过从互联网上提取各个网站的信息（以网页文字为主）而建立的数据库中，检索与用户查询条件匹配的相关记录，然后按一定的排列顺序将结果反馈给用户，因此它们是真正的搜索引擎。

按搜索结果来源，全文搜索引擎可细分为两种：一种是拥有自己的检索程序（Indexer），俗称“蜘蛛”（Spider）程序或“机器人”（Robot）程序，并自建网页数据库，搜索结果直接从自身的数据库中调用；另一种是租用其他引擎的数据库，并按自定的格式排列搜索结果。

（2）目录索引

目录索引也称为分类检索，是互联网上最早提供WWW资源查询的服务，主要通过收集和整理互联网的资源，根据搜索到网页的内容，将其网址分配到相关分类主题目录的不同层次的类目下，形成像图书馆目录一样的分类树形结构索引。目录索引无须输入任何文字，只要根据网站提供的主题分类目录，层层点击进入，便可查到所需的网络信息资源。虽然有搜索功能，但从严格意义上讲，不能将其称为真正的搜索引擎，它们只是按目录分类的网站链接列表。用户完全可以按照分类目录找到所需要的信息，而不需要依靠关键词进行查询。

（3）元搜索

元搜索引擎接受用户查询请求后，同时在多个搜索引擎上搜索，并将结果返回给用户。著名的元搜索引擎有InfoSpace、Dogpile、Vivisimo等，中文元搜索引擎中具有代表性的是搜星搜索引擎。在搜索结果排列方面，有的直接按来源排列搜索结果，有的则按自定的规则将结果重新排列组合。

3. 搜索引擎工作原理

（1）抓取网页

每个独立的搜索引擎都有自己的网页抓取程序（蜘蛛）。蜘蛛顺着网页中的超链接，从这个网站爬到另一个网站，通过超链接分析连续访问抓取更多网页。被抓取的网页被称为网页快照。由于互联网中超链接的应用很普遍，理论上，从一定范围的网页出发，就能搜集到绝大多数的网页。

（2）处理网页

搜索引擎抓到网页后，还要做大量的预处理工作，才能提供检索服务。其中，最重要的就是提取关键词，建立索引库和索引。其他还包括去除重复网页、分词（中文）、判断网页类型、分析超链接、计算网页的重要度和丰富度等。

（3）提供检索服务

用户输入关键词进行检索，搜索引擎从索引数据库中找到匹配该关键词的网页，为了让用户便于判断，除了网页标题和URL外，还会提供一段来自网页的摘要以及其他信息。

4. 搜索引擎营销

搜索引擎营销（Search Engine Marketing，SEM）是指根据用户使用搜索引擎的方式，利用用户检索信息的机会，尽可能地将营销信息传递给目标用户。简单来说，搜索引擎营销就是基于搜索引擎平台的网络营销，利用人们对搜索引擎的依赖和使用习惯，在人们检索信息的时候将信息传递给目标用户。

5. 搜索引擎营销的方法

（1）竞价排名

顾名思义，竞价排名就是网站付费后才能被搜索引擎收录，付费越高者排名越靠前。竞价排名服务是由客户为自己的网页购买关键字排名，按点击计费的一种服务。客户可以通过调整每次点击付费价格，控制自己在特定关键字搜索结果中的排名，并可以通过设定不同的关键词捕捉到不同类型的目标访问者。

（2）购买关键词广告

购买关键词广告即在搜索结果页面显示广告内容，实现高级定位投放，用户可以根据需要更换关键词，相当于在不同页面轮换投放广告。

（3）搜索引擎优化

搜索引擎优化就是通过对网站优化设计，使网站在搜索结果中排名靠前。搜索引擎优化包括网站内容优化、关键词优化、外部链接优化、内部链接优化、代码优化、图片优化、搜索引擎登录等。

（4）PPC

PPC（Pay Per Call）即来电付费广告，按照有效通话收费，如“TMTW来电付费”就是根据有效电话的数量进行收费。点击付费广告也被称为PPC（Pay Per Click）。

6. 搜索引擎苦销的特点

（1）搜索引擎营销与企业网站密不可分。一般来说，搜索引擎营销作为网站推广的常用方法，在没有建立网站的情况下很少被采用（有时也可以用来推广网上商店、企业黄页等）。搜索引擎营销需要以企业网站为基础，企业网站设计的专业性对网络营销的效果又会产生直接影响。

（2）搜索引擎传递的信息只发挥向导作用。搜索引擎检索出来的是网页信息的索引，一般只是某个网站或网页的简要介绍，或者搜索引擎自动抓取的部分内容，而不是网页的全部内容，因此这些搜索结果只能发挥一个“引子”的作用。如何尽可能好地将有吸引力的索引内容展现给用户，是否能吸引用户根据这些简单的信息进入相应的网页继续获取信息，该网站/网页是否可以为用户提供他所期望的信息，这些是搜索引擎营销需要研究的主要内容。

（3）搜索引擎营销是用户主导的网络营销方式。没有哪个企业或网站可以强迫或诱导用户的信息检索行为，使用什么搜索引擎、通过搜索引擎检索什么信息完全是由用户自己决定的，在搜索结果中点击哪些网页也取决于用户的判断。因此，搜索引擎营销是由用户所主导的，最大限度地减少了营销活动对用户的干扰，最符合网络营销的基本思想。

（4）搜索引擎营销可以实现较高程度的定位。网络营销的主要特点之一就是可以对用户行为进行准确分析并实现高程度定位。搜索引擎营销在用户定位方面具有更好的功能，尤其是在搜索结果页面的关键词广告，完全可以实现与用户检索所使用的关键词高度相关，从而提高营销信息被关注的程度，最终达到增强网络营销效果的目的。

（5）搜索引擎营销的效果表现为网站访问量的增加而不是直接销售。因为搜索引擎营销的使命就是获得访问量，以此作为网站推广的主要手段，至于访问量是否可以最终转化为收益，不是搜索引擎营销可以决定的。这说明提高网站的访问量是网络营销的主要内容，但不是全部内容。

（6）搜索引擎营销需要适应网络服务环境的发展变化。搜索引擎营销是搜索引擎服务在网络营销中的具体应用，因此在应用方式上依赖搜索引擎的工作原理、提供的服务模式等，当搜索引擎检索方式和服务模式发生变化时，搜索引擎营销方法也应随之变化。因此，搜索引擎营销方法具有一定的阶段性，与网络营销服务环境的协调是搜索引擎营销的基本要求。

7. 搜索引擎营销的步骤

（1）构造适合搜索引擎检索的信息源

信息源被搜索引擎收录是搜索引擎营销的基础，也是网站建设之所以成为网络营销基础的原因，企业网站中的各种信息是搜索引擎检索的基础。由于用户通过检索之后还要来到信息源获取更多的信息，因此这个信息源的构建不能只是站在搜索引擎友好的角度，应该包含用户友好，这是建立网络营销导向的企业网站中所强调的，网站优化不仅是搜索引擎优化，还应包含对用户、搜索引擎、网站管理维护三个方面的优化。

（2）创造网站、网页被搜索引擎收录的机会

网站建设完成并发布到互联网上并不意味着自然而然就可以达到搜索引擎

营销的目的。无论网站设计多么精美，如果不能被搜索引擎收录，用户便无法通过搜索引擎发现这些网站中的信息，当然就不能实现网络营销信息传递的目的。因此，让尽可能多的网页被搜索引擎收录是网络营销的基本任务之一，也是搜索引擎营销的基本步骤。

（3）让网站信息出现在搜索结果中靠前的位置

网站网页仅被搜索引擎收录还不够，还需要让企业信息出现在搜索结果中靠前的位置，这是搜索引擎优化所期望的结果。因为搜索引擎收录的信息通常会有很多，当用户输入某个关键词进行检索时会反馈大量的结果，如果企业信息出现的位置靠后，被用户发现的概率就会大为降低，搜索引擎营销的效果也就无法保证。

（4）以搜索结果中有限的信息获得用户关注

通过对搜索引擎检索结果的观察可以发现，并非所有的检索结果都含有丰富的信息，用户通常并不能点击浏览检索结果中的所有信息，而需要对搜索结果进行判断，从中筛选一些相关性最强、最能引起用户关注的信息进行点击，进入相应网页之后获得更为完整的信息。要想获得用户关注，需要对每个搜索引擎收集信息的方式进行针对性的研究。

（5）为用户获取信息提供方便

用户通过点击搜索结果而进入网站、网页是搜索引擎营销产生效果的基本表现形式，用户的进一步行为决定了搜索引擎营销是否可以最终获得收益。在网站上，用户可能为了了解某个产品的详细介绍而成为注册用户。在此阶段，搜索引擎营销将与网站信息发布、顾客服务、网站流量统计分析、在线销售等其他网络营销工作密切相关，在为用户获取信息提供方便的同时，与用户建立密切的关系，使其成为潜在顾客，或者直接购买产品。

4.2.2 实训内容

访问百度搜索引擎，注册并登录百度账号，请从百度搜索引擎中找出至少10处营销信息并截图保存。

4.3 微博、微信和抖音

4.3.1 基础理论知识

1. 微博

（1）微博营销的含义

微博是微博客（Microblog）的简称，或者称为“一句话博客”。

微博营销是指通过微博平台为商家、个人等创造价值的一种营销方式，也是指商家或个人通过微博平台发现并满足用户的各类需求的商业行为方式。

微博营销以微博为营销平台，每一个听众（粉丝）都是潜在的营销对象，企业通过更新自己的微博向网友传播企业信息、产品信息，树立良好的企业形象和产品形象。每天更新内容就可以跟大家交流互动，或者发布大家感兴趣的话题来达到营销的目的，这样的方式就是微博营销。

（2）微博营销的特点

① 成本上——发布门槛低，成本远小于广告，效果却不差。微博发布信息远比博客容易，对于同样效果的广告则更加经济。与传统的大众媒体（报纸、流媒体、电视等）相比，受众同样广泛，前期一次投入，后期维护成本低廉。

② 覆盖上——传播效果好，速度快，覆盖广。微博信息支持各种平台，包括手机、计算机及其他传统媒体，同时传播的方式多样，转发非常方便。利用名人效应能够使事件的传播量呈几何级增长。

③ 效果上——针对性强，利用后期维护及反馈。微博营销是投资少、见效快的一种新型的网络营销模式，其营销方式和模式可以在短期内获得较大的收益。

④ 手段使用上——多样化、人性化。从技术来看，微博营销可以同时利用文字、图片、视频等多种展现形式，十分方便；从人性化角度来看，企业品牌的微博本身就可以将自己拟人化，更具亲和力。

⑤ 开放性。微博几乎什么话题都可以进行探讨，而且没有什么拘束，微博就是要最大化地开放给客户。

⑥ 拉近距离。在微博上面，美国总统可以和平民点对点交谈，政府可以和民众一起探讨，明星可以和粉丝互动，微博其实就是在拉近距离。

⑦ 传播速度快。微博最显著的特征之一就是其传播迅速。一条微博在触发微博引爆点后，短时间内互动性转发就可以抵达微博世界的每一个角落，达到短时间内最多的目击人数。

⑧ 便捷性。微博只需要编写好文案即可发布，微博小秘书会对其进行审查，从而节约了大量的时间和成本。

⑨ 高技术性，浏览页面佳。微博营销可以借助许多先进的多媒体技术手段，从多维角度等展现形式对产品进行描述，从而使潜在消费者更形象、直接地接收信息。

⑩ 操作简单，信息发布便捷。在微博上，只需要简单构思，就可以完成一条信息的发布。这点比博客方便得多，毕竟构思一篇好博文需要花费很多的时间与精力。

⑪互动性强。能与粉丝即时沟通，及时获得用户反馈。

（3）微博营销的技巧

在微博营销的实际应用过程中，在遵循基本法则的前提下，加入一些技巧性的东西，可以让微博营销更快捷、高效。相关的微博营销技巧有以下几种：

① 微博的数量不在多而在精

有的人在建立微博的时候，一开始没有定位好主题，今天觉得这个网站的微博很不错，就建立了一个微博用户；明天可能觉得这类主题的微博不错，也建立了一个。建微博和运营网站有点类似，个人站长总是今天觉得这个好就换这个，明天觉得另一个好就换另一个，换来换去结果一个也没做成功。在做微博时也要讲究专注，因为一个人的精力是有限的，杂乱无章的内容只会浪费时间和精力，所以要做精，重拳出击才会取得好的效果。

② 个性化的名称

一个好的微博名称不仅便于用户记忆，还可以取得不错的搜索流量。这个和个人站长取网站名称类似，好的网站名称（如百度、淘宝、新浪等）都是很简洁易记的。当然，企业如果建立微博，准备在微博上进行营销，就像苏宁易购，可以以“苏宁易购”来做微博的用户名称。

2. 微信

（1）微信营销的含义

微信营销是企业或个人利用微信平台，对微信用户进行的营销活动。微信为用户提供了朋友圈、订阅号、服务号等丰富的平台工具，企业或个人可以通过微信所提供的这些平台工具轻松地进行点对点精准营销、关系营销、互动营销等多种方式的营销。

（2）微信不同账号的区别和联系

目前，微信账号分为个人账号与公众账号两大类，其中微信个人账号基本是用来与朋友交互联系的，是从手机版QQ发展而来的，取代了手机短信，消耗的是手机流量。个人账号的好友主要来自手机通信录以及微信号所绑定的QQ号，个人账号简单来说就是个人联系好友的账号身份。微信公众号是企业或者个人用来对外进行交互的窗口，类似微博、博客、网站，主要是与关注者进行图文传播、交互。对于企业来说，公众号是新一代的营销平台、客户关系管理系统，它能够实时地对客户进行管理，培养客户。

微信公众号分为订阅号、服务号、企业号。

① 订阅号

订阅号如图2-4-15所示。

图2-4-15 订阅号

② 服务号

服务号如图2-4-16所示。

图2-4-16 服务号

③ 企业号

企业号如图 2-4-17 所示。

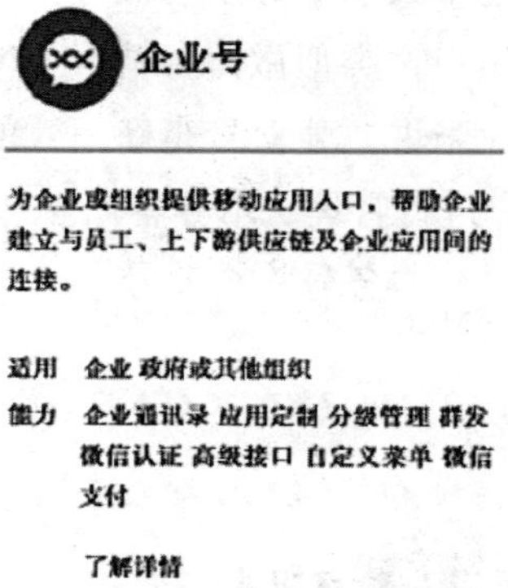

图 2-4-17 企业号

（3）微信营销优势

① 高到达率

营销效果在很大程度上取决于信息的到达率，这也是所有营销工具最关注的地方。与手机短信群发和邮件群发被大量过滤不同，微信公众账号所群发的每一条信息都能完整无误地发送到终端手机，到达率高达 100%。

② 高曝光率

曝光率是衡量信息发布效果的另一个指标，信息曝光率和到达率完全是两码事，与微博相比，微信信息拥有更高的曝光率。在微博营销过程中，除了少数一些技巧性非常强的文案和关注度比较高的事件被大量转发后获得较高曝光率外，直接发布的广告微博很快就淹没在了微博滚动的动态中了，除非是刷屏发广告或者用户刷屏看微博。而微信是由移动即时通信工具衍生而来的，天生具有很强的提醒力度，如铃声、通知中心消息停驻、角标等，随时提醒用户有收到但未阅读的信息，曝光率高达 100%。

③ 高接受率

微信用户超过 10 亿，微信已经成为或者超过类似手机短信和电子邮件的主流信息接收工具，其广泛性和普及性成为营销的基础。由于公众账号的粉丝都是主动订阅而来的，信息也是主动获取，完全不存在垃圾信息招致抵触的情况。

④ 高精准度

事实上，那些拥有数量庞大的粉丝且用户群体高度集中的垂直行业微信账号才是真正炙手可热的营销资源和推广渠道。比如，房地产行业知名的网站旗下的招商公众账号，拥有近万名由房地产代理商、房地产营销机构构成的粉丝，这些精准用户粉丝相当于一个盛大的在线房交会，每一个粉丝都是潜在客户。

⑤ 高便利性

移动终端的便利性再次增加了微信营销的高效性。相对于 PC 而言，未来的智能手机不但能够拥有 PC 所能拥有的任何功能，而且携带方便，用户可以随时随地获取信息，这会给商家的营销带来极大的方便。

（4）微信营销的价值

① 网络时代的身份标志

ID 是互联网时代最重要的身份标志，人们利用它来记录自己的行为，商业机构利用它来找到消费者（以前最重要的是手机号，再往前是 E-mail 地址和通信地址）。微信让 UV（网站独立访客）、手机号、E-mail 等“数据人”变成了实实在在的人。对于精准营销的从业人员来说，从数据库中的那一堆手机号、E-mail 地址里根本看不出一点个性，精准更是无从谈起。而微信账号让 ID 有了个性，而且未来微信会进一步丰富个人信息。更重要的是，未来微信会像手机号一样通用，这就具备了建立用户数据库的可行性。

② 多元化的销售渠道

微信公众账号让商家既解决了线上的数字身份问题，又解决了传播模式的问题（一对多、互动反馈、富媒体、移动化），这让商家的销售渠道更加多元化、丰富化。对微信商业模式的探索也正是基于此。

微信是服务，而不是骚扰。传统广告之所以不讨人喜欢，是因为企业在没有得到受众允许的情况下，向受众展示了他不需要的内容。没允许、不需要是扰民的根本原因，这就好像有人不喜欢吃这盘菜，你非要强推给他，结果适得其反，遭到了反对并被痛骂，因为你根本不知道他需要什么。在这点上，微信做得比较好。因为公众账号是不可能主动添加个人用户的，微信平台也不会给用户推送公众账号，所以用户添加公众账号的唯一途径就是手动添加。既然用户自己做出了这个动作，就说明用户是自愿收到来自公众账号的信息的。如果加了一个公众账号，发现它的东西不好，用户可以立即删除它，之后就再也不会接收到它发送的任何消息。

③ 价值手游

微信事实上可以成为一个手机游戏平台，由于游戏、增值服务是腾讯利润的主要来源，可以肯定的是，微信必定会在这些方面发力。现在，微信的功能和 QQ 相比还比较单薄，推出增值服务的空间不大，不过不排除未来会推出增值服务。而围绕微信制作手机社交游戏，就像当年的 QQ 农场、好友买卖一样，把相同的社交游戏理念植入微信当中同样有尝试的价值。或者开放微信游戏平台给开发者做一些手机网页小游戏（这也会受到众多微信用户的青睐）之后，再利用游戏变现。微信游戏平台将成为游戏开发者的又一座金矿，开发微信网页小游戏的利润很有可能会高于制作 App。

④ 打造一个轻量版的 App Store

各种类型的公众账号和轻量级应用可以通过微信进行推送和服务，而不需要从 App Store 下载应用。微信为营销者提供了更多的技术可能性。微信未来会成为一个开放平台，营销者可以开发有独特功能的插件，这在营销技术上是一场革命。随着 Html 5 技术的普及，营销者完全可以开发出独具特色的营销工具，然后用微信发送给用户。

综上所述，微信拥有十分广泛的影响力以及可以预见的巨大商业潜力。如果用一句话来总结微信的价值，那就是微信第一次让精准营销从可能变成了可行。

3. 抖音

（1）抖音简介

自 2017 年以来，短视频的发展可谓是风起云涌。其中，抖音作为一匹黑马出现在了世人面前。本书主要从它的营销推广策略、推广策略存在的问题以及应对措施三个方面来分析，使抖音短视频 App 有更好的发展之路。

抖音短视频 App 是一款社交类的软件，通过抖音短视频 App 记录生活的点滴并加以分享，同时可以在这里认识更多的朋友，了解各种奇闻趣事。抖音实质上是一个专注年轻人的 15 秒音乐短视频社区，用户可以拍摄短视频并配以背景音乐来完成自己的作品。与抖音相似的是小咖秀，但不同的是，抖音用户可以通过视频拍摄、编辑以及后期特效等技术让视频更具创造性和趣味性，而不是简单的重复和模仿。抖音平台都是年轻用户，配乐以电音、舞曲为主。视频分为舞蹈派、创意派两派，共同的特点是都很有节奏感。

（2）抖音短视频 App 广告营销策略分析

新产品出现前都少不了前期大量的准备。国内消息相对闭塞，但是在国外早已出现种类繁多的音乐类短视频 App，而且成了短视频市场中不可缺少的一部分。然而，这样一款具有独创性、趣味性并且可以激发用户创作欲望的 App 在中国仍处于相对空白。当抖音运营发现最早的一批中国音乐短视频玩家，如抖音上的腻腻、大喵哥等音乐结合运镜的玩家，薛老师、郁茜等运镜结合转场创意的玩家，国内第一个音乐短视频 App 在众人的努力筹备下便应运而生了。实际上，抖音是 2017 年 3 月 17 日之后搜索指数才开始呈上升趋势，在这之前，抖音的搜索指数一直都为 0。那这个 3 月份，抖音到底发生了什么事，可以一夜之间出现我们的眼前？

抖音短视频 App 广告营销策略的优点：

① 精准的产品定位

2017 年 9 月 3 日，抖音首次公布用户年龄分布，85% 的用户在 24 岁以下，主力达人和用户基本上都是 95 后、00 后，这和抖音前期的目标人群是吻合的。有趣好听的音乐、慢拍快拍以及各种“鬼畜”的特效、各种滤镜的添加、15 秒的拍摄都是年轻群体喜欢的元素，也更加符合年轻群体喜欢追求新鲜刺激和个性化的特质。95 后、00 后是未来发展的主力军，抖音的目光紧紧锁定这个群体，为它未来的发展奠定了庞大的用户基础。

② 低门槛化

针对达人用户群体，抖音提供优质的舞蹈或者歌曲模板，让这些群体模仿、再创作之后进行传播。针对没有特殊技能的普通用户，抖音为了能够留住这部分用户，专门有一些不需要专业技能的对口型的模仿短视频。这种类型的短视频对用户没有很高的要求，用户只需要在挑选好背景音乐之后，简单地对口型就可以完成自己的创作。这种低门槛化大大扩大了用户的规模，为抖音的成功提供了巨大的用户保障。

③ 明星入驻制度

抖音作为今日头条旗下的产品，同样复制了头条的营销推广策略——明星入驻制度，依靠明星强大的号召力来吸引粉丝入驻，这在产品初期是非常有效的营销推广手段。虽然抖音并不像头条一样邀请了大量的明星入驻，但是它也利用粉丝经济给平台带来大量的用户。比如，2017 年 3 月，岳云鹏在微博转发了一条带着抖音短视频 App Logo 的视频，从此这款产品的热度开始持续上升。这种现象也让抖音团队看到了明星巨大的号召力，逐渐开始邀请何炅、鹿晗、吴亦凡、大张伟等明星入驻抖音短视频，依靠他们巨大的号召力和粉丝影响力来推广自己的产品，这种推广策略可以说是非常成功的。

④ 娱乐营销——电视节目冠名

随着移动互联网红利的逐渐消减，过去常用的依靠应用商店等进行 App 推广的方式不但推广成本越来越高，而且成效不佳。爆款综艺的出现解决了这一问题，它为互联网 App 的引流提供了新的可能，不仅能够树立品牌形象，还能够强化受众认知，增强受众对产品的好感度和忠诚度。在产品推广初期，绝大部分用户根本不知道这个产品，所以要在目标用户前不断地刷存在感以引起他们的注意，达到宣传产品的目的。但是，电视节目的选择也是至关重要的，如果选择的节目受众与产品目标用户不吻合，就会得不偿失。综艺节目轻松愉悦的格调、帅哥美女的明星组合、好玩有趣的节目设置都是 95 后、00 后喜欢的节目元素，抖音短视频 App 看中了自己产品的用户与综艺节目的受众高度契合，因此冠名了很多的综艺节目，如《快乐大本营》《中国有嘻哈》《大学生来了》等综艺节目。综艺节目的影响力也成为抖音短视频 App 增加用户量的一大法宝。

⑤ 线上 + 线下宣传，提高用户参与度

抖音在经过初期宣传之后，会不定期举行线上、线下活动，不断提高用户的参与度和关注度，制造话题，引发讨论，从而扩大产品的影响力和知名度。抖音在线上的推广方式不仅仅是和其他平台合作，拓宽宣传渠道，还会发起一些话题讨论，如发起“抖音拍摄指南”的话题。众所周知，抖音的内容主要来源于大众的创作，但很多用户是害羞的，刚开始并不好意思去创造内容，或者觉得自己拍不出如此酷炫的感觉，不敢开启自己的第一次拍摄。这个时候，“抖音拍摄指南”就为这些用户提供了一些技巧和方法，有可能让本来只是来看抖音的用户转变为创作内容的用户，也为抖音源源不断的内容提供了保障。抖音也会不定期举行线下活动，如抖音大轰趴“抖在成都”、抖音 idou 夜等活动，利用线下情景与抖音大咖们面对面交流，并再次形成话题在网络上进行二次传播，极大地提高了用户的关注度和用户黏性，激励用户不断产出优质内容。

4.3.2 实训内容

（1）微信营销。登录微信，找出至少 10 种类型的营销内容，截图保存说明。

（2）注册微信公众号。微信公众号是一个免费的公众平台，个人或企业都可以申请注册，微信号和微信公众号是两个不同的部分，需要分开注册。

① 访问微信公众平台官网（https://mp.weixin.qq.com/），如图 2-4-18 所示，点击“立即注册”，跳转到注册流程，选择创建订阅号。（小程序、服务号和企业微信为组织或企业资质方可注册，可进入了解）

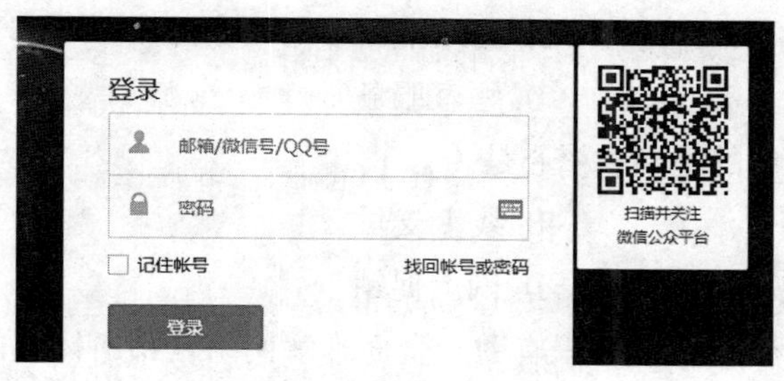

图 2-4-18　微信公众号官网

② 填写注册信息。按照图 2-4-19 所示步骤填写：基本信息→公众号类型→订阅号信息（选择主体类型为“个人”）→公众号信息→完成。

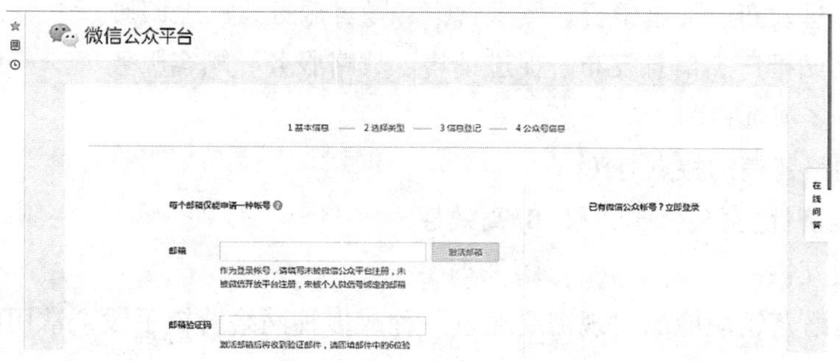

图 2-4-19　注册信息

创建完成后即可在手机微信或电脑微信公众平台上登录公众号进行相关操作。

（3）开通并使用抖音账号，登录抖音，从中找出至少 10 种类型的广告。

（4）开通并使用 QQ 直播账号，进行直播至少 3 次，粉丝数量不低于 50 人。

实训思考

一、单项选择题

1. 网络营销是指借助（　　）来实现营销目标的一种营销方式。

A. 移动、计算机和数字媒体技术

B. 网络、通信和数字媒体技术

C. 移动、通信和数字媒体技术

D. 网络、计算机和数字媒体技术

2. 网络营销的核心工作是（ ）。

A. 品牌建设　　B. 网站推广

C. 渠道建立　　D. 顾客服务

3. 电子商务中的基础和核心是（ ）。

A. 网络营销　　B. 线上支付

C. 线下物流　　D. 网上促销

4. 对网络营销作用的认识有助于全面理解网络营销所体现的价值，那么网络营销能起到哪些作用呢？（ ）

A. 品牌建设、网站推广、建立信任、销售促进、渠道建立

B. 品牌建设、网站推广、信息发布、销售促进、渠道建立、顾客关系、顾客服务、网上调研

C. 信息发布、促进销售、侧重营销、顾客服务、网上调研

D. 网站推广、信息发布、促进销售、战略服务、顾客服务

二、多项选择题

1. 网络营销的特点有（ ）。

A. 经济性　　B. 高效性

C. 交互性　　D. 跨时空

2. 网络营销职能的实现需要通过一种或多种网络营销手段，常用的网络营销工具除了搜索引擎之外，还有（ ）。

A. 电子邮件

B. 即时通信软件

C. 博客

D. 网络实名

E. 电子书

3. 以下关于网络营销与电子商务的说法正确的有（ ）。

A. 网络营销是企业整体营销战略的一个组成部分

B. 电子商务主要是指交易方式的电子化，它是利用互联网进行的各种商务活动的总和

C. 电子商务强调的是交易行为和方式

D. 无论传统企业还是互联网企业都需要网络营销

5 电子商务与物流管理

【导入案例】

农产品进城难在哪儿？电商“快车道”如何变身“高速路”？

“亩产1500千克左右，到地里来收一般是26元/千克，通过电商可以卖到100元/千克。”2016年4月6日，在雅安市石棉县八路田枇杷采摘园，美罗乡党委书记赵刚指着阳光下挂果的枇杷树，告诉前来调研四川省农村电商发展情况的省政协调研组一行。

美罗乡是枇杷新产区。2015年，由于气候原因，这里的枇杷绝收。2016年，丰收在望的枇杷让当地老百姓充满了憧憬：他们认为优质枇杷可以1千克卖到40元以上，不少人家已经开始通过各种电商平台展开预售，有的一天之内就接到了来自全国各地的订单40多件。

美罗乡的枇杷“触网”只是近年来四川农产品加速冲上电商“快车道”的一个缩影。来自省商务厅的资料显示，2016年1～9月，全省农村网络零售额达321亿元，位居全国第四。

到2016年9月底，全省已累计培育涉农电商企业3 475家，累计开设农村网点3.15万个，农村电商产业链创造就业岗位12.4万个。农业电子商务正在成为推进农业生产方式和经营方式转型升级的新动力。

目前，四川省有近60个县正从政府层面积极推动农村电商发展，并探索形成了各具特色的推进模式：资中县依托当地物流企业，形成了“物流企业+农村网店+电商服务企业”发展模式；仁寿县通过引入知名电商和培育本土电商，建立起“电商集聚园区”带动模式；理县通过网推特色农场、民宿客栈等乡村旅游吸引游客，促进农产品的在地销售和网销网购……

在这股热潮中，除淘宝、京东等已经形成气候的电商平台外，各路人马也在千方百计搭建自己的农村电商平台，其中不仅有物流企业、农产品专业合作社、农产品协会等中小型实体，还出现了一些大型国企的身影。

省信用联社与夹江县合作，向电商买家、网点网商集中授信，并向本土平台公司提供线上线下收单支付服务，推动农村电商与农村金融融合发展。

在石棉县，中国邮政雅安分公司成功跻身电子商务进农村综合示范县牵头实施单位，搭建起县级电商中心，已建成50个乡村电商服务站点。

省供销社通过改造提升经营服务体系，已在省内建成区域性电子商务平台107个。

“邮乐购”“益农网”“供销E家”“安岳柠檬网”“茶商在线”等各类农产品电子商务平台风生水起。

“一个‘诸侯割据’的农村电商时代到来了。”长期跟踪农村电商发展的省农业厅信息中心主任如是说。

30%，这是雅安农村电子商务交易额的年平均增长速度。但这一速度能继续保持吗？农村电商这条“快车道”能否升级成为农产品进城的“高速路”？

“交通不便，物流成本高，特别是在一些山区农村，农产品从田间地头进城的‘最初一公里’还没有打通。”汉源乐购商贸有限公司负责人反映。四川蒙顶山味独珍茶叶有限公司负责人也向调研组证实：“每个订单要多花2～4元物流成本。”

“网络销售特别讲究优质优价，经过分级的水果更能卖出好价钱，但是老百姓怕麻烦，大家单门独户小打小闹地种植，觉得大大小小一起卖出去更简单，这就影响了本地水果的整体行情。”赵刚认为，老百姓的理念还需要大力引导。

“茶商在线”电商平台的投资人向从明则为“人才”苦恼着。他曾试图用多一倍的工资从杭州的电商企业挖人，但他的努力失败了。向从明总结原因，认为“这边创新、创业氛围不够，机会少，发展空间受限”。

调研中，很多县都反映了类似的问题。

省政协副主席翟占一指出，创新解决电商进村入户的问题，需要对网商、通信、人才等各类资源进行大力整合，需要政府加强电商服务网点、配送等基础设施建设并形成体系，需要加快解决农业规模化、标准化生产的问题。

“消费者对农产品质量安全的要求远远超出对其他日常生活用品的要求。”省政协农业委副主任傅志康建议，要想在电商平台上赢得更大市场，四川农产品必须重视质量体系建设，以严格的标准、诚实守信的交易来创品牌，进而提升农产品价格。

省政协农业委副主任杨昌明对此深表认同：“电商时代的竞争要求四川必须加快推进农业的规模化、集约化、现代化发展，调整生产和经营结构，通过专合社等农民合作组织把‘三品一标’等标准贯彻下去，提高农产品管理水平，培育一批品牌，从而实现农民持续增收。”

5.1 海尔的电子商务物流

5.1.1 基础理论知识

1. 电子商务是海尔的必由之路

随着网络经济时代的到来，我们的生活方式和消费习惯发生了巨大的变化。当我们在购物时，无论是想买一本书还是想买家用电器，无论是在国内各地还是在大洋彼岸，只要拥有一台电脑，只要能上网，我们“只有想不到的，没有买不到的”。电子商务成为全球经济一体化的产物，网购时代已经悄然来到我们身边。

为了迎合网络时代消费者的消费习惯和消费需求，进军电子商务、实施“网上直销”战略是家电行业面临激烈的市场竞争拓展利润空间的必由之路。海尔也不例外，搭上了互联网这个“便车”。

海尔应时代潮流建立了自己的网站。纵观海尔发展的过程，我们可以看到，2000 年 3 月 10 日，海尔投资成立电子商务有限公司，开始与 SAP（企业管理解决方案）合作，对企业进行自身的 ERP（企业资源计划）改造，随后便搭建了 BBP（企业间采购）平台。2002 年，海尔又建立了网络会议室，在全国主要城市开通了客服电话。尤其是在“非典”时期，当海尔总部坐在视频会议桌前“指点江山、挥斥方遒”的时候，这一做法的商业价值突出体现出来。

海尔的数据显示，“通过 BBP 交易平台，海尔每月接到 6 000 多个销售订单，定制产品品种达 7 000 个，采购的物料品种达 15 万种。新物流体系降低呆滞物资 73. 8%，库存占压资金减少 67%”，可以说已经达到世界领先水平。

2. 海尔与众不同的电子商务模式

（1）做有鲜明个性和特点的垂直门户网站。通过电子商务手段进一步增强海尔在家电领域的竞争优势，不是靠提高服务费来取得盈利，而是以提高在 B2B 的交易额和 B2C 的个性化需求方面的创新来获取盈利。

2000 年 3 月 10 日，海尔投资成立电子商务有限公司。2000 年 4 月 18 日，海尔电子商务平台开始试运行，6 月份正式运营。截至 2000 年 12 月 31 日，B2B 的采购额已达到 77.8 亿元，B2C 的销售额已达到 608 万元。海尔的电子商务为什么魅力四射？用户为什么会有如此大的热情？我们可以看这样两个例子。

例一：我要一台自己的冰箱

青岛用户徐先生是一位艺术家，家里的摆设富有艺术气息，徐先生一直想买台冰箱。他想，要是有一台表面看起来像一件艺术品但又实用的冰箱就好了。徐先生从网上看到“用户定制”模块，随即设计了一款自己的冰箱。他的定制需求很快得到了海尔的回应：“一周内把货送到。”

例二：在网上给亲人送台冰箱

北京消费者吴先生的弟弟下个月结婚，吴先生打算买一台冰箱表达当哥哥的情意。可是弟弟住在市郊，要买大件送上门，还真不太方便。海尔作为国内同行业中第一家做电子商务的家电企业的信息传来后，吴先生兴冲冲地上网下了一张订单，弟弟在当天就收到了冰箱。弟弟高兴地打来电话说，他们家住6楼，又没有电梯，但送货人员把这么大的冰箱送到了家里，真是太方便了，今后他买家电也不用跑商场了，就在海尔网站上买！

（2）优化供应链取代本公司的（部分）制造业务，变推动销售模式为拉动销售模式，提高新经济时代企业的核心竞争力。海尔的电子商务从两个重要的方面促进了新经济模式运作的变化。一是从B2B的电子商务的角度来说，它促使外部供应链取代自己的部分制造业务；通过B2B业务，仅给分供方的成本的降低就收益8%～12%。二是从B2C的电子商务的角度来说，它促进了企业与消费者的交流继续深化，这种交流全方位提升了企业的品牌价值。

一位供应商在通过互联网与海尔进行业务交流后，给海尔来了一封信：“我是一家国际公司的中国业务代表，以前我每周都要到海尔，既要落实订单，又要每天向总部汇报工作进展，非常忙碌，有时候根本顾不上拓展新的业务。自从海尔启用电子商务采购系统后，我可以在网上参加招投标、查订单、跟踪订单等工作，大大节省了人力、物力和财力，这真是一个公开、公平、高效的平台。而且我也有更多的时间来了解海尔的需求，并为公司又谈下了一笔大生意，得到了公司的表扬。更重要的是，我作为中国人也为海尔而自豪：我们总部也是刚刚采用类似的系统，而这样的系统在中国海尔已经运作起来了，与海尔合作体现了国际的先进手段和效率。”

（3）把商家也变成设计师，“个性化”不会增加成本。海尔电子商务最大的特点就是个性化。海尔在内部提出了与客户之间零距离的口号，用户通过网络就可以定制自己的产品，而这并不是所有企业都能做到的。

要做到与客户之间零距离，不能忽视商家的作用。因为商家最了解客户需要什么样的商品，要与客户之间零距离，就要与商家之间零距离，让商家代替客户来定制产品。B2B2C的模式符合实际情况，也帮企业培养了一大批海尔产品用户的设计师。

海尔提出的经销商、消费者设计商品的理念是有选择性的，海尔不可能让一个普通的经销商或者消费者代替专家纯粹从零开始搞设计，这样他们不知从何下手，海尔也难以生产。海尔现共有冰箱、空调、洗衣机等 58 个门类、9 200 多个基本产品类型，这些基本产品类型就相当于 9 200 多种“素材”，再加上海尔提供的上万种“佐料”——2 万多个基本功能模块，这样海尔的经销商和消费者就可以在海尔提供的平台上，有针对性地、自由地将这些“素材”和“佐料”进行组合，并生产出独具个性的产品。

当然，海尔的这种 B2B 模式若只定位在某一地方是肯定不行的，因为成本太大了。海尔需要着眼于全球市场，这样需求就能大大增加，而成本就能降低。一般来讲，每一种个性化的产品如果产量能达到 3 万台，一个企业就能保证盈亏平衡，而事实上海尔的每一种个性化的产品的产量都能达到 3 万台以上。这样成本平摊下来，商家和消费者所得到的产品价格的增长是很微小的。

3. 海尔实施电子商务的优势

（1）在产业方向转移方面，海尔已实现了网络化管理、网络化营销、网络化服务和网络化采购，并且依靠海尔品牌影响力和已有的市场配送、服务网络，为向电子商务过渡奠定了坚实的基础。在管理转移方面，传统企业的金字塔式的管理体制已不适应市场发展的需要，所以在管理机制上把“金字塔”扳倒，建立了以市场为目标的新的流程，企业的主要目标由过去的追求利润最大化转向以顾客为中心、以市场为中心，满足顾客及市场需求。

（2）在企业内部，每个人要由过去的“对上级负责”转变为“对市场负责”。海尔集团还成立了物流、商流、资金流等部门。物流作为“第三利润源泉”，直接从国际大公司采购，这样做既降低了成本，又提高了产品的竞争力；商流通过整合资源、降低费用，提高了效益；资金流则保证资金流转顺畅。

（3）海尔拥有比较完备的营销系统，在全国大城市有 40 多个电话服务中心、1 万多个营销网点，营销系统甚至延伸到 6 万多个村庄。

在海尔，仓库不再是储存物资的水库，而是一条流动的河，河中流动的是按订单来采购生产的必需物资，也就是按订单来进行采购、制造等活动，这样从根本上消除了呆滞物资，消灭了库存。海尔集团每个月平均接到 6 000 多个销售订单，这些订单的定制产品品种达 7 000 多个，需要采购的物料品种达 15 万余种。新的物流体系将呆滞物资降低了 73.8%，仓库面积减少了 50%，库存资金减少了 67%。

海尔通过整合内部资源、优化外部资源，使供应商由原来的 2 336 家优化至 978 家，国际化供应商的比例却上升了 20%，建立了强大的全球供应链网络，有力地保障了海尔产品的质量和交货期。不仅如此，更有一批国际化大公司已经以其高科技和新技术参与到海尔产品的前端设计中，目前可以参与产品开发的供应商的比例已高达 32.5%，实现三个 JIT（准时制），即 JIT 采购、JIT 配送和 JIT 分拨物流的同步流程。

目前，通过海尔的 BBP 平台，所有的供应商均在网上接收订单，并通过网上查询计划与库存，及时补货，实现 JIT 采购；货物入库后，物流部门可根据次日的生产计划利用 ERP 信息系统进行配料，同时根据看板管理 4 小时送料到工位，实现 JIT 配送；生产部门按照 B2B、B2C 订单的需求完成订单以后，满足用户个性化需求的定制产品通过海尔全球配送网络送达用户手中。目前，海尔在中心城市实行 8 小时配送到位，区域内 24 小时配送到位，全国 4 天以内配送到位。

（4）计算机网络连接新经济速度。在企业外部，海尔 CRM（客户关系管理）和 BBP 电子商务平台的应用架起了与全球用户资源网、全球供应链资源网沟通的桥梁，实现了与用户的零距离。目前，海尔 100% 的采购订单由网上下达，使采购周期由原来的平均 10 天降低到 3 天；网上支付已达到总支付额的 20%。在企业内部，计算机自动控制的各种先进物流设备不仅降低了人工成本、提高了劳动效率，还直接提升了物流过程的精细化水平，达到质量零缺陷的目的。计算机管理系统搭建了海尔集团内部的信息高速公路，能将电子商务平台上获得的信息迅速转化为企业内部的信息，以信息代替库存，达到零营运资本的目的。

4. 海尔电子商务平台的搭建

海尔是国内大型企业中第一家进入电子商务业务的企业，率先推出电子商务业务平台。海尔不是为了概念和题材的炒作，而是要进入一体化的世界经济体系中去。为此，海尔累计投资 1 亿多元建立了自己的 IT 支持平台，为电子商务服务。

目前，在集团内部有内部网，有 ERP 的后台支持体系。海尔现在有 7 个工业园区，各地还有工贸公司和工厂，相互之间的信息传递没有内部网络的支持是不可想象的。各种信息系统（如物料管理系统、分销管理系统、电话中心、C3P 系统等）的应用也日益深化。海尔以企业内部网络、企业内部信息系统为基础，以互联网（外部网，海尔在 1996 年底就建立了自己的网站）为窗口，搭建起了真正的电子商务平台。

当然，进行电子商务并不是一厢情愿的事，不仅要有各方面的基础准备，还要让经销商和消费者接受，这样才能顺利实现。海尔为经销商、供应商和消费者提供了一个简单、操作性强的电子商务平台，而且进行了循序渐进式的培训，在平台设计的时候就考虑如何为应用者提供方便和帮助，就连电子商务平台的设计，海尔也遵循了以客户为中心的原则。这样才可以让海尔的业务伙伴和海尔一同发展与成长。

海尔的电子商务平台发展为公用的平台，不仅可以销售海尔的产品，还销售其他各类产品，不仅可以为海尔自身的采购需求服务，还可为第三方采购和配送服务。

互联网时代是信息爆炸的时代，海尔要利用信息进行发展。通过网站，海尔可以收集到大量的用户信息和反馈。这些用户对海尔的信任和忠诚度是海尔最大的财富。目前，在海尔的网站上，除了推出产品的在线订购销售功能之外，最大的特色就是有面对用户的四大模块：个性化定制产品、智能导购、新产品在线预订、用户设计建议。这些模块为用户提供了独到的信息服务，并使网站真正成为海尔与用户保持零距离的平台。

海尔将利用系统进一步优化分供方，通过上网操作可以加快这种优化的速度。一颗小螺钉到底世界上谁生产得最好，一上网交流马上就会知道。这不仅是简单地降低价格，关键还找到了最好的分供方。正是这种交流使海尔在短时间内建立了两个国际工业园，引进了国际上最好的分供方到青岛建厂，为海尔配套。

海尔电子商务系统还处在进一步的建设和完善中，海尔将充分利用海尔“一名两网”的优势，通过网络连接用户，大力推进 CRM 系统的建立，以充分个性化的产品和特色服务留住原有用户，开发新用户和潜在用户，同时为供应商、采购商提供完善的服务。在新经济时代保持和发扬企业的优势，优化海尔的创新机制，缩短进入国际化的进程。

5.1.2　实训内容

题目：熟悉传统企业电子商务自建物流服务，以海尔为例（学生也可自选企业，类型必须与海尔相似）。海尔的主要运作流程如图 2-5-1 所示。

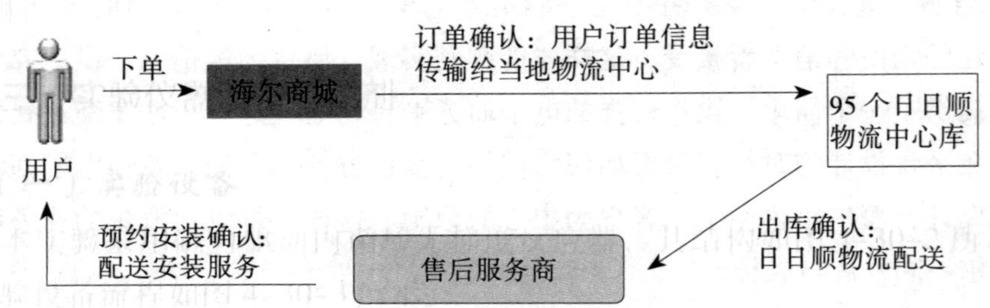

图 2-5-1　海尔商城物流执行流程

（1）购买海尔商城一件大家电产品（冰箱、洗衣机、空调、冷柜、彩电、燃气热水器、电热水器、吸油烟机、燃气灶、消毒柜等），选择物流方式为日日顺物流。

① 注册海尔顺逛商城

打开顺逛商城（http://www.shunguang.com/），点击网页左上角“免费注册”。如图 2-5-2 所示，根据内容的提示，顺序填写手机号、登录密码、确认密码、验证码，之后点击“同意以上协议，马上注册”按钮，即可完成注册。

图 2-5-2　海尔商城注册

② 登录海尔顺逛商城

打开顺逛商城，点击网页左上角“请登录”，输入账号，密码登录商城。

另外，海尔顺逛商城还支持新浪微博、支付宝、网易、快捷通等账号登陆和邮箱注册渠道。

③ 网上购物

海尔顺逛商城的购物流程如图 2-5-3 所示，依次为查找商品→放入购物车→提交订单→自动注册→查看订单状态→收货后评价。购物过程需要注意的事项：选择自己所在的省市，浏览要购买的商品，切换到自己所在的城区，确认当地是否有现货；支付方式、配送方式和发票类型依据个人需要选择。

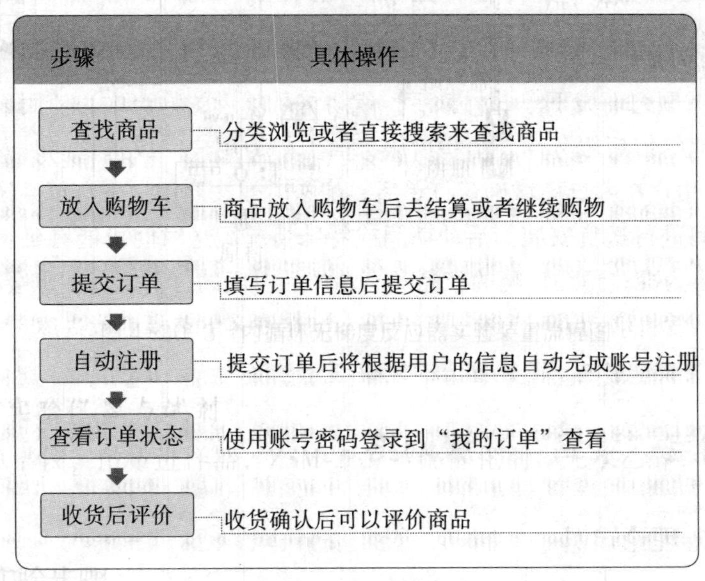

图 2-5-3　海尔顺逛商城的购物流程

④ 配送服务查询

这主要包含到村能力查询和顺逛商城订单微信查询。顺逛商城支持国内省会城市、地级城市及大部分县、乡镇的配送。（中国香港、澳门、台湾地区不能送达）采用海尔自有日日顺物流配送的产品，配送范围请参见“http://www.ehaier.com/helpcenter.php?id=34”，用户可以通过使用键盘上的 Ctrl 快速查找自己所在的配送区县。采用第三方快递公司作为物流配送方的，以顺丰快递和 EMS 配送范围为准，可能存在部分偏远区域不能到达。微信扫描图 2-5-4 所示的二维码即可加入顺逛商城官方微信公众账号，轻松实现订单查询。

图 2-5-4　海尔顺逛商城微信公众号

⑤ 送装同步

用户在顺逛商城下单并付款后，货物将从就近的物流中心使用日日顺物流配送到当地的售后服务商，由售后服务商上门为用户完成送货同时安装的一体化服务。（用户在顺逛商城确认订单后，配送时效按照用户下订单系统提示或用户约定时间进行送货安装。活动期间或特殊情况配送时间可能有延迟，请以顺逛商城公告为准；预约订购的产品及高端产品专区的订购交货期也会有所延迟，请以该产品发售活动说明为准。用户可咨询在线客服获得到货进度）

（2）谈谈海尔电子商务物流的优缺点。

5.2　淘宝“菜鸟”物流网络

5.2.1　基础理论知识

1. 基本情况

淘宝网属于 C2C 类网站，是国内领先的个人交易网上平台，隶属于阿里巴巴，是阿里巴巴推出的一个个人交易网站。

在这个 C2C 模式中，淘宝网主要起着三个方面的重要作用：一是淘宝网是联系买家和卖家的桥梁；二是淘宝网担负着对交易过程和买卖双方信用的监督和管理职能，最大限度地防止网络欺骗的产生；三是淘宝网为买卖双方提供必要的技术支持和服务。

2. 商业模式分析

（1）战略目标

淘宝网的目标是成为中国最大的网上个人物品交易市场。

（2）目标客户群

淘宝网是一个 C2C 的个人交易网站，面向整个中国的个体群众。用户只要会上网，能够进行网上支付，就可以在淘宝网上开店卖东西，也可以买东西。所以，淘宝网面向的是广大的消费者。

（3）产品和服务

① 产品

淘宝网产品的提供者有商家和个人，有各种各样的商品。无论是商家还是个人都可以在这里提供想出售的货物。

② 诚信服务

为了维护电子商务市场的安全和稳定发展，为建设安全诚信的网络交易平台提供坚实的后盾，淘宝网规定淘宝卖家必须通过淘宝的身份认证方可在淘宝网交易或出售商品。淘宝网还于 2005 年起在原有的工作基础上，专门成立了网络安全部。

3. 经营模式分析

淘宝网实行免费政策，其所有的服务均免费，卖家开店免费、交易免费，产品登录免费，让用户真正从网上交易中获得利益，以此培养更多忠实的网络交易者，从而把“蛋糕”做大。淘宝网为商家提供免费的产品展示空间、免费电子邮件，并提供大量及时的免费供求信息，以此吸引用户来尝试新鲜事物，为淘宝网吸引了无数的买家。

中国互联网用户正在经历从网民到网友再到网商的历史转折时期，互联网用户已经表现出通过网上交易为自己创造真实价值的强烈愿望。只有让用户真正在网上交易中获得利益，才能培养更多更忠实的网络交易者。免费降低了中国的网民、网友、网商上网进行个人交易的门槛，是保护当前网上交易双方利益的措施，也是体现公平竞争规则的现实选择。

淘宝网最有特色的服务应该是“千牛工作平台”（原“阿里旺旺”卖家版）这一即时通信软件，通过该软件联系或留言给买（卖）家都十分方便。除此之外，支付宝为买家提供支付保障，使买家在购买时没有后顾之忧。创立之初，“千牛工作平台”即被誉为当年国内最成功的网络投资项目，除创造性地推出支付宝产品，将网络交易的危险性降到最低以外，淘宝网还与工商银行、招商银行等进行全方位的合作，积极完善个人网上交易支付平台。

4. 管理模式分析

（1）经营管理

淘宝网采用会员制，只对注册会员提供交易服务，对交易的物品称“宝贝”。另外，淘宝网提供了第三方支付工具支付宝，帮助交易双方完成交易，从而提高网上交易的信用度。淘宝网还提供留言管理、站内信件、淘宝社区等非实时的会员交流、协商方式。淘宝社区作为一个反馈论坛，有专人管理，以回应“淘宝人”的发帖，促进了淘宝网自律机制的动态发展。非会员用户进入淘宝网既可以浏览淘宝网用户的电子店铺和商品，又可以使用淘宝网的搜索工具进行搜索。

（2）系统管理

① 会员注册系统

淘宝网实行免费的会员注册方式，注册过程简单。

② 淘宝网的网上买卖系统

淘宝网通过电子商务平台为买卖双方提供一个在线交易平台，卖方可以主动提供商品上网销售或者拍卖，买方可以自行选择商品进行竞价和购买，双方不再受时间和空间的限制，方便的比价、议价和竞价过程可以节约大量的市场沟通成本。

③ 淘宝网的支付系统

支付宝是淘宝网针对网上交易特别推出的一种安全付款服务，是 2004 年淘宝网与工商银行、建设银行、农业银行和招商银行等联手推出的一种在线交易安全支付工具。网上的买家先将货款打到支付宝账户上，支付宝确认到账之后通知网上卖家发货，买家在收到货物确认无误之后通知支付宝，支付宝再将货款转付给卖家。在这个过程中，支付宝实际上成了一个信用中介。目前，支付宝已成为最安全、最快捷、最普及、最方便的电子商务网络支付产品。

④ 网络服务系统

淘宝网利用其在 C2C 服务领域的成熟运作经验、及时预测商业潮流动向的能力，创出精品服务和品牌。21CN 借助其雄厚的网络资源和技术资源优势为淘宝网打造短信平台，拓展淘宝网会员服务渠道，进一步完善淘宝网的服务网络。

（3）网站管理

淘宝网从保持人气或者巩固社区地位的角度上允许会员免费使用 3 年，甚至终身免费。淘宝网在对网站进行管理时启用了网上信用管理系统、身份认证管理系统、网络管理系统和网络安全管理系统等，最大限度地保证了网站安全、数据安全和交易安全。

5.“菜鸟”物流网络

2013 年 5 月 28 日，阿里巴巴集团、银泰集团联合复星集团、富春集团、顺丰集团、“三通一达”（申通、圆通、中通、韵达）以及相关金融机构共同宣布，中国智能物流骨干网（简称CSN）项目正式启动，合作各方共同组建的菜鸟网络科技有限公司（简称菜鸟网络）正式成立。“菜鸟”小名字大志向，其目标是通过5～8年的努力，打造一个开放的社会化物流大平台，在全国任意一个地区都可以实现24小时送达的目标。

2016年3月14日，阿里巴巴旗下大数据物流平台公司菜鸟网络宣布已经完成首轮融资，融资额超百亿元，估值近500亿元。菜鸟网络的注册资金为50亿元，前三期投资将合计3 000亿元。建立智能物流骨干网的一个重要基础是仓储干线建设。因此，菜鸟网络在这一方面下足了功夫。菜鸟网络CEO沈国军介绍，同时启动的拿地建仓项目已包括北京、天津、广州、武汉、金华、海宁等10多个城市。金华的金义都市新区有望成为阿里物流的第一个创业基地。沈国军表示：“包括中西部地区在内，我们会在全国8个重要城市，按照‘八大军区’的思路布局去建立主干网络。”

菜鸟网络的用地需求将带动物流地产的升温，同时将创造更多的就业机会。根据菜鸟网络的预计，发展初期将至少支持1 000万家新型企业发展，创造1 000万个就业岗位。依照马云的设想，智能骨干网成熟运作后，我国占GDP总值18%的物流费用将降至欧美发达国家的12%左右，国家经济效益将得到整体提升。

菜鸟网络的诞生实质上就是淘宝大物流计划的实施，不过这次是阿里巴巴集团借助第三方物流的途径来实现，因此阿里或者说马云并未放弃过物流。马云再次推动电商物流发展，将引发新一轮电商物流竞赛。

菜鸟网络专注打造的中国智能物流骨干网将通过自建、共建、合作、改造等多种模式，在全中国范围内形成一套开放的社会化仓储设施网络。同时，菜鸟网络利用先进的互联网技术，建立开放、透明、共享的数据应用平台，为电子商务企业、物流公司、仓储企业、第三方物流服务商、供应链服务商等各类企业提供优质服务，支持物流行业向高附加值领域发展和升级，最终促使建立社会化资源高效协同机制，提升中国社会化物流服务品质。

传统物流不注重信息平台的资源整合，卖家发货往往要绕一大圈子才能送到买家手中，卖家可以自主选择与哪个快递物流公司合作，而快递物流公司这时候就稍显被动。这样的运作方式不但造成资源浪费，而且不能发挥快递物流公司的主动权，造成整个物流业一片繁忙却甚少盈利的局面。菜鸟网络通过打造智能物流骨干网，对生产流通的数据进行整合运作，实现信息的高速流转，而生产资料、货物则尽量减少流动，以提升效率。有人认为这种运作模式将颠覆传统物流模式（图 2–5–5）。

图 2–5–5 菜鸟物流中心

物流是实现电子商务“以顾客为中心”理念的根本保证。没有准确、及时的物流配送，再先进的电子商务都只能是空中楼阁。可以想象一下，如果消费者在网上购买的商品不能及时送到，或者送来的并非所购商品，那么消费者还会选择网上购物吗？相反，快捷、准确又便宜的配送服务则有利于扩大电子商务的市场范围，提高其市场竞争力，从而推动电子商务快速发展。综观世界各国电子商务发展较快的企业，不难发现它们都是以强大的配送能力为支撑的。

6. 电子商务对物流的影响

（1）观念上的变化

电子商务给传统的物流观念带来了深刻的影响。传统的物流企业需要置备大面积的仓库，而电子商务系统网络化的虚拟企业将散置在各地的分属不同所有人的仓库通过网络系统连接起来，使之成为“虚拟仓库”，进行统一管理和调配使用，服务半径和货物集散空间都放大了。例如，2009 年京东商城成立物流公司，自建全国物流体系，目前已在华北、华东、华南、西南、华中、东北建立六大物流中心，覆盖了全国各大城市，并在西安、杭州等城市设立二级库房，仓储总面积超过 50 万平方米。这样的企业在组织资源的速度、规模、效率和资源的合理配置方面都是传统配送所不可比拟的，相应的物流观念也必须是全新的。

（2）技术上的变化

各种新型物流技术和装备特别是信息技术的应用明显得到加强，互联网信息技术对物流活动的控制取代了传统的物流活动的管理程序。传统的物流配送过程是由多个业务流程组成的，受人为因素影响和时间影响很大。网络的应用可以实现对整个过程的实时监控和实时决策，当系统收到一个需求信息时，可在最短的时间内做出反应，任何一个有关配送的信息和资源都会通过网络管理在几秒钟内传到有关环节，并按照预定的工作流程通知各环节开始工作。由于突破了在传统物流配送管理中信息交流的限制，在电子商务环境下完成一个物流配送的时间将大大缩短。这种变化在我们的周围就能感知到，比如，现在许多快递公司已运用了条码技术，在打印发票时也实现了无线远程终端打印，即在收件现场实时打印。

（3）流程上的变化

电子商务网络的使用简化了物流配送过程，推动了传统物流企业的变革。传统物流配送的整个过程极为烦琐，而在电子商务环境下的新型物流配送中心可以大大缩短这一过程。在互联网支持下的信息技术的使用将使物流配送周期缩短，成本降低，从而提高物流配送企业的竞争力。随着物流行业的普及和发展，行业内的竞争也越来越激烈，使用传统的方法获得超额利润的时间和数量会越来越少，信息不对称所带来的盈利机会越来越少，物流企业只有主动变革，具有真正的创新能力和实力，才能获得超额利润。

5.2.2 实训内容

题目：熟悉第三方电子商务物流平台服务，以淘宝“菜鸟”物流为例。

（1）利用开设的淘宝店铺完成下列实训步骤。

① 菜鸟驿站代寄包裹服务介绍。菜鸟驿站代寄包裹服务是指由菜鸟驿站站点接受用户的委托，在用户通过浙江菜鸟供应链管理有限公司（简称菜鸟网络）在线下单平台填写相应物流信息后，按照用户的指示，将包裹交给相应的快递公司，为用户提供代寄包裹服务。代寄服务的使用流程如图 2-5-6 所示。

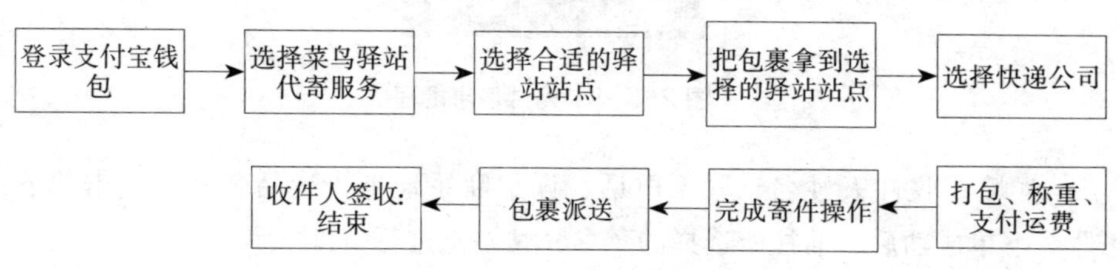

图 2-5-6 菜鸟驿站代寄服务流程

② 使用菜鸟驿站代寄包裹服务。消费者登录支付宝钱包，点击首页第二屏

“更多”，选择“我的快递”应用，如图 2-5-7 所示。

图 2-5-7　支付宝应用

③ 进入“我要寄件”，选择常用收货地址，如图 2-5-8 所示。根据常用收货地址，会推荐离用户最近的驿站地址，选择合适的菜鸟驿站站点，并同意《服务声明》，点击“下一步”即可。

图 2-5-8　寄件信息填写

④ 填写收件人姓名、联系电话、详细联系地址、货品名称，点击“下一步”。下单成功后，前往所选择的菜鸟驿站站点进行寄件。

⑤ 若需要取消订单，则进入“寄件记录”，点击需要取消的订单，进入订单详情，然后点击“取消订单”即可。

（2）实时跟踪所购产品的物流状况。

① 登录淘宝 APP，点击左下角我的淘宝→我的订单→查看物流，如图 2-5-9 所示。

图 2-5-9　淘宝订单物流查询

② 其他物流服务。如图 2-5-10 所示，可进行物流实时状态查询、客服咨询、投诉和物流评价等。

图 2-5-10　订单物流状态

（3）菜鸟驿站申请。目前，淘宝菜鸟驿站主要有社区站点、校园站点和服务商站点三种类型，下面以社区站点申请为例。

① 访问菜鸟驿站首页（https://yz.cainiao.com/），如图 2-5-11 所示，点击“马上申请合作”。

图 2-5-11　菜鸟驿站首页

② 选择入驻申请类型，选择想申请的菜鸟驿站的类型，并查看相应的初步入驻标准及相关要求，对各类驿站进行初步了解。

③ 确认好驿站申请类型，在页面下方选择你所在的区域，如图 2-5-12 所示。

图 2-5-12　区域填写

④ 初步信息收集，申请人信息填写规范如图 2-5-13 所示。

⑤ 店铺所在地址：省市区街道，直接选择；详细地址——请如实填写详细地址，如道路名、楼栋号、门牌号、地标指引名等信息。

⑥ 依次填写店铺所在位置、店铺营业时间、店铺实际场地（长 × 宽）、店铺正面全景、店铺内景图、站点主营业务等信息。

⑦ 申请后等待淘宝相关人员联系，确认具体事宜。

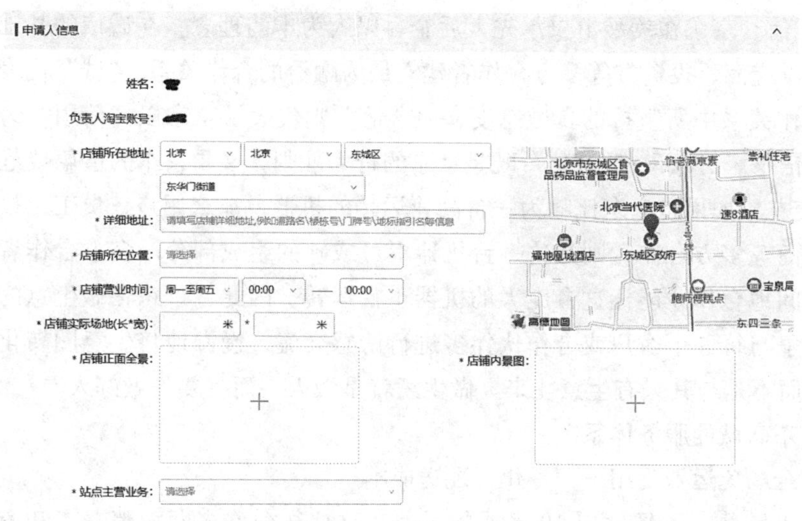

图 2-5-13　申请人信息

（4）请从菜鸟物流为菜鸟驿站站点、商家和消费者提供服务的角度，谈谈菜鸟物流的优缺点。

5.3　京东电子商务物流

5.3.1　基础理论知识

1. 京东商城的企业理念

（1）发展理念

京东的发展首先得益于组织中“人”的发展，正是人的发展带动了京东的发展，“人”是京东发展的核心助推器。京东相信，人的潜能是无限的，人是京东最基本的原动力，对人的深切关怀和挖掘就是对京东发展战略的彻底实践。同时，京东坚信，创新是京东发展的不二法则，而唯有人能够推动创新发展。京东人唯有不断追求发展、创新，方能为消费者持续创造价值。

（2）经营理念

① 合作。国际化带来竞争的全球化，中国电子商务领域风云变幻，京东作为旗帜性企业，不可避免地会迎来更为激烈甚至白热化的商业竞争。面对愈发激烈的市场竞争，京东时刻告诫自己：我们不仅要与战略合作伙伴加强合作，还要与对手在充分竞争的基础上展开合作。京东理解的合作是共赢发展的合作、联合互补的合作，由合作带来的“竞合共赢”是京东谋求发展的永恒理念。

② 诚信。京东在发展上秉承先人后企、以人为本的理念，在诚信的基础上与用户、供应商、投资方等多方合作者建立最为融洽的合作关系。“诚”代表了京东在合作关系中所坚持的真诚态度，而“信”则代表了京东以“信用”为根本的发展信条。可以说，“诚信”既是京东的行为准则，又是京东的道德规范。

③ 交友。如果将京东比喻为一台高速运转的机器，那么用户、员工、投资方、供应商等多方合作者则是这一台机器不可或缺的组成部分。多方合作者只有亲密无间地合作才能让这台庞大的机器正常运转。因此，京东在做生意的过程中，力争与每一个客户或合作伙伴多进行情感交流，慢慢地将生意圈转化为朋友圈，而不是与其只有生意往来。做生意就是做人，而且要先做好人。

2. 京东商城的服务体系

（1）全场免运费为用户“零化”配送成本

在网上购物，动辄就要 10 多元的运费，这往往令许多网购消费者和商家踌躇于网购及销售的成本。就在买方、卖方都在考虑成本时，京东做了一个表率性的举动。2010 年 6 月，京东商城发布了正式的公告：“不限金额，不分会员级别，不分品类，实行全场免运费。”这是一项对所有会员有利的优惠措施，也是促进 B2C 良性发展的有力举措。

（2）移动互联网“多元化”掌上应用

2011 年 2 月 17 日，京东商城在业界第一个推出基于 iOS 平台的移动设备客户端应用系统，除了可以使用下单、查询等常用功能，用户还可以通过直接拍摄商品的条形码实时查询京东商城的相应商品价格。随后，3 月 10 日，京东商城发布了基于 Android 平台的移动设备客户端软件。5 月 5 日，iPad 客户端上线，6 月 17 日，Symbian 客户端上线，其他智能平台的移动设备的软件也陆续发布。2011 年 6 月，京东商城手机客户端下载量已近百万。

（3）“211 限时达”极速配送

“211 限时达”：当日上午 11:00 前（部分城市为上午 10:00 前）提交的现货订单（从订单出库后完成拣货时间点开始计算），当日送达；夜里 11:00 前提交的现货订单（从订单出库后完成拣货时间点开始计算），次日 15:00 前送达。截至 2013 年 12 月 31 日，“211 限时达”已覆盖全国 40 座城市。

（4）GIS 包裹实时跟踪系统给包裹装上“定位”

2011 年 2 月 28 日，B2C 行业第一个 GIS 包裹实时跟踪系统在京东商城正式上线。京东商城所有的配送员均配备了 PDA 设备，以便客户查询追踪自己网购物品的配送进度。如今，网购客户可以在网站地图上实时看到自己包裹在道路上的移动等情况。消费者不用再担心自己的货物已经被送到哪里、什么时候才能送达等琐碎的问题，直接在网上即可查阅到包裹当时当刻的地理位置以及行进速度。甚至通过利用配送员即时服务系统，京东配送员可以现场提供“价格保护”服务，而无须和呼叫中心确认。并且在送货过程中，网购消费者无须任何页面操作就能实现退换货服务。GIS 包裹实时跟踪系统还能实现现场订单状态的即时完成，以便客户更快地进行产品评价、晒单。

3. 京东商城的物流模式

（1）京东物流模式介绍

京东集团的物流平台是目前国内电子商务界最完整、规模最大、最成熟的物流平台。其物流信息系统——2013 年建成的青龙平台——具有高性能、高扩展性、高速度等特征。① 高性能。目前京东集团的订单量已经达到日均 5 万单以上，青龙平台的设计目的之一是能够支持日均 200 万单、能够支持 1 万名用户同时在线操作。② 高扩展性。随着京东集团开放平台（POP）业务的发展，青龙平台同样为第三方用户提供了使用接口，这为京东集团开放电子商务平台、对外大量提供物流服务打下了基础。③ 高速度。客户对运输的时效性要求越来越高是现代物流发展的一个重要趋势。京东集团目前在全国十几个核心城市开展“211 限时达”“夜间配”“极速达”等特色配送服务，通过提高配送速度提升了客户在京东平台上的购物体验。青龙平台正是配送速度提升的系统保障。

京东集团是国内电子商务网站中最早搭建自有物流平台的企业之一，自建物流体系在消除电子商务中物流配送的不确定性、提升用户体验的同时，带来了成本上升的问题。电商自营业务由于毛利率低，自建物流固定成本高，只有通过平台化后实现规模经济才能降低单位成本。因此，京东作为综合性电商在积极构建自营业务的同时积极发展 POP 业务，实现长尾效应，摊销成本。投资建设自身物流平台，同时自行设计和实施与之匹配的物流管理信息系统，之后积极引入第三方，扩大规模，以增加流量来弥补前期投入成本，这是目前京东物流发展的基本脉络。

在此过程中，京东集团走出了一条具有自身特色的物流信息化道路。在 2004 年京东网上商城建立之初，日均订单量为 500 单。随着业务量的逐年增加，原有的物流体系在需要不断增加人力、财力、物力投入的同时，需要一套统一、开放、高效的物流信息系统用于物流作业的日常管理和指挥，青龙系统应运而生。这个过程是一个物流信息化过程，即在原有业务流程的基础上，为了提高处理效率，搭建与之适应的信息管理系统。

京东集团在 2013 年完成青龙平台的搭建后，物流信息处理能力和效率得到明显提升，业务操作、站点管理、各部门协同配合能力也得到显著提升。借助青龙系统强大的数据收集和处理能力，京东的电子商务大数据分析成为可能。在青龙平台上，越来越多的数据驱动型物流产品正在被逐步开发出来，如基于销售数据的 GIS 应用等。当这些数据驱动型的产品开发积累到一定程度时，交易数据必然对京东集团现有的物流操作流程和业务处理模式产生深刻的影响，进而逐步实现交易数据（即信息流）对物流的引导、优化，甚至再造。

2016 年 5 月，京东成立 X 事业部，布局智慧物流领域。京东 X 事业部专注于“互联网 + 物流”，以技术和科技强化物流体系，为京东自动化分拣中心等物流仓储提供智慧支持。京东 X 事业部还包括全自动物流中心、京东无人机、京东仓储机器人以及京东自动驾驶车辆送货等智能物流项目。

京东 X 事业部负责人表示，“双 11”背后的高强度仓储运输压力对电商是极大的挑战。智慧物流的重要意义在于提升工作效率，在最初的“人推货”阶段，每个人完成拣货工作至少需要 30 秒，而由智能机器人操作，可每 1 秒完成一次拣货。此外，通过使用智能机器人，每个订单的履约成本也可降低，尤其在“双 11”等大型促销节点，大约可降低京东 50% 的单均仓储成本。

2016 年 10 月 26 日，京东向外界展示了由其自主研发的自动化物流仓储系统——“无人仓”。这套系统由机器人、人工智能算法和数据感知网络打造，其中的部分技术已被应用于京东“双 11”物流配送中。

负责此项目研发的京东 X 事业部负责人肖军透露，京东“无人仓”是京东自主研发的定制化、系统化整体物流解决方案，掌握了核心智慧物流设备与人工智能算法，拥有完全的自主知识产权。

肖军透露，京东整个无人仓的搭建在 2017 年年初开始启动，占地约 3 万平方米，大约在 2017 年年底或 2018 年年初搭建完成，在此之前，无人仓里的设备会被陆续拿到正式的仓库去投入使用。

（2）自建物流成就京东在中国零售行业的特殊地位

在零售行业中，美国最具代表性的就是沃尔玛的超级大卖场，日本最具代表性的则是 7–11 便利店，两者的模式恰恰相反，但两者均为本国的零售商业体代表。之所以会呈现殊途同归的情况，是因为不管是沃尔玛还是 7–11 便利店，它们的模式都是符合各自国家的基本国情的。

关于美、日零售业形态的讨论引出了另一个思考：中国的零售业谁更具代表性？就这个问题，美国零售行业杂志 *STORES* 联合世界四大会计事务所之一的德勤会计师事务所公布的《2017 全球 250 强零售商排行榜》已经给出了答案。

京东位列国际零售业第36位，在中国零售业排名第一，京东的自建物流的价值令其在与美、日零售大鳄的抗衡中也不落下风。

业内人士做过一项对比，发现成为世界财富500强的沃尔玛的超级大卖场与7-11便利店都是采用线下门店模式，每家店都在居民区周围，是一种以“仓库—门店”方式贴近消费者的模式。而京东则是以“仓库—消费者”方式为主再辅以优质配送快速到达的商品分发模式。

国内情况是不同的，受现代化市场经济底子浅的影响，零售业鲜见全国性巨头的诞生，互联网的强势发展却给电商创造出一片肥沃的土地。几年下来，线下零售业巨头还没成长起来，线上电商却出现了巨大的发展空间。中国的零售业没有产生沃尔玛，也没有产生7-11便利店，却产生了与两者极其相似却又截然不同的第三种模式，那就是以京东为代表的线上零售。

刘强东曾在央视《对话》栏目里提出“全球最好的用户体验”的目标。截至2016年9月30日，京东在全国开设了6 780个配送站和自提点，覆盖2 646个区县。而到目前为止，我国的区县总数量为2 800多，所剩余的空白网点已经不多了。自建物流体系让京东的用户体验成了真正的壁垒，中国人口居住相对密集，京东用更密集的物流仓储中心和配送站点贴近消费者。

与有“20英里人口覆盖率”指标的另一电商巨头亚马逊相比，京东也显得毫不逊色，京东的时效性高于亚马逊的时效性，而且其普惠性和个性化更强。与亚马逊只针对Prime会员提供快速配送相比，京东能做到全平台。京东2015年的平均库存周转保证在36.9天，比亚马逊的45天周转更快。

京东通过海量消费数据等大数据分析技术去预测市场需求，将商品提前布置到离消费者最近的前置仓，在消费者下单之后可以及时交付。智慧物流系统在仓储方面大量引用大数据，力保消费者能够快速收到货。

不输美、日的仓配一体化成了最大的屏障，京东毫不懈怠地从最重要的方面下手，如今成了对国内零售业影响最大的平台。国内电商平台在向京东看齐，纷纷利用自身优势构建配送体系，这已经充分证明7年战略的首战成果，未来科技将扮演更重要的角色，京东最早拿到了与美、日零售巨头共舞的门票。

5.3.2　实训内容

题目：熟悉电子商务企业自建物流服务，以京东物流为例。

1. 京东购物物流

请在京东商城购买一件商品，提交订单支付完成后会收到京东发送的短信通知，通知中包含订单号信息。

（1）访问京东快递查询网址（https://www.kuaidi100.com/），如图 2-5-14 所示。

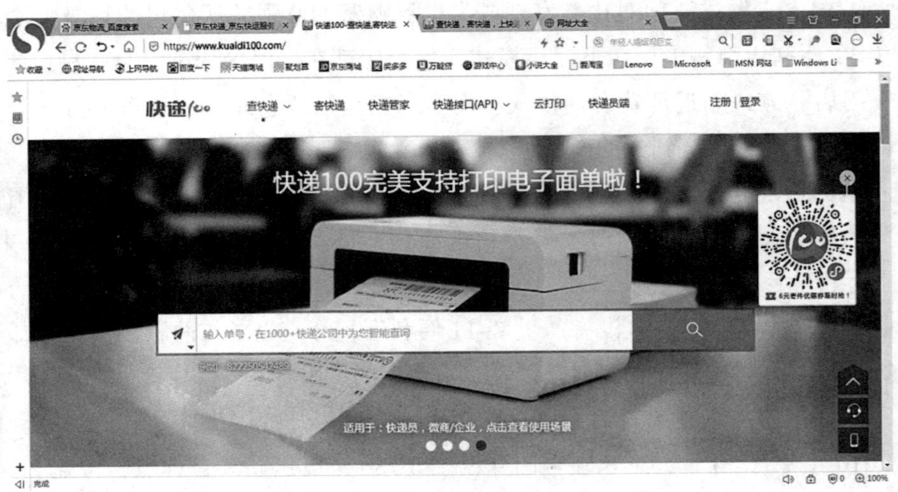

图 2-5-14　快递 100 首页

（2）点击右上角“登录”，可选择微信账号扫描二维码进行登录，并绑定手机号码，进入个人中心。点击“个人版”，可输入快递单号或手机号查询个人寄件、收件的相关信息（淘宝等其他网站订单亦可），如图 2-5-15 所示。

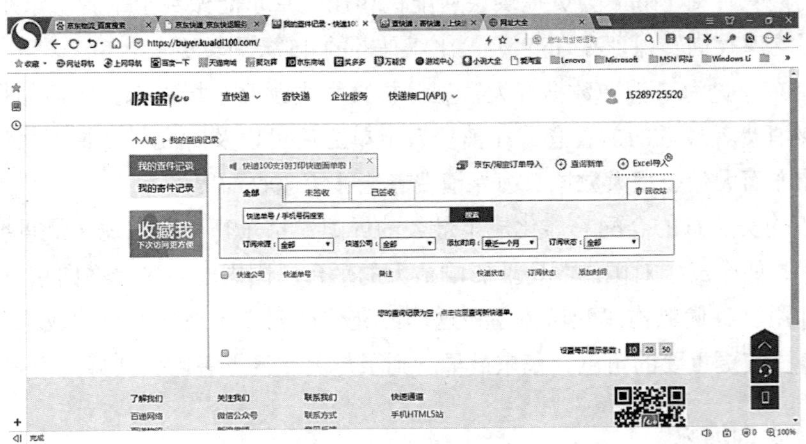

图 2-5-15　京东快递查询

（3）访问京东物流首页（http://www.jdwl.com/），查看京东物流相关信息。

2. 请谈谈京东电子商务物流的优缺点

5.4 其他电子商务物流模式分析

5.4.1 基础理论知识

1. 当当网的物流模式

（1）当当网物流模式介绍

当当网创建于1999年11月，是国内领先的B2C网上商城，由国内著名出版机构科文公司、美国老虎基金、美国IDG集团、卢森堡剑桥集团、亚洲创业投资基金（原名软银中国创业基金）共同投资成立。

当当网以图书零售起家，目前已是中国最大的图书零售商、高速增长的百货业务公司和第三方招商平台，发展成为领先的在线零售巨头。其在线销售的商品包括图书音像、服装、孕婴童用品、家居、美妆和3C数码等几十个大类，在库图书超过90万种，百货超过105万种，致力于为用户提供一流的一站式购物体验。当当网的注册用户遍及全国所有省（区、市）。

当当网于美国当地时间2010年12月8日在纽约证券交易所正式挂牌上市，是中国第一家完全基于线上业务在美国上市的B2C网上商城。

与京东、1号店等B2C电商纷纷申请快递业务牌照自建自营物流体系不同，当当网在其多年的摸索尝试中形成了其独特的物流模式——仓储自建+城际、同城外部合作。

在自建仓储方面，2007—2013年，当当网建立了北京、上海、广州、成都、武汉、郑州六大仓储核心，在全国一共建成了超过50万平方米的物流中心。2014年7月3日，其位于天津武清的“银河1号”仓储中心正式开始运营。至此，当当网已经建成、运营29个仓储中心。

“银河1号”是目前亚洲最大的单体仓库，也是电商中最大的自建仓储物流园区，其总占地30多万平方米，拥有4万平方米的FDC前端配送中心，规划仓储总面积20万平方米，目前一期的10万平方米主要用来存储和配送图书，每年吞吐码洋超过100亿元。二期的货物将主要供给我国东北、华北和港澳地区。750个工人在仓储中心日夜不休地扫码、检验和配送，图书从天津走向北京、东北、华北及港澳。两名员工说：“都挺忙的，我从事质检工作，扫书码，电脑系统会有相应的数字，然后放到相应位置，我每天要处理400多册吧。”“包装好放到传送带上，大箱子弄好一个要两三分钟，小箱子要一分钟。”除满足当当网自身物流需求外，“银河1号”将为平台商家提供铺货式入库联营仓储服务。

同时，当当网还不断推进新技术应用和流程创新，提升仓储管理效率。当当网充分发挥物联网优势，利用大数据运算和需求预测系统，所有批次订单都可以在1小时内完成生产。在原有RF拣选方式的基础上，当当网于2014年在FDC配送中心推广Voice Picking语音拣选技术，进一步提高了操作效率。

在与城际、同城快递外部合作方面，从2014年年初开始，当当网就不断强化与大型第三方物流公司的深度合作，启动“排山倒海工程”，推动送货提速和服务升级。如今，在“银河1号”启用发布会现场，当当网更是和“三通一达”（中通快递、圆通速递、申通快递和韵达快递）以及顺丰速运等国内重量级的物流企业签署了战略协议，加大政策倾斜、流程优化、数据开放和管理协同，各方表示将与当当网在个性服务标准、顾客延时补偿、平台商家物流共享、移动技术开发等方面展开密切合作。此举无疑使双方之前的合作在一个更为快捷、紧密、默契而且互利的高度得以延续。在此基础上，当当网对外宣布要在全国400个城市实现“上午11点前下单当日达，凌晨1点前下单次日达”的“111全天达”服务承诺。当当网全国仓储高级总监任强表示，通过与快递公司的合作，当当网可省去400万～500万单规模的配送成本。据当当网官方提供的数据，当当网物流配送比自建快递成本低30%。在一线城市，当当网物流成本每单不超过4元，这一数据是竞争对手成本的70%。

在城际物流提速方面，当当网坚持开放联盟策略，充分整合快递班车、航空和高铁等社会化物流优势资源，本着“宁管一个连，不管一个驾驶员”的理念，实现中远程物流运输的大提速。据当当网副总裁、物流服务部负责人介绍，目前大型快递公司均有成熟便捷的跨省班车体系，当当网借助大型快递、运输公司的跨省班车体系，平均能提速1.1天。在空运方面，2013年全国航空新增飞机200多架，航班班次近280万次，同比2012年年均增长10%以上，线路数量和运力增长显著。当当网已与大型航空公司进行密切合作，提供特殊时段的空运以满足远程快速货运的要求。同时，在前期与中铁快运合作的基础上，当当网与中铁总公司开展电商专列合作，利用全国高铁1 000多条线路，以更低成本实现跨省当日递。例如，从北京运抵广州不超过24小时，成本预计比航空低10%以上。

当当网将重点布局三、四线城市，在3年内完成100个仓储布点，周边300千米范围都能实现“111全天达”。“我们的目标还是快，还是要在行业里面做到最快，尤其是要利用大型社会化的快递公司。从现在来讲一线城市我们已经和对手持平。对于二、三、四线城市，我们已经是完全领先于对手，我们

400 个城市实现了‘111 全天达’承诺，我们即将实现的是 500 个城市。”当当网相关负责人称。

（2）当当网物流模式点评

当当网这种在自建全国性物流关键节点——仓储中心的同时，将配送环节外包给城际和同城运输第三方的开放协同、外包整合模式，为电子商务企业在物流环节是选择自建还是选择与第三方物流公司合作提供了新的思路。

① 仓储自建自营使当当网可以统一、有效、全方位地规划和管理品类丰富、数量繁多的在线销售商品。目前，当当网在线销售的商品有几十个大类，仅其在库图书就超过 90 万种，百货更是超过 105 万种，如此庞大的商品规模，只有自己统一管理才能井井有条、繁而不乱。

当然，当当网能泰然自若地处理好诸多商品的销售，也得益于其创新的仓储模式。在其自有的仓储中心，商品遵循着分类码放的原则，入库时系统会自动记录每件商品的库存位置。面对成千上万的订单，强大的 IT 系统会自动把仓库中同样的商品、同一区域的商品，分配在一张拣货单上，并按路径进行排序，拣货员只要按照此顺序就能在仓库中走出最优配货路线，这使拣货效率大大提高。此外，仓库的货品摆放系统也会根据当当网的销售记录，提醒管理人员对货品的仓储位置做相应的调整和季节性安排，将动销率高的商品摆放在离出口更近或更便于存取的地方。同时，当当网为其仓储自主开发了 FDC 前端配送中心，这是一种存货模式的、统配全国的配送中心，并开放给上游供应商。在 FDC 模式下，所有仓的订单都由配送中心集中发出，这样供应商就可以集中受理订单，就近组织大宗送货。在商品到达配送中心以后，再由当当网统一、及时地配送到全国各地库房，一来减少供应商物流发运部门单独打包的麻烦，二来便于当当网对所有商品库存进行有效控制，将其维持在最低水平，甚至实现某些种类商品的零库存运转。可见，当当网自建自营的仓储配送中心，有效改善了其供应链的协调水平和配送效率。根据相关数据显示，FDC 前端配送中心可将当当网到货时效提高 60%，售缺率降低 66%。目前，全国签约加入当当网 FDC 体系的供应商占到全网销售的 50%。

据悉，在满足当当网自身的物流需求外，其投入使用的“银河 1 号”还将为平台商家提供铺货式入库联营仓储服务。所谓铺货联营，即第三方商家货物存放在当当网自建自营的仓储中心，商家负责经营、定价、促销，仓内生产加工到最后的配送则交由当当网。该方式可以显著降低商家成本，改善送货速度，使用户得到更好的购物体验。

② 当当网与城际、同城第三方物流快递企业的外包合作解决了其在最大范围内实现尽可能最快送货上门的问题。目前，中国国内还没有哪家物流企业能够做到像 UPS、FedEx 等巨头那样将业务覆盖全国乃至全球，所以当当网只能选择与航空、铁路、城际快递以及当地同城快递等进行多方共同合作。虽然该做法加大了当当网选择、管理和协调物流合作方的难度，但也算是以“曲线救国”的方式，利用多个第三方物流快递资源基本实现了国内配送的全覆盖。当当网副总裁段宇认为，自建物流是电商渠道下沉到三、四线城市的噩梦。抛弃自建物流模式，当当网与多方物流快递公司合作就可以打通物流价值链，从而实现比自建模式速度更快的渠道下沉。目前当当网的送货城市已突破 1 800 个，其中还包括一些所谓六线的偏远城市。同时，当当网借助快递班车、航空和高铁等社会化物流优势资源实现了城际物流的大提速，以此配合其先进的订单自动分仓系统对每个仓库覆盖的区域进行数据统计，后台系统会自动把当当网前台用户所下的订单分配到最近的仓库。例如，南京的订单会被自动分配到上海仓，而重庆的订单则会被自动分配到成都仓。再加上城际和同城快递的鼎力相助和无缝对接，当当网相对轻松地就做到了物流速度的有效提升，让更多的用户感受到了更为迅捷的网购乐趣。当当网副总裁姚丹骞在 2014 年 7 月“银河 1 号”天津仓储中心正式投入使用、当当网现场与“三通一达”等物流伙伴签署战略协议之际强调：“当当模式过去一年来的效果证明，开放胜过封闭，合作胜过竞争，电商行业与物流行业的开放协同是大势所趋。当当网将进一步发挥这一模式的优势，做到比自建物流更快一步。”

综上所述，当当网这种与众不同的“仓储自建 + 城际、同城外部合作”的模式因为只需投建仓储中心，所以从一定程度上缓解了完全自建自营物流所产生的巨大资金压力。事实和相关统计数据也表明，当当网通过与快递公司的合作可以使其物流配送成本比自建物流的配送成本低 30%。同时，物流配送的范围更为广泛，速度得到了较大的提升。对此，当当网副总裁段宇表示，把专业的事情交给更专业的企业来做，这是当当网最基本的出发点。快递行业是一个劳动密集型行业，专业性的公司的管理比当当网的管理更强，而这不仅仅涉及人盯人，也涉及管理成本问题；整个快递行业竞争十分激烈，市场的成本壁垒非常高，与城际、同城外部合作可以使当当网更好地在自己的长处方面发力。

仓储中心自建自营使当当网掌控了供应链和商品协调与管理的主动权，其通过物流数据与合作伙伴无缝对接，形成了物流、数据和管理的一条龙深度合作，打造出了“开放、协同”的物流体系。

在“仓储自建+城际、同城外部合作”的电子商务物流模式下，当当网在500个城市实现“111全天达”的服务承诺指日可待，网购客户将由此体验到“所见即所得”，并且能在最短时间内获得安全准确送达的优质购物体验。

2. 苏宁易购的物流模式

（1）苏宁易购物流模式介绍

苏宁易购是苏宁云商集团股份有限公司旗下的新一代B2C网上购物平台，由苏宁电器网上商城于2009年全新改版并更名而来。从2010年2月正式对外发布上线至今，苏宁易购线上交易的商品已覆盖传统家电、3C产品、母婴用品、运动户外、日用百货等全部品类，成为中国领先的B2C平台之一。

苏宁电器网上商城对电子商务进行研究始于1999年，2004年7月在深圳证券交易所上市之后，凭借其优良的业绩，很快就得到了投资市场的高度认可，成为全球家电连锁零售业中市场价值最高的企业之一。有了电商运营的经验和资本市场的支持，苏宁于2009年8月携手行业内领先的企业IBM整合全球顶级资源优势，重磅推出了新一代的电子商务网购平台——苏宁易购。可见，苏宁易购是建立在苏宁云商长期以来积累的丰富零售经验和采购、物流、售后服务等综合性平台的基础之上的。IBM大中华区董事长及首席执行总裁钱大群对它做出这样的评价：“苏宁易购具有苏宁品牌优势，上千亿元的采购规模优势，遍及全国所有省（区、市）、1 000个配送点、3 000多个售后服务网点的服务优势，持续创新优势，等等。”2011年以来，苏宁持续推进新十年“科技转型、智慧服务”的发展战略，逐步探索出线上线下多渠道融合、全品类经营、开放平台服务的业务形态，并将其称为“店商+电商+零售服务商”的“云商”模式，以推动虚拟网络与实体店面的同步发展。

2013年2月，苏宁正式转型为苏宁云商，定位“店商+电商+零售服务商”，随之而来的便是物流基地的建设工作。据了解，为满足企业的可持续发展，打造专业的自建仓储物流系统一直以来就是苏宁的一项重要发展战略。从1997年南京江东门自建第一代物流基地开始，苏宁在自建物流方面已经整整沉淀了20年之久。据资料显示，苏宁自2004年上市之后，即启动了大规模的物流投资，将物流建设项目推向快车道，经过十多年的规划与布局，苏宁在北京、南京、成都、沈阳、杭州、青岛、厦门、天津、重庆等地区的物流基地已经投入使用，针对电子商务销售单独规划的自动化仓库也在南京及广州等地落成并投入运营，且其快递队伍已接近6 000人的规模。此外，在快递牌照方面，苏宁不仅已经获得一张全国性快递牌照及国内150多个区域性的快递牌照，还获得了国际快递业务经营许可，成为国内零售行业中拥有快递牌照最多的企业。2016 年苏宁物流仓储及配套面积达到 452 万平方米，有 12 个自动化分拣中心、5 000 个社区配送站以及近 1 600 家线下门店。

“物流云”是 2010 年正式启动的基于苏宁第三个十年发展全盘统筹和整体规划的一个重要项目，也是国内最早启动自建物流的电商项目之一。它主要由 12 个采购枢纽、12 个自动化拣选中心、60 个大型物流基地和 5 000 个城市配送点组成，并将配套 10 000 辆自有配送车辆和 50 000 支快递队伍。建成之后，苏宁物流网络将辐射到全国 2 800 多个县级以上地区。苏宁“物流云”项目统筹了采购仓储、干线物流、区域专配等功能，建成后苏宁物流将对中国实现全覆盖。截至 2013 年，苏宁在全国已建成 16 个大型物流基地、12 个全国配送中心、58 个区域配送中心、322 个城市配送中心、5 000 个物流配送点，建立了收、发、存、运、送的供应链管理信息系统，“物流云”项目已建成过半。这种区域配送中心、城市配送中心加配送点的全国三级物流网络体系，凭借仓库管理系统（Warehouse Management System，WMS）、数据处理系统（Data Process System，DPS）、运输管理系统（Transportation Management System，TMS）、全球定位系统（Global Positioning System，GPS）等先进信息系统，使苏宁的所有物流信息均能在仓库、配送点、网店、连锁店、快递员之间准确、高速地传输，以实现长途配送、短途调拨与零售配送到户的一体化运作。对此，苏宁易购执行副总裁李斌强调，从城市中心仓到覆盖全国各大区域的仓储物流基地建设，苏宁物流不仅完成了由点到面的地域面积全覆盖，通过先进的物流信息系统、机械化作业平台和科学化布局的物流网络，还将为社会、商家甚至消费者提供专业的现代化服务和物流解决方案。

苏宁于 2013 年 12 月切换了其物流系统，将之前的 SAP 系统全面升级为 LES 系统。LES 系统可以从订单、仓库、运输以及财务四大模块整合规划内外部资源，负责苏宁自有的订单以及外部交易，支持仓库的库内建设以及库内运作，进行运输路线的设计和优化。同时，LES 系统可以对物流公司所有业务产生的收入和支出进行规划管理，将为苏宁物流企业化运作提供软件支持。2014 年 2 月，苏宁云商宣布围绕“体验为王”这一纲领，做出成立独立的物流公司的决定，并在年内将其物流率先开放给苏宁云台商户及苏宁上游供应商，为苏宁的商业生态圈提供低成本、高效率的物流配送服务。

“物流云”是围绕苏宁转型“云商”的需求而做出的对传统物流体系的升级规划，在对公司进行配套的组织架构调整时，物流事业部被归划到电子商务经营总部旗下，由电子商务经营总部负责规划管理。此举无疑说明苏宁云商着重突出了物流体系在电子商务经营中的重要性，并在“物流云”项目中加强了传统物流围绕其电子商务平台——苏宁易购——实际需求的系统性调整和新功能的构建。苏宁置业投资开发管理中心副总监王长林表示，一方面，公司原计划的60个物流基地过去主要围绕线下实体店面做服务，服务的产品类型主要是家电类大件商品，而其现在的功能都进行了相应的调整和扩大，物流基地也要服务于苏宁易购的网购小件商品，而这一投资建设正按原计划在稳步实施中。另一方面，根据公司当前的发展需要，新增的10多个分拣中心及中转点主要配合苏宁易购的物流需求。可见，苏宁物流基地已成为线下门店和线上苏宁易购共同的配送与库存中心，而线下门店基本成为线上商品物流配送自提点。这表明苏宁云商推进电商与店商的协同联动、打通线上线下业务通道的策略已初见成效。苏宁易购执行副总裁李斌在接受采访时透露：“物流配送要同时适应线上、线下消费发展的需求，公司后台物流配送自动终端系统进一步融合升级，协调线下的门店参与到苏宁易购的物流配送环节中，使线下门店成为线上电商配送的中转点和服务点。”目前，全国几乎所有的苏宁门店都已完成了门店自提功能的设置。

业内人士表示，苏宁的“物流云”布局或将成为苏宁线上和线下两大平台保持快速发展、实现持续领跑的重要动力保障。目前，苏宁易购依托苏宁云商多年经营积累起来的各种强大传统零售资源平台以及顺应时代发展所进行的现代化转型，已经建成集本地配送、门店自提、预约配送、送装一体化、45天托管、自提柜自提等多种形式于一体的密集式物流服务解决方案。

据苏宁介绍，为解决农村物流分散性强、成本高等问题，苏宁物流将优化调拨车运行路线，将多个直营店、服务站串联成线，一辆车即可覆盖全部片区的服务站，实现了低成本调拨。目前，线路优化方案已在江苏、山东、河南、陕西、浙江、安徽6个省份的14个城市试点。

需要说明的是，2015年，苏宁物流费中单件商品的物流配送成本下降了32%，这一成绩得益于不断推进建设的自动化作业流程，特别是智能化仓储。2016年，苏宁物流对成都、武汉、南京等地的5个项目进行自动化升级。其中，苏宁南京雨花二期物流基地占地20万平方米，存储能力可达2 000万件商品，日发货量达181万件。

（2）苏宁易购物流模式点评

2014年8月14—22日，苏宁易购配合其“818店庆大促”，开展了一个名为“有速度、有温度，‘苏宁火箭哥’大竞选”的活动。活动期间，来自北京苏宁的快递员李运望以36分钟就将商品送到客户手上的优异成绩力压群雄，获得了“无敌火箭哥”的称号。值得一提的是，网购客户能够切身感受到苏宁易购这种“极速”送货的体验，这无疑得益于苏宁之前所推出的“急速达”特色物流服务——在部分地区实现2小时之内商品送达。在试运行阶段，“急速达”的配送范围为12个始发仓城市主城区54个门店快递点辐射范围，且需要在门店营业时间内，覆盖商品包括3C、小家电等110多个单品。根据苏宁物流公司总经理侯恩龙的描述，苏宁易购物流不仅要求速度，还追求温度，因此在物流服务的标准化创新上，“818店庆大促”活动期间苏宁快递还全新换装，并推出垃圾代扔、快递盒环保回收等差异化服务，全面凸显苏宁自营服务的优势，创造良好的客户体验。

不难看出，苏宁易购在业界发起的这场“物流闪电战”，看似吹响了物流快递行业竞争的号角，实则引发了电商企业物流供应链的竞争，其背后需要大数据、云计算和智能物流系统的支持。据了解，在这次落实“急速达”服务的同期，苏宁易购推出了另外两大主力物流服务——“半日达”和“一日三送”，大打电商竞速战。用苏宁物流公司总经理侯恩龙的话来说，苏宁物流就是要致力于为消费者节约出更多的自由时间，而这个时间在送货途中是省不下来的，它须源于支撑物流发展的后台信息系统对配送活动的合理设计和优化。在苏宁易购，客户下单后，系统会以消费者的地址为中心进行大量的数据检索和智能匹配工作，先选择出距离该地址最近的门店仓，其次是地设仓，再次是中心仓，以保证商品永远从离客户最近的地方发出，同时保证只要全国任何一个仓库有货，顾客都可以购买。而在这个商品循环系统运行的背后，则是拥有75万个地标性地址的庞大数据库以及与之匹配的云计算技术。

当然，成就“苏宁火箭哥”的除了苏宁长期以来在自建自营物流上的重点投入以外，还有另一个关键性的因素，那就是苏宁云商凭借多年来在传统商业模式中打拼所建立起来的遍布全国的近1 700家实体店铺对苏宁易购的线下支持。在向互联网零售转型的过程中，苏宁以“云商”思想为核心，计划将自己打造成中国的“沃尔玛+亚马逊”，而这一模式的实质其实就是当前最受关注的O2O，亦即线上和线下业务与资源的融合。在强调坚决执行O2O融合战略的时候，苏宁云商董事长张近东提出了“有苏宁的地方就要有苏宁易购”的口号，并指出要加快全品类全流程全国物流配送网的建设，强化门店自提和覆盖范围内的配送服务。可见，在苏宁易购的物流模式中，离客户最近的传统门店被当作了门店仓和快递点，担负起了“最后一公里”的配送重任。

所以说，苏宁易购的物流模式由于扎根在苏宁云商成熟而先进的自建自营物流体系之中，它既有苏宁传统物流坚实而丰裕的资源配备，又有其转型后电商物流灵活而高效的信息一体化技术构架，因而成为当今电商大热——O2O模式的有力支撑。

“线上快捷下单与支付，线下快速送达与体验相结合”是O2O的精髓所在。在苏宁易购，系统会通过大数据对用户需求和消费习惯进行挖掘，从而实现对门店仓的预测铺货，将市场上的畅销商品提前调运到相应的门店仓，以确保商品与用户间最近的物流距离。一旦网购客户的订单在系统中产生，系统就会立刻触发短信模块功能，将订单信息发送到相关工作人员的手机上。收到提醒后，该工作人员一方面通知离订单地址最近的门店仓立刻拣货，打印发票；另一方面，通知快递员到门店仓取货。这样双管齐下，快递员到达门店仓时只需要扫描一下包裹面单就能立刻取货出发。据了解，兼任快递点的门店若平均每天有60～80个订单就会配备一名快递员，以保证有配送人员能时刻待命，同时有由营业员兼任的快递员以备特殊情况下的不时之需。当然，如果顾客网上拍付后要求自提，工作人员则在通知门店仓备货的同时向顾客发出自提确认，顾客凭自提短信的信息到门店就近提货。

如今，由于苏宁云商将近年来在公开市场上募集的资金大部分投到了物流建设中，其自建的物流已经形成遍布全国各地，覆盖一、二、三、四线城市的网状结构。2014年2月，已获全国快递牌照和国际快递牌照的苏宁物流还配合公司的整体发展计划升级为独立公司，从拿地、建设、仓储、干线运输、零配到人财物的管理，完全按照市场化、公司化的方式进行。可见，苏宁物流建设已经升级到集团的战略高度，自建物流更是力度空前，因为相比纯粹电商自建物流，由传统企业转型而来的苏宁云商有其独特的优势。其一，苏宁云商有线上、线下两方面的物流需求，再加上物流平台的社会化，总业务量或将达成规模效应，使自建物流的成本不断被摊薄；其二，与“轻资产”起家的单纯电子商务企业不同，苏宁易购一开始就拥有一个稳健的传统物流体系，它需要做的不是从零开始的巨额投入，而是顺应电商时代的系统优化、变革和扩充；其三，在苏宁易购的物流体系中，独有的传统实体门店起到了举足轻重的作用。早在2012年，谈及与京东的竞争时，苏宁总裁金明曾说：“规模采购成本上，京东无法跟苏宁相比。更重要的是，苏宁拥有这么多实体店，这是我们最大的优势。所有实体店都可以自提电商平台上的货品，现成的、免费的。这种成本优势，其他电商没想明白。”事实证明，对于苏宁易购来说，遍布全国的实体门店不但能够支持自提，还能承担其覆盖范围内的配送任务，由此而带来的低成本、高效率是其他自建物流的纯粹电商所无法企及的。

在苏宁易购的物流模式下，苏宁的 18 万名员工可以被理解为全部属于在线销售部门，他们可以是快递人员，也可以是服务部门人员；既可以做销售，又可以送货，还可以上门安装、调试和进行知识普及，从而最大限度地提高苏宁易购对物流配送全过程的可控性，也给顾客带来了更好的网上购物体验。苏宁云商副总裁侯恩龙介绍苏宁的物流服务时提到，苏宁为一些客户提供过上门安装等服务，这些客户的二次购买率会增加许多。这就是物流服务以及逆向物流带来的效益。这里，苏宁利用了大数据技术对消费者进行细分，可以在为用户提供物流和售后服务时，推荐与之相关的促销信息和资讯，这是促成再次交易的关键。

总而言之，苏宁易购这种和线下平台共用“改良”过的自建自营传统物流体系的模式，迎合了苏宁云商转型发展的整体战略需求，并以其独特的优势实现了线上交易和线下体验的融合发展，成为引导国内电商 O2O 模式发展的典范。

5.4.2 实训内容

1. 熟悉传统物流企业电子商务活动，以顺丰优选为例

顺丰优选是顺丰旗下全球美食 App 及线下门店，以“优选城市生活”为品牌愿景，依托多渠道服务触达并满足中高端消费群体日常生活所需，致力于为国民打造“健康、营养、便捷”的城市生活方式。

（1）访问顺丰优选首页（http://www.sfbest.com/）。如图 2-5-16 所示。

图 2-5-16 顺丰优选首页

（2）注册登录。点击页面上方的“注册”进入注册页面，如图 2-5-17 所示，在相应提示处输入你的账户名（手机号）、密码（密码设置不要过于简单），

确认密码后点击“立即注册”即可，注册用户名是唯一的。完成注册后，系统自动登录。可以进入“我的优选—账户中心—账户信息”编辑个人档案，或直接挑选所需购买的商品。

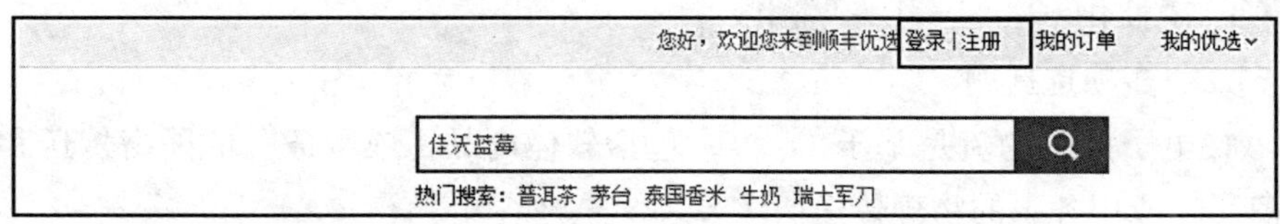

图 2-5-17　注册

（3）挑选商品。可利用搜索商品功能查找或者分类导航查找。

（4）确认下单。具体步骤：加入购物车—结算—提交订单。

（5）订单跟踪。在等待收货过程中，您可以在网站查询订单状态，了解订单处理及商品配送进度。

（6）验货签收。

2. 谈谈电子商务和物流之间的关系

3. 谈谈物流企业开展电子商务服务的优缺点

实训思考

一、单项选择题

1. “物流”一词最早出现于（　）。

A. 美国　　B. 英国　　C. 日本　　D. 德国

2. 对于物流最直接的解释是物的（　）流动。

A. 资金　　B. 实体　　C. 信息　　D. 商流

3. 电子商务物流又称（　），是基于互联网技术，旨在创造性地推动物流行业发展的新商业模式。

A. 现代物流　　B. 商业物流　　C. 网上物流　　D. 生产物流

4. 在电子商务时代，电子商务的命运与（　）连在了一起，电子商务使制造业和零售业实现“零库存”，实际上是把库存转移给了（　）中心，（　）中心成为整个社会的仓库，（　）业的地位也得到大大提高。

A. 快递　　B. 配送

C. 方便性　　D. 透明化

5. 物流（　）就是要实现顾客的物流需求服务的差别化，努力提高顾客满意度。

A. 自动化　　B. 信息化

C. 柔性化　　D. 智能化

二、多项选择题

1. 电子商务物流是基于（　），包括软体商品（或服务）的网络传送和实体商品（或用务）的物理传送。

A. 商流　　B. 信息流

C. 资金流　　D. 网络化的物资或服务的配送活动

2. 物流技术包括（　）等。

A. 运输技术　　B. 保管技术

C. 装卸技术　　D. 包装技术

3. 整个生产的全过程对应的物流有（　）。

A. 原材料的采购物流　　B. 生产物流

C. 回收物流　　D. 废弃物物流

4. 物流信息技术包括（　）。

A. 电子数据交换（EDI）技术　　B. 射频识别（RFID）技术

C. 条码技术　　D. GIS 技术

5.（　）等手段的现代化为开展现代物流提供了物质保证。

A. 运输手段的大型化、高速化、专用化

B. 装卸搬运机械的自动化、智能化

C. 包装的单元化

D. 仓库的立体化、自动化以及信息处理和传输的计算机化、电子化、网络化

三、简答题

1. 什么是电子商务物流？

2. 简述现代物流与电子商务的关系。

6　电子商务安全与防范

【导入案例】

近年来，在政府的大力推动下，全国大部分地区形成了统一认识，开始采用统一建设管理的建设思路，以集约化模式不断推进国内电子政务的发展。经过这些年的发展，电子政务已经成为政府部门工作的基础设施，截至 2014 年，已在所有的省市得到了应用，90% 以上的县也已接通网络，基本完成了电子政务专网的建设。而电子政务的建设模式正在从自建、自管、自用为主向专业化、市场化的服务外包型的技术服务体系支撑转变，并在一些大城市取得较好进展。在数字证书安全机制的发展上，国内从 20 世纪 90 年代开始，基于 PKI 的数字证书安全技术逐步建立，到现在为止，已经有 30 多个省级主管部门和大型企业的银行系统、税务系统等建立了 CA 认证中心。

我国的 CA 认证仍处于初级阶段，虽然 CA 中心发展很快，但很多并不是完全的第三方认证，距离欧美发达国家的普及水平还有较大差距。从技术角度讲，国内的 CA 认证技术主要靠自己研发，参与方较多且沟通不足，所以既有国际标准又有各自的标准，在认证过程中就出现了交叉认证、互不信任的情况。从应用层面讲，国内 CA 认证机构为抢占市场，发放证书时审核把关不严，并且有的靠免费拉拢客户，在发放证书时并没有进行严格的身份验证，证书的权威性没有保障。从分布格局讲，大部分 CA 认证机构存在明显的行业性和地域性，比如广东 CA 认证中心、上海 CA 认证中心是区域性认证的代表，中国电信认证中心（CTCA）、中国金融认证中心（CFCA）是行业性认证的代表，各自为相关地域和行业服务，无法成为具有权威性并且面向全社会的第三方认证机构。

6.1　计算机网络病毒防范

6.1.1　基础理论知识

1. 计算机网络病毒的种类

据国外统计，计算机病毒以每周 10 种的速度递增，另据我国有关部门统计，国内计算机病毒以每月 4 ～ 6 种的速度递增。计算机病毒种类很多，而且极易生成许多新的变种，因此难以被精确分类。为了便于了解它们，我们可以按不同的标准对其进行分类。常用的主要分类方式有以下几种。

（1）按计算机病毒攻击的对象或系统平台分类，病毒可分为 DOS 病毒、Windows 病毒、Mac 病毒、UNIX 病毒、Linux 病毒和网络病毒等。

（2）按连接方式分类，病毒可分为源码型病毒、操作系统病毒、嵌入（入侵）型病毒、外壳型病毒等。

（3）按破坏力分类，病毒可分为良性计算机病毒、恶性计算机病毒。

（4）按计算机病毒寄生方式和传染途径分类（按病毒宿主分类），病毒可分为引导型病毒、文件型病毒、混合型病毒、宏病毒。

（5）按计算机病毒激活的时间分类，病毒可分为定时的计算机病毒和随机的计算机病毒。

（6）按计算机病毒的传播媒介分类，病毒可分为单机病毒和网络病毒。

2. 计算机网络病毒的特点和危害

计算机病毒与生物病毒有许多相似之处，具体有以下一些特点。

（1）传染性。计算机病毒具有再生机制，即复制性或传播性，它能够自动地将自身的复制品或其变种感染到其他程序体上。它像瘟疫一样会传染。一种计算机病毒出现之后，可以流行感染一类计算机程序、计算机系统和计算机网络。病毒中的代码通过计算机、存储器、存储介质（如软盘或光盘）进行传播和扩散，强行修改计算机程序和数据。这是计算机病毒最根本的属性，是判断、检测病毒的重要依据。

（2）欺骗性。病毒程序往往采用几种欺骗技术，如脱皮技术、改头换面、自杀技术和密码技术来逃脱检测，以使其有更长的隐藏时间以达到传染和破坏的目的。

①脱皮技术：病毒自动监视用户操作，每当用户要查看宿主程序内容时，它便“以桃代李”，让被移走的原宿主程序代码显示在屏幕上，使用户看到完全正确的宿主程序，以蒙骗用户、隐藏自己。

②改头换面：病毒在自动监视用户的操作中，一旦发现用户用 DIR 命令查看文件目录，便迅速判定哪些文件被感染。在显示这些文件目录时，病毒自动从文件长度中减去病毒代码长度，使屏幕上显示的被感染文件的日期、时间、长度等参数保持被感染以前的状态。用户从屏幕上显示的文件目录中看不到文件被感染过的痕迹。

③自杀技术：有的病毒设置了特殊计数器，专门记录病毒曾经感染过的程

序的次数。当该计数器达到预定值时，病毒便从带毒的宿主程序中删去代码，实现“自杀”，销声匿迹，以掩护自己。

④病毒密码：有的病毒采用密码技术，将病毒签名等可能被检测到的敏感信息变成密码。这样，当用户对病毒进行检测时就看不出这些敏感信息，从而使病毒逃过检测，长期潜伏。

（3）潜伏性。病毒具有依附于其他媒体的能力，入侵计算机系统的病毒一般有一个“冬眠”期，当它侵入系统之后，一般不会立即发作，而是潜伏下来“静观待机”。在此期间，它不做任何骚扰动作，也不做任何破坏活动，而要经过一段时间或满足一定的条件后才发作，突发式进行感染，复制病毒副本，进行破坏活动。例如，CIH 病毒会在每个月的 26 日发作。

（4）隐蔽性。病毒一般是具有很高的编程技巧、短小精悍的程序，通常附在正常程序中或磁盘较隐蔽的地方，也有个别的以隐含文件形式出现，目的是不让用户发现它的存在。例如，有的病毒感染宿主程序以后，在宿主程序中自动寻找“空洞”，而将病毒拷贝到“空洞”中，并保持宿主程序长度不变，这使其难以被发现，以争取较长的存活时间，从而造成大面积感染。

大多数计算机病毒的传染速度极快，一般不具有外部表现，不易被人发现。

被计算机病毒感染的计算机在多数情况下仍能维持其部分功能，不会由于感染上计算机病毒就不能启动了，或者某个程序一旦被计算机病毒感染，就被损坏得不能运行了，计算机或程序仍能正常运行或维持一部分功能，而用户不会感到任何异常。正是由于这种隐蔽性，病毒才得以传染更多的复制体，与正常程序争夺系统的控制权和磁盘空间，不断地破坏系统，直至使整个系统瘫痪。

（5）破坏性。所有的计算机病毒都是一种可执行程序，而这一可执行程序又必然要运行，所以对系统来讲，所有的计算机病毒都存在一个共同的危害，即降低计算机系统的工作效率，占用系统资源。其具体情况取决于入侵系统的病毒程序。

同时，计算机病毒的破坏性主要取决于计算机病毒设计者的目的。如果病毒设计者的目的在于彻底破坏系统的正常运行，那么这种病毒对于计算机系统进行攻击造成的后果是难以设想的，它可以毁掉系统的部分数据，也可以破坏全部数据并使之无法完全恢复。但并非所有的病毒都对系统产生极其恶劣的破坏作用。有时几种本没有多大破坏作用的病毒交叉感染，也会导致系统崩溃等重大恶果。

（6）针对性。计算机病毒一般针对某一种或几种计算机和特定的操作系统进行攻击。例如，有针对 PC 及其兼容机的，有针对 Macintosh 的，还有针对 UNIX 和 Linux 操作系统的。只有一种计算机病毒几乎是与操作系统无关的，那就是宏病毒，所有能够运行 Office 文档的地方都可能存在宏病毒。

（7）衍生性。计算机病毒的衍生性是指，计算机病毒编制者或者其他人将某个计算机病毒进行一定的修改后，使其衍生为一种与原先版本不同的计算机病毒。后者可能与原先的计算机病毒有相似特征，这时称其为原计算机病毒的一个变种；如果衍生的计算机病毒已经与以前的计算机病毒有了很大甚至根本性的差别，则此时就会将其认为是一种新的计算机病毒。新的计算机病毒可能比以前的计算机病毒有更大的危害。

（8）寄生性。计算机病毒的寄生性是指一般的计算机病毒程序依附于某个宿主程序，依赖于宿主程序而生存，并且通过宿主程序的执行而传播。

（9）不可预见性。计算机病毒的侵入、传播和发作是不可预见的，有时即使安装了计算机病毒实时防火墙，也会由于各种原因不能完全阻隔某些计算机病毒的侵入。事实上，任何软件都不能完全确保整个系统在任何时候没有任何计算机病毒，所以对于计算机病毒防护人员而言，永远没有高枕无忧的时候。

计算机病毒的发展速度远远超出了我们的想象。根据国际权威机构 ICSA（国际计算机安全协会）的统计报告显示，1999 年第一季度的计算机病毒数量是 1998 年同期的两倍，是 1997 年的三倍。而且，计算机病毒的编制技术也是日新月异，各种新计算机病毒的出现不断给计算机病毒防范软件提出新的挑战。

计算机病毒也是程序，其对于计算机的危害取决于计算机病毒编制者的意图。任何计算机病毒只要侵入系统，都会对系统及应用程序产生程度不同的影响。轻者会降低计算机工作效率，占用系统资源，重者可导致系统崩溃，这些都取决于计算机病毒编制者的意愿。计算机病毒的危害主要表现在以下方面。

（1）攻击系统数据区。攻击部位包括硬盘主引导扇区、BOOT 扇区、FAT 表、文件目录。一般来说，攻击系统数据区的病毒是恶性病毒，受损的数据不易恢复。

（2）攻击文件。在现已发现的病毒中，大多数是文件型的病毒，它们寄生在文件中。当病毒感染健康文件时，会使这个文件发生某些变化，如文件的长度变化、文件存盘的时间和日期等。我们可以根据磁盘中文件的这些变化来判断病毒是否侵入了计算机系统。

（3）攻击内存。内存是计算机的重要资源，也是病毒攻击的重要目标。病毒额外地占用和消耗内存资源，可导致一些大程序运行受阻。病毒攻击内存的方式有大量占用、改变内存总量、禁止分配和蚕食内存等。

（4）干扰系统运行。此类行为也是花样繁多，主要有不执行命令、干扰执行内部命令、虚假报警、时钟倒转、计算机重新启动、计算机运行的速度下降、文件不能存盘、文件存盘时丢失字节、内存减小等问题。

（5）干扰键盘。计算机病毒也会造成计算机键盘工作异常，如响铃、封锁键盘、换字符、重复字符、输入紊乱等现象。

（6）干扰打印机。出现假报警、间歇打印、更换字符、不打印等现象。

（7）干扰屏幕显示。有些病毒编制者喜欢让自己编写的计算机病毒发作的时候在电脑屏幕上显示一些信息，或扰乱正常电脑屏幕的显示，使计算机出现字符倒置、屏幕抖动、图形翻转显示等现象。

（8）影响喇叭。计算机的喇叭一般是不会发出声音的，除非你运行了特定的程序或者软件。如果你的计算机无缘无故地发出某种声音，那么很有可能是感染了计算机病毒。例如，Plastique 病毒发作的时候，计算机的喇叭会发出断断续续的炸弹爆炸的声音；著名的 Yankee Doodle 病毒发作时，计算机的喇叭则不断播出美国名曲《扬基歌》。

（9）攻击 CMOS。计算机的 CMOS 中保存着系统的重要数据，如系统时钟、磁盘类型和内存容量等，并具有校验功能。有的病毒被激活时能够对 CMOS 进行写入以破坏 CMOS 中的数据。例如，CIH 病毒破坏计算机硬件，乱写某些主板的 BIOS 芯片，损坏硬盘。

（10）破坏网络系统。网络病毒破坏网络系统，非法使用网络资源，破坏电子邮件，发送垃圾信息，占用网络带宽，等等。

3. 计算机病毒的预防

“预防为主，治疗为辅”，最重要的是思想上重视计算机病毒可能带来的危害，随时留意病毒在传染时和传染后留下的蛛丝马迹，通过各种现代检测手段，及时发现病毒，清除病毒。预防措施主要有以下几种。

（1）管理措施

① 牢固树立消防观念。加强对工作人员进行计算机病毒及其危害性的教育，使他们明确计算机病毒不仅会破坏系统数据或文件，造成系统瘫痪，还会给国家造成巨大经济损失，严重损害国家在世界上的形象和声誉，从而使他们自觉增强防病毒意识，并健全机房管理制度。

② 建立、健全法规制度。建立、健全相应的法规制度，使对病毒制造者的处理有法可依、有章可循。对外界程序、软盘与使用的管理，与外界系统联系

的管理，系统程序、数据文件的管理等，都要有一套规章制度。

（2）技术措施

①“免疫”处理。大部分病毒在感染时，除了将病毒程序放入宿主程序中之外，还放入了病毒的感染标志。当这个染毒的程序再次遇到病毒时，病毒发现它有感染标志后，就不会再感染它。

“免疫”处理就是利用这一现象，在健康程序的特定位置上放入感染标志，这样，这个健康程序一旦遇到病毒，会欺骗病毒，造成已感染的假象，因而不会被感染。但是，由于病毒的种类繁多，一般免疫处理只对一种病毒有效，就像在生活中，人们接种一种疫苗，只能对一种疾病进行预防一样。所以，现在还不能实现对所有病毒的免疫。而且，“免疫”处理也存在诸如免疫处理后的程序可以欺骗病毒，也会欺骗杀毒软件，引起虚假报警，对重复感染病毒无效，一般只对一种病毒有效的问题。

② 软件预防。软件预防是指用病毒预防软件来防御病毒入侵。例如，安装病毒预防软件，并使预防软件常驻内存，当发生病毒入侵时及时报警，达到不让病毒感染的目的。这种预防措施只能预防该软件能清除的病毒，对一些不能诊断或不能清除的病毒则无能为力，故有一定的局限性，但也不失为一种较有效而经济的预防方法。例如，CPAV 软件就是一种具有预防功能的软件，当该软件的预防功能驻入内存后，每调用一个文件时，它均要将该文件的长度同原文件的长度（其长度存在于该文件目录下的 CHKLIST. CPS 文件中）进行比较。若两者长度不一致，它就可以认为有病毒感染的嫌疑，系统就不再执行该文件。

软件预防是病毒防御系统的第一道防线，其任务是使病毒无法进行传染和破坏。这种软件通常能监视程序的常驻，防止程序任意常驻内存，以应付大多数计算机病毒，防止程序直接写入磁盘引导区，防止执行文件被修改，监视中断向量的修改，防止病毒修改中断向量，能禁止写硬盘。该软件被执行后，就使硬盘像贴上保护标签一样，具有写保护功能，能监视程序运行，并通过 DOS 的功能调用对执行程序进行监测和控制。

③ 硬件预防。硬件预防是指通过硬件来防御病毒的入侵，如采用防病毒卡。防病毒卡能从病毒的共性出发，即从病毒的内存驻留、寄生对象、传播途径等病毒机理入手进行有效监测和防范，打破了传统杀毒软件一种方法只能诊治一种病毒的局限性，实现了用一种检测手段能有效地检测出按同一种思想编制的一类病毒（包括新病毒）。例如，防病毒卡只要设计有“DOS 系统在引导过程中只允许读盘，不允许写盘”这一条防病毒思想，就能防范到目前为止国

内流行的所有引导型病毒对硬盘的感染，这是任何杀毒软件和软件方式的防毒系统所望尘莫及的。

防病毒卡主要的抗病毒思想是主动防御，一方面能防止外界病毒入侵本系统，另一方面又能抑制本系统插卡前已有病毒向外界扩散，打破了常规杀毒软件在病毒入侵后被动杀毒的局面。

由于防病毒卡采用了扩展卡方式的硬件结构设计，它与整个微机系统融为一体，使防病毒卡的病毒监测程序在系统加电自检之后，系统读取磁盘上的引导程序之前就获得了系统的控制权。事实上，防病毒卡工作时机不仅优先于病毒，而且优先于纯软件方式的任何防病毒系统，这是防病毒卡采用硬件结构的根本原因。

这种防病毒卡的技术手段和方法都较先进，基本上能有效地预防病毒的感染。

但是普通防病毒卡也存在着一些弱点，如由于计算机病毒本身就是一段程序，它与正常的程序之间没有严格的界限区分，防病毒卡不可避免地存在假报警现象。而且，由于当今应用软件的数量极其繁多，防病毒卡难以做到与所有软件完全兼容，甚至还会严重地影响高档微机的运行速度。

（3）计算机病毒的预防软件

对于计算机病毒，除了从管理上和技术上采用相应措施预防外，还可以利用一些病毒检测、诊断和杀毒软件的预防功能。

病毒检测和杀毒软件 SCAN、CPAV、VSAFE 等，不仅具有病毒检测功能，还具有免疫功能。它能自动将感染病毒程序中的病毒代码删除，使其变为正常程序，并在正常程序的特定位置故意放入某些病毒的特征代码，使该程序再次遇到某些病毒后不再受感染。因此，可以利用软件的这种功能预防一些病毒的入侵。另外，还可以利用 CPAV 的备份功能恢复原来的系统。

6.1.2 实训内容

2018 年，国内知名安全机构精睿网络安全实验室发布主流杀毒软件年度测试报告，如图 2-6-1 所示，国内用户量最大的杀毒软件 360 在木马病毒查杀、感染型病毒修复、主动防御三大测试项目上优势明显，击败众多国内外老牌杀毒软件而排名榜首。报告以近期装机量激增的 Windows 10 系统为测试环境，遴选国内外 10 款主流杀毒软件，以从安全论坛采样收集到的高发木马病毒为样本，对其静态扫描查杀功能和动态实时防御效果进行了测试，为国内用户筛选最适合 Windows 10 系统的杀毒软件提供了参考。

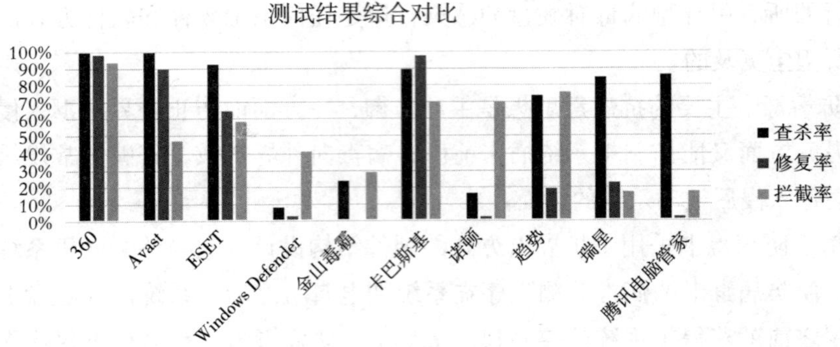

图 2-6-1 2018 年十大杀毒软件排行

据了解，360 杀毒和安全卫士均采用了“云安全主动防御”的方式，把基于行为判断的主动防御技术和云端查询文件安全级别结合在一起；再加上 360 在云端白名单大数据上的长期积累，以及把人工智能应用于杀毒引擎的自学习、自进化能力，大大提升了杀毒软件的查杀和防护效率，这也是 360 杀毒在本次年度测试中拔得头筹的重要原因。

题目：安装和使用杀毒软件。（在 360、金山毒霸、卡巴斯基、瑞星、腾讯电脑管家中任选一个）下面以 360 安全卫士和 360 杀毒软件为例。

1. 公司简介

360 安全科技股份有限公司（以下简称“360 公司”）是中国最大的互联网和移动安全产品及服务提供商。公司创立于 2005 年，是互联网免费安全的首倡者，先后推出 360 安全卫士、360 手机卫士、360 安全浏览器等国民级安全产品，PC 安全产品月活用户 5 亿以上，移动安全产品月活超过 4.6 亿。同时，360 公司为上百万家国家机关和企事业单位提供包括安全咨询、安全运维、安全培训等全方位安全服务。

360 杀毒软件就是监控设备并对设备起到保护作用的软件。而 360 安全卫士就是一款对手机垃圾进行清理，同时可以管理电脑的软件，所以说两者在本质上和工作形式上有很大的区别。

2. 登录 360 官网

登陆 360 官网（https://www.360.cn/），下拉滚动条，找到 360 安全卫士和 360 杀毒软件下载界面，如图 2-6-2 所示，分别下载安装。

图 2-6-2 360 首页

3. 360 安全卫士的功能及其使用

【电脑体检】如图 2-6-3 所示，提示已经很久未体检，点击【立刻体检】，体检出问题后，执行【一键修复】。

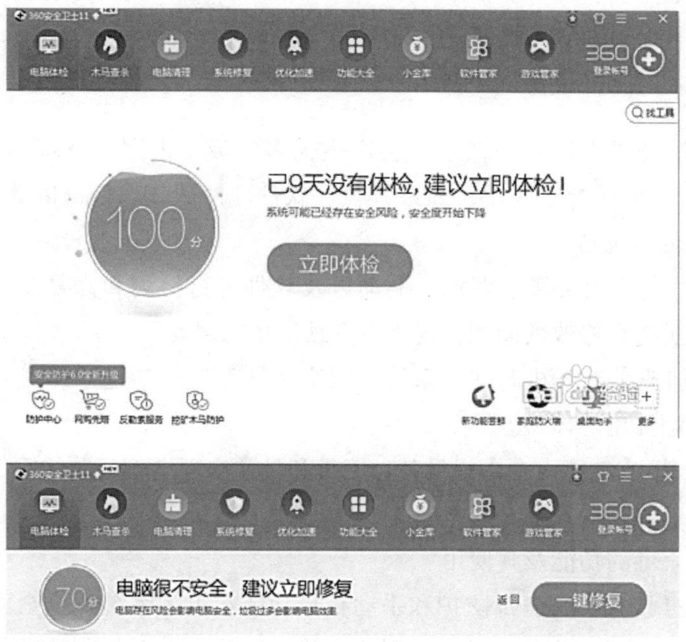

图 2-6-3 安全卫士一键修复

【木马查杀】支持对电脑全盘杀毒或者对指定位置进行扫描，当扫描到危险的文件之后，会提示我们，然后将文件放到隔离区。当我们确认文件安全之后，可以将其移到信任区。【木马查杀】还可以对杀毒引擎进行更新，此外在网络上进行文件下载时会进行文件查杀，如图 2–6–4 所示。

图 2–6–4 木马查杀

【电脑清理】电脑运行久了，会产生很多垃圾，占用着系统的磁盘空间，电脑清理可以针对指定区域，如系统盘、软件、注册表、Cookie 等进行清除，让系统运行更加流畅。

【系统修复】对补丁、漏洞、驱动以及软件进行检测和修复，针对恶意软件对电脑主页进行修改的问题，提供主页锁定功能。

【优化加速】对开机时间、系统、网络和硬盘进行加速，并对开机启动项进行管理，增强用户体验。

其余功能：【功能大全】提供各种工具和日常出现电脑问题的案例，用户可以进行问题的诊断和修复。

4. 360 杀毒的功能及其使用

360 杀毒具有实时病毒防护和手动扫描功能，可为系统提供全面的安全防护。实时防护功能在文件被访问时对文件进行扫描，及时拦截活动的病毒，在发现病毒时会通过提示窗口发出警告，如图 2–6–5 所示。

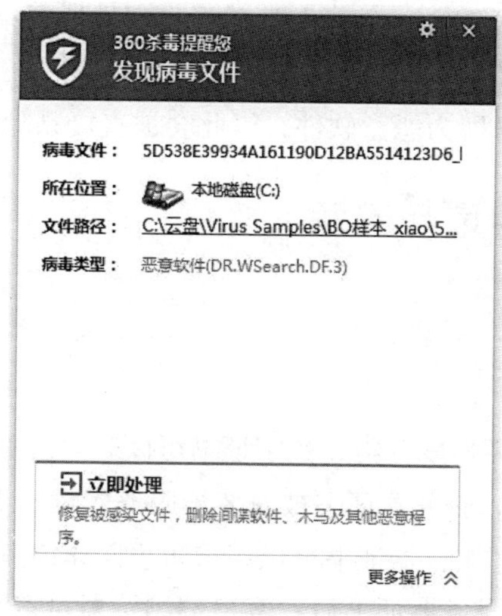

图 2-6-5　病毒提醒

【病毒查杀】如图 2-6-6 所示，360 杀毒提供了五种病毒扫描方式。快速扫描：扫描 Windows 系统目录及 Program Files 目录；全盘扫描：扫描所有磁盘；指定扫描：扫描您指定的目录；右键扫描：当在文件或文件夹上点击鼠标右键时，可以选择“使用 360 杀毒扫描”对选中文件或文件夹进行扫描；常用工具栏：帮助解决计算机中经常遇到的问题。

图 2-6-6　病毒扫描

360杀毒扫描到病毒后，会首先尝试清除文件所感染的病毒，如果无法清除，则会提示删除感染病毒的文件。木马和间谍软件由于并不采用感染其他文件的形式，而是其自身即为恶意软件，因此会被直接删除。

6.2 数字证书申请与安装

6.2.1 基础理论知识

1. 证书的分类

从数字证书的应用角度分类，数字证书可以分为以下三种。

（1）服务器证书。服务器证书被安装于服务器设备上，用来证明服务器的身份和进行通信加密。服务器证书可以用来防止欺诈钓鱼站点。

在服务器上安装服务器证书后，客户端浏览器可以与服务器证书建立SSL连接，在SSL连接上传输的任何数据都会被加密。同时，浏览器会自动验证服务器证书是否有效，验证所访问的站点是否为假冒站点，服务器证书保护的站点多被用来进行密码登录、订单处理、网上银行交易等。全球知名的服务器证书品牌有GlobalSign、Verisign、Thawte、Geotrust等。

（2）电子邮件证书。电子邮件证书可以用来证明电子邮件发件人的真实性。它并不证明数字证书上面CN项所标识的证书所有者姓名的真实性，它只证明邮件地址的真实性。

收到具有有效电子签名的电子邮件，我们除了能相信邮件确实是由指定邮箱发出的之外，还可以确信该邮件从被发出后没有被篡改过。

（3）个人证书。客户端证书主要被用来进行身份验证和电子签名。安全的客户端证书被存储于专用的USB Key中。存储于Key中的证书不能被导出或复制，且Key使用时需要输入Key的保护密码。使用该证书需要物理上获得其存储介质USB Key，且需要知道Key的保护密码，这也被称为双因子认证。这种认证手段是目前在互联网上最安全的身份认证手段之一。Key的种类有多种，如指纹识别、第三键确认、语音报读以及带显示屏的专用USB Key和普通USB Key等。

2. 证书的格式

数字证书的格式普遍采用的是X.509V3国际标准，一个标准的X.509数字证书包含以下内容。

（1）证书的版本信息。

（2）证书的序列号，每个证书都有一个唯一的证书序列号。

（3）证书所使用的签名算法。

（4）证书的发行机构名称，命名规则一般采用 X.500 格式。

（5）证书的有效期。通用的证书一般采用 UTC 时间格式，它的计时范围为 1950—2049 年。

（6）证书所有人的名称，命名规则一般采用 X.500 格式。

（7）证书所有人的公开密钥。

（8）证书发行者对证书的签名。

依据《电子认证服务管理办法》《中华人民共和国电子签名法》，目前国内有 30 家机构获得相关资质，具体资质可以查询工业和信息化部网站。

数字证书文件格式 cer 和 pfx 的区别有很多。

作为文件形式存在的证书一般有以下几种格式。

（1）带有私钥的证书由 Public Key Cryptography Standards #12、PKCS#12 标准定义，包含了公钥和私钥的二进制格式的证书形式，以 pfx 作为证书文件后缀名。

（2）二进制编码的证书，证书中没有私钥，DER 编码二进制格式的证书文件以 cer 作为证书文件后缀名。

（3）BASE64 编码的证书，证书中没有私钥，BASE64 编码格式的证书文件也是以 cer 作为证书文件后缀名。

由定义可以看出，只有 pfx 格式的数字证书是包含私钥的，cer 格式的数字证书里面只有公钥，没有私钥。

在 pfx 证书的导入过程中有一项是“标志此密钥是可导出的，这将在稍后备份或传输密钥”。一般不选中，如果选中，别人就有机会备份你的密钥了。如果不选中，其实密钥也导入了，只是不能再次被导出。这就保证了密钥的安全。

如果导入过程中没有选中这一项，做证书备份时“导出私钥”这一项是灰色的，不能选，只能导出 cer 格式的公钥。如果导入时选中该项，则在导出时“导出私钥”这一项就是可选的。

如果要导出私钥（pfx）需要输入密码，这个密码就是对私钥再次加密，这样就保证了私钥的安全，别人即使拿到了你的证书备份（pfx），不知道加密私钥的密码，也是无法导入证书的。相反，如果只是导入、导出 cer 格式的证书，是不会提示你输入密码的。因为公钥一般来说是对外公开的，不用加密。

3. 证书申请

一般来讲，用户要携带有关证件到各地的证书受理点，或者直接到证书发放机构即 CA 中心填写申请表并进行身份审核，审核通过后交纳一定费用就可以得到装有证书的相关介质（磁盘或 Key）和一个写有密码口令的密码信封。

域名型的证书在申请时，无须递交书面审查资料，仅需进行域名有效性验证，在网上申请即可。而企业型证书需要进行严格的网站所有权的真实身份验证，证书标示企业组织机构详情，强化信任度。增强型证书除了进行严格的网站所有权的真实身份验证之外，还加入了第三方验证，证书标示增强组织机构详情，强化信任度。

4. 使用方法

用户在进行需要使用证书的网上操作时，必须准备好装有证书的存储介质。如果用户是在自己的计算机上进行操作，操作前必须先安装 CA 证书。一般所访问的系统如果需要使用数字证书会自动弹出提示框要求安装根证书，用户直接选择确认即可；用户也可以直接登录 CA 中心的网站，下载安装根证书。操作时，一般系统会自动提示用户出示数字证书或者插入证书介质（IC 卡或 Key），用户插入证书介质后，系统将要求用户输入密码口令，此时用户需要输入申请证书时获得的密码信封中的密码，密码验证正确后，系统将自动调用数字证书进行相关操作。使用后，用户应记住取出证书介质，并妥善保管。当然，不同系统的数字证书会有不同的使用方式，但系统一般会有明确提示，用户使用起来都较为方便。

5. 应用

随着 Internet 的普及、各种电子商务活动和电子政务活动的飞速发展，数字证书的应用越来越广泛，主要包括发送安全电子邮件、访问安全站点、网上招标投标、网上签约、网上订购、安全网上公文传送、网上缴费、网上缴税、网上炒股、网上购物和网上报关等。大家最为熟悉的用于网上银行的 USBkey 和部分使用数字证书的 VIEID（网络身份证）也属于数字证书。

6.2.2 实训内容

题目：下载安装电子数字证书，并完成证书导入、导出基础操作（以数安时代安全电子邮件证书为例）。

证书说明：此免费证书为客户端个人邮件证书，证书主题中只显示已经验证的电子邮件地址，不显示姓名；每个 E-mail 只能申请一次，如果确实收不到证书颁发系统发送的邮件，可换一个 E-mail 重新申请；如果在一个工作日后还没有收到颁发证书通知 E-mail，可能是申请被拒绝，只能重新申请。

（1）申请数字证书。访问数安时代首页网址（https://www.gdca.com.cn），如图 2-6-7 所示。

图 2-6-7　数安时代首页

（2）左上角“产品中心”—“GDCA 免费邮件证书”—右上角“注册”，如图 2-6-8 所示，填写邮箱、密码等注册信息，邮箱即为电子邮件收发邮箱，申请的证书绑定邮箱且不能修改（最好使用新浪邮箱）。

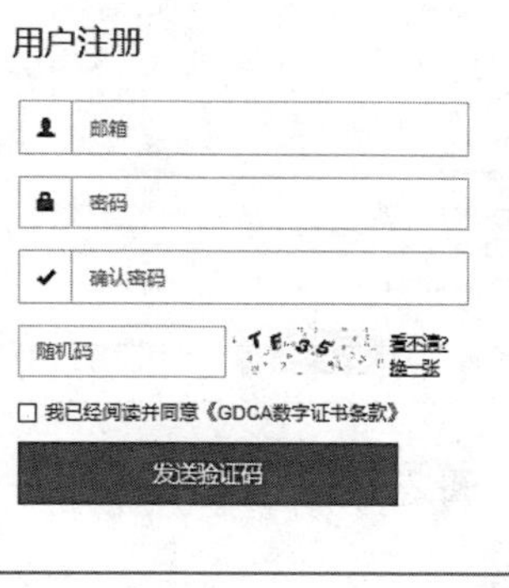

图 2-6-8　证书申请注册

（3）登录进入邮箱“收件夹”，输入官方发送的验证码进行验证，如图 2-6-9 所示。

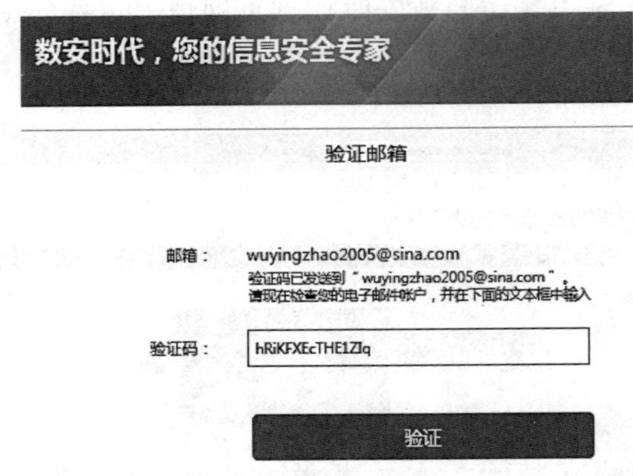

图 2-6-9　验证码输入

（4）点击“验证”，进入数安时代个人管理中心，如图 2-6-10 所示。

图 2-6-10　个人管理中心

（5）点击“免费申请”—“点击发送 E-mail 验证邮件”，进入邮箱查看验证码并填写验证码、密码（此处设置数字证书密码，务必记住）等申请信息，如图 2-6-11 所示。

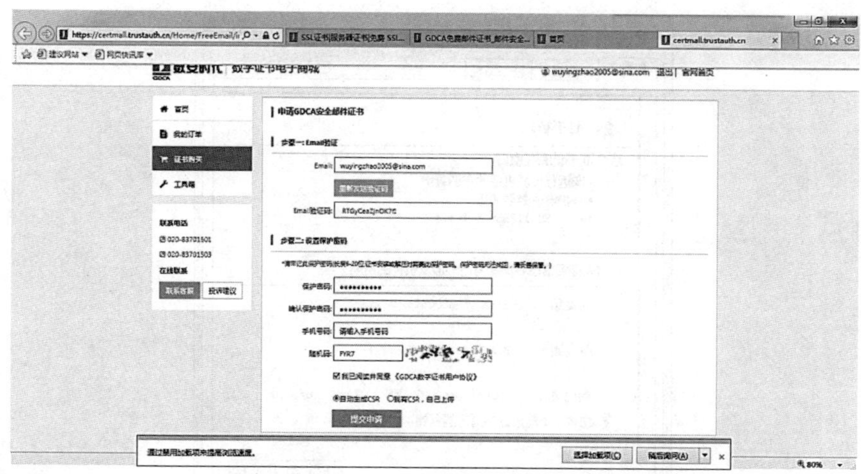

图 2-6-11　证书申请信息填写

（6）点击“提交申请”—“下载证书”，证书为压缩包文件。

（7）安装证书。双击证书压缩文件—双击 wuyingzhao2005@sina.com.pfx *，输入证书密码进行解压缩安装，默认“下一步”且输入证书私钥密码直至安装成功。

（8）查看安装的数字证书。安装证书后，在 IE 浏览器中操作：工具—Internet 选项—内容—证书，可以查看个人数字证书相关信息，如图 2-6-12 所示。

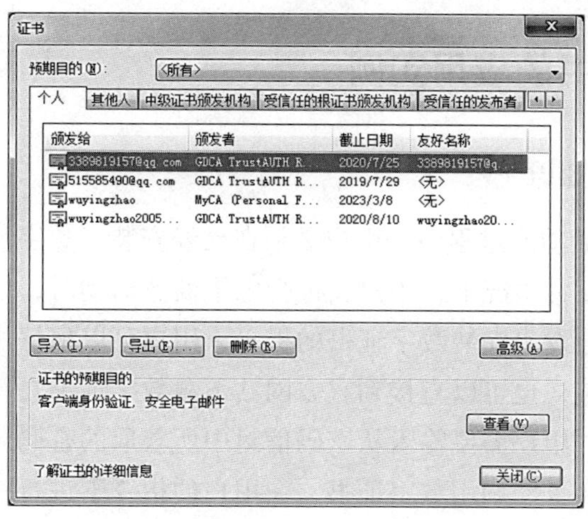

图 2-6-12　查看安装证书

（9）查看证书具体内容。双击证书，可查看证书颁发机构、详细信息及证书路径等，如图 2-6-13 所示。

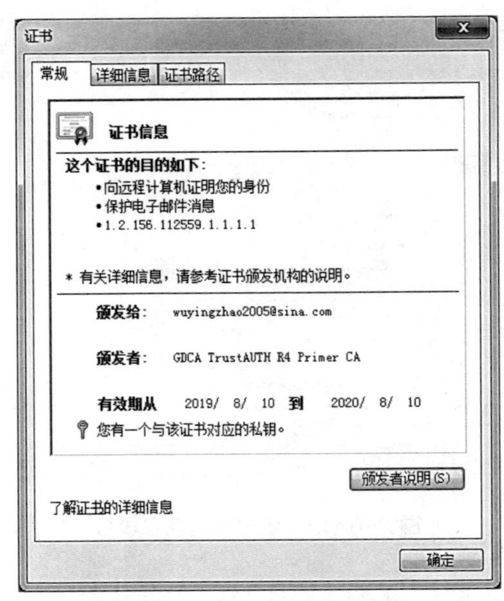

图 2-6-13 证书具体内容

（10）数字证书的导出与导入。接着上面的步骤点击“导入”和“导出”进行证书的导入和导出，导出后的文件如，注意，由于证书一个邮箱只能申请一次，请导出证书后务必保存好个人存盘，以免丢失。

6.3 数字证书的应用实例

6.3.1 基础理论知识

在电子商务活动的过程中，用户必须在已经安装了数字证书的计算机上进行相关操作。在正常情况下，用户在进行电子商务活动时，如果未安装数字证书，那么系统就会发出安装数字证书的提示，用户可以根据相关提示进行数字证书的下载与安装，也可以直接到官方网站下载数字证书自行安装。在数字证书安装完成之后，用户需要输入从密码信封中所获取的密码，在对密码进行验证之后，系统就会自动调用数字证书，在用户的指令下进行一系列的操作。完成操作之后应该将 IC 卡或者 Key 及时取出并保管好。不同的证书在不同的系统下使用方法也存在很大的差异，但是一般只要按照系统的提示进行操作，就不会发生较大的安全问题。

我们以数字证书在网络安全中的应用为例。

1. 授权身份管理

在整个网络信息系统中，授权管理系统是基础设施之一，对网络的安全性具有重要制约。授权管理系统通过对用户或者程序提供授权服务并验证测试单位身份的方式提供授权与访问等内容。同时授权服务系统还给出了关于系统开发与管理的控制机制，从根本上简化了具体应用系统的开发与维护。授权管理是基于相互的认同，只有正确地利用数字证书，有效完成系统的用户认证，才能达到安全保护的终极目标。例如，在进行某教育云平台的设计过程当中，采用了一种基于数字证书的身份认证技术。该证书系统主要包含两个重要的模块，即签名验证核心服务模块和安全管理模块。签名验证核心服务通过服务端部署的 API，接收应用端发送的签名服务请求，并返回签名或验证服务结果。安全管理以 B/S 方式提供，管理员可以通过 Web 浏览器直接对各种证书服务和系统进行集中管理和配置。具体流程如图 2-6-14 所示。

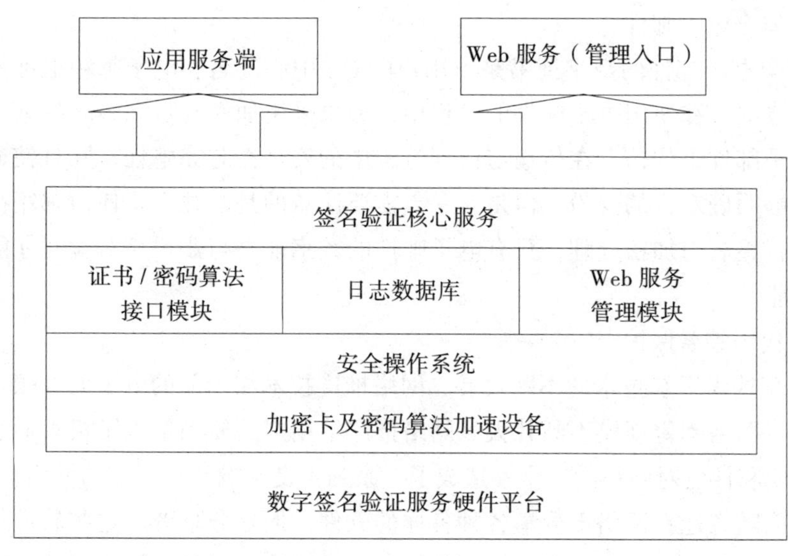

图 2-6-14　数字签名服务

2. 可信网站服务

随着互联网在社会生活中的作用日益重要，各种各样的网站不断涌现出来，其中存在着大量的假冒网站与钓鱼网站，这些网站的目的是窃取用户具有经济价值的账户，或者直接进行欺诈活动，对网络的安全性造成了不良影响。通过数字证书的运用，用户可以轻松地避开钓鱼网站。当用户在进行电子商务活动时，如果觉得某个网站的可靠性存在一定的问题，在进行信息传输时就可以通过数字证书进行加密处理，确保自己的支付工具与银行账号等信息不会被不法分子所盗用，从而确保本人信息的安全性，同时用户可以对该网站的数字证书进行查看，判断该网站是否为钓鱼网站。

3. 安全终端保护

部分行业为了避免信息外泄，通常会将信息存储在终端机中，这部分信息一般具有较高的价值，其安全性会对企业或整个产业的健康发展造成很大影响。为了避免终端机中信息被不法分子篡改或者盗取，当前主流的方式还是采用以数字证书为核心的系统登录方法，使用动态加密技术对存储在终端机中的信息进行保护。采用数字证书作为验证方式的系统，可以阻止没有权限的用户对终端机进行访问，而有权限的用户则可以对终端机进行安全访问。还可以采用数字信封技术对终端机中的重要信息进行加密处理，使部分信息的访问必须具有指定的数字证书，从而提高终端机内数据的完整性与机密性。

4. 安全电子邮件

安全电子邮件的数字证书是由用户的 CA 中心签名、电子邮箱地址与公钥共同组成的，在使用电子邮件的过程中，如果采用加密与数字签名的证书就能确保电子邮件中的信息在传输与访问过程中的安全性与完整性，并且使通信的双方能够明确对方的身份。但是有一点需要注意的是，并不是任何邮箱都能对文件进行签名与加密处理，只有电子邮件的数字证书与账户相对应时才能实现以上功能。

5. 代码签名保护

随着搜索引擎技术的不断发展，网络推广技术在当前的电子商务领域中大量存在，网络销售规模不断壮大。网络推广给用户的使用带来了极大便利，但是这种便利性也对网络的安全性造成了一系列不良影响。在当前的网络推广中，用户可以随意地在网络上分享各种各样的软件，但是分享者对这些软件是否安全却并不是很清楚，也不对这些软件的安全性负责，而是由软件开发公司对软件的安全性负责。由于互联网是一个开放的环境，其中充斥着各种各样的非法软件与盗版软件，用户使用盗版软件则会给信息的安全性带来一定的影响。软件用户可以采取数字签名技术，从而确认供应商的真实身份，降低假冒软件带来的安全风险。

6.3.2　实训内容

（1）使用数字证书收发签名邮件（需要两位同学互相配合，下同，且两题必须按照顺序完成操作）。

① 打开 Outlook 2007，左上角“新建”，如图 2-6-15 所示，填写收件人、主题等邮件具体信息。

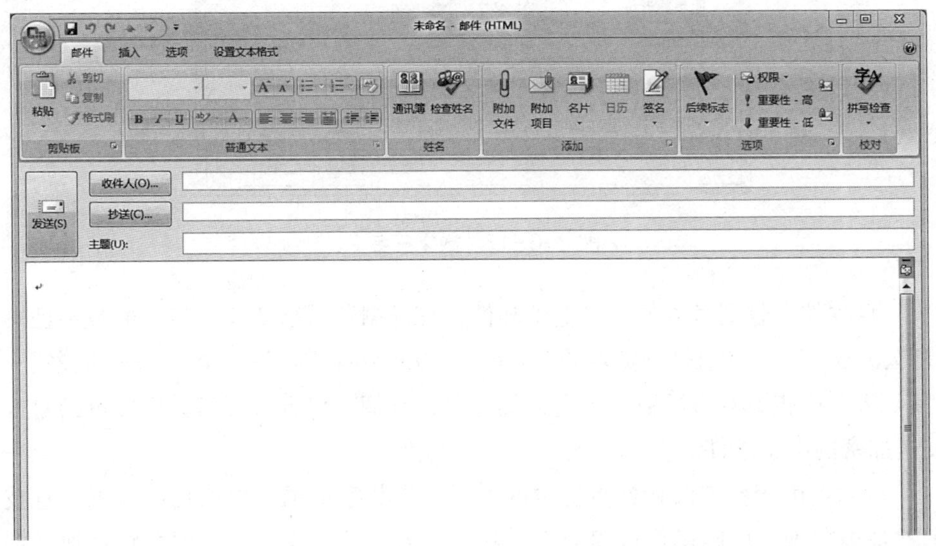

图 2-6-15　第三方邮件软件收发邮件

② 收件人填写对方的邮件地址，主题和内容任选，右上角的数字签名，如图 2-6-16 所示。

图 2-6-16　数字签名 1

③ 接着上图的“选项”—“更改安全设置”—勾选为此邮件添加数字签名，选择相应的数字证书—“确定”，如图 2-6-17 所示，勾选将证书和签名邮件一同发送，点击“发送邮件”，发送成功后对方即可收到带有数字签名的证书。

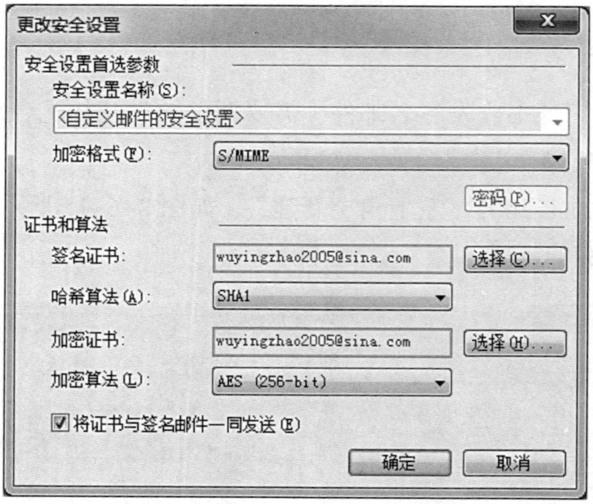

图 2–6–17　数字签名 2

④ 收件人收到对方的签名电子邮件，打开浏览后默认安装对方的数字证书（即公开密钥），可通过浏览器的“工具”—“Internet 选项”—“内容”—“证书”—“其他人”中查看对方的数字证书详细信息，且拥有对方公开密钥后即可给对方发送加密的电子邮件。

注明：由于数安时代站点提供的电子邮件数字证书免费版功能有限，且技术不是很完善，可能操作过程会产生延迟、需要手动安装、个别电脑添加证书选项无法获取标识等，需要咨询相关客服或者下载收费证书使用解决。

（2）使用数字证书收发加密邮件。一定要先收到对方的签名邮件才能给对方发送加密邮件（如果收到对方发送签名的邮件但是并没有安装对方的数字证书，可尝试让对方导出不含私钥的数字证书直接发给你安装），具体操作参考签名邮件的收发。

① 查看收件箱加密邮件，有锁的标签，如图 2–6–18 所示。

图 2–6–18　数字加密邮件标签

② 如果没安装自己个人的数字证书，无法查看该邮件，安装后方可查看，如图 2–6–19 和图 2–6–20 所示。

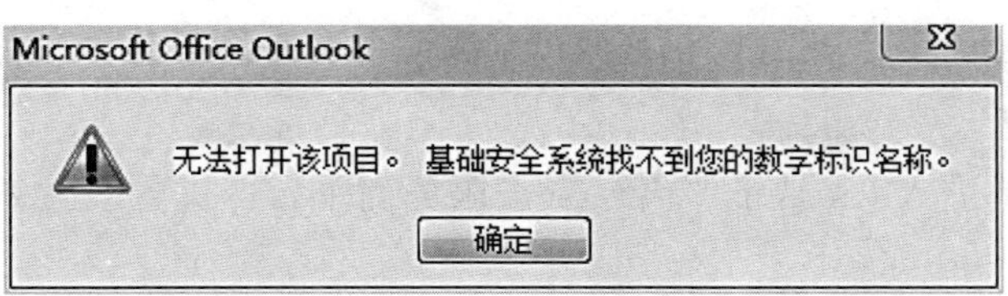

图 2-6-19　数字加密邮件打开失败

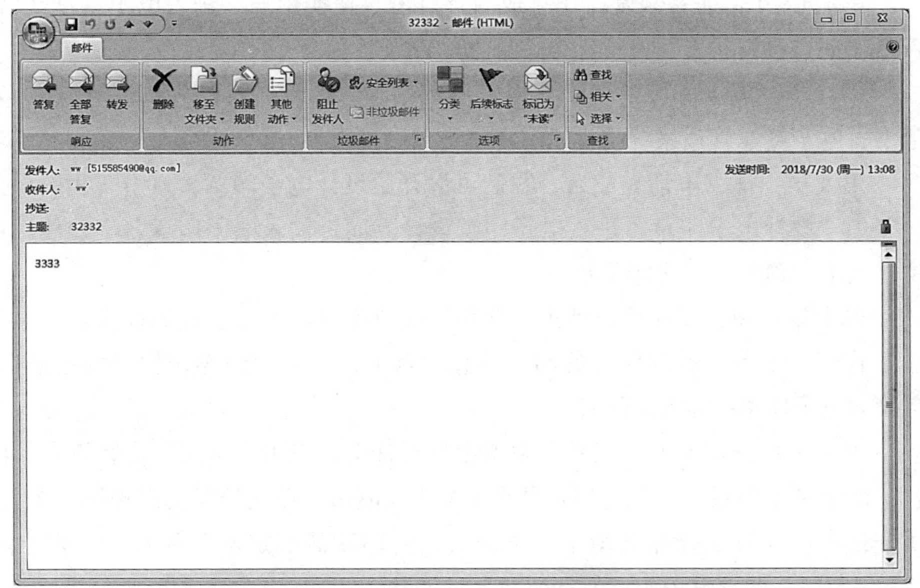

图 2-6-20　数字加密邮件打开成功

6.4　信用认证和电子签章管理

6.4.1　基础理论知识

1. 电子签章平台数字证书操作

第一步：在角色选择中选择已经注册平台的用户名，点击“进入”链接进入操作界面。

第二步：在左侧“我的操作台”中选择数字证书栏下的“证书申请”申请证书。

第三步：证书申请流程参见“CA 认证平台用户证书申请”操作。

第四步：证书审核需要切换到CA认证平台进行操作，使用“切换用户”功能切换用户。

第五步：进入CA认证平台，点击服务商平台“进入”按钮进入CA认证服务商平台。

第六步：在CA认证服务商平台操作界面中，点击“挂起的申请”进行颁发操作。

第七步：CA证书颁发操作完成后，点击“切换用户”进入电子签章平台。点击“证书申请状态”查看已申请证书的审核状态。

第八步：点击相应的“Web浏览器证书”，如果CA证书服务商已经颁发证书，电子签章管理系统将显示“证书已颁发”页面。

第九步：证书申请完成后，我们可以开始设计电子印章，点击“我的操作台”中“设计电子印章”进入电子印章设计界面，输入电子印章名字和使用单位，点击“预览”查看印章状态。

第十步：预览完成后，点击“保存”按钮保存印章，在我的操作台“电子印章管理”中可以看到保存的印章信息。点击印章右边的操作栏“绑定证书”链接为电子印章绑定CA证书。

第十一步：在证书绑定界面中点击选择证书，点击“绑定”进行绑定。注意，由于是模拟系统，无论申请几个CA认证证书，在此处只会出现第一个CA认证证书；而真实操作环境中，不同公司的印章需绑定不同的CA认证证书，使用CA认证确定电子印章的有效性。

若操作成功，系统会弹出证书绑定成功提示框，至此我们设计的CA证书就可以使用了。

2. 电子签章平台合同订立操作

在电子签章平台中注册两个用户，一个作为合同甲方，一个作为合同乙方，且甲乙双方都已经设计了电子签章并绑定CA证书。

第一步：在角色选择中选择已经注册平台的甲方用户名，点击“进入”链接进入操作界面。

第二步：在左侧“我的操作台”中选择合同维护栏下的“合同维护”进行电子合同订立操作。点击“合同设计”，在右侧页面中填写合同文本。

第三步：合同内容填写完成后点击“保存”按钮保存合同文本，系统会弹出合同设计成功提示框。注意，由于是模拟系统，填写的合同内容、权利和义务以及违约责任都将不被保存，而是以默认文本代替。

第四步：在左侧“我的操作台”中选择合同维护栏下的“合同草稿管理”查看已经保存的合同目录。点击“盖章签字”链接进行甲方合同操作。

第五步：在系统切换后的界面中，查看合同甲乙双方公司名称及产品名称信息是否正确，点击右上方的“盖章”按钮为合同盖章。

第六步：在系统弹出的选择印章对话框中，选择电子印章，点击“确定”继续操作。

稍等一会儿后，印章会在合同中出现，点击印章的边缘或文字部分将其拖到合同甲方盖章位置。

第七步：点击右上方的“签字”按钮为合同签字。在中间的框中手写签字，并按“保存”按钮保存签名。

第八步：等待一会儿后，在合同上会出现签字，将签字拖至指定位置。

第九步：甲方完成合同的签字盖章后，点击“发送”按钮将合同发给乙方。

第十步：在弹出的“选择接收者”对话框中，选择乙方账号，点击“确定”将合同发给乙方。

第十一步：接下来需要切换到乙方电子签章用户进行操作，使用“切换用户”功能切换用户。

第十二步：点击乙方用户名对应的“进入”按钮进入乙方账户。

第十三步：点击乙方操作台，选择合同维护栏下的“收到的合同”查看收到的合同。

第十四步：点击“收到的合同”链接后，右侧内容页会显示接收到的合同，同样选择“盖章签字”进行乙方盖章签字操作。

第十五步：与甲方签字盖章操作一致，选择乙方电子印章并签字，并将电子印章以及签名拖到乙方签章位置。

第十六步：点击合同页面右侧的“合同生效”按钮完成电子合同订立操作。

第十七步：接下来切换到甲方电子签章用户进行操作，使用“切换用户”功能切换用户。

第十八步：点击甲方用户名对应的“进入”按钮进入甲方账户。

第十九步：点击乙方操作台，选择合同维护栏下的“已发送的合同”查看已发送的合同。

从右侧的内容页中我们可以看到，合同状态已更改为“已生效”，点击“查看详细”链接查看已生效的合同。

使用甲方可以看到经过双方盖章和签字的合同，由于模拟系统限制，乙方账号无法看到这一情况。

3. 企业信用认证平台用户注册

在进行企业信用认证相关实践之前，请先完成电子签章，并申请相应的企业网上银行账户。

第一步：在角色选择中选择信用认证平台，点击“进入”链接进入操作界面。

第二步：系统跳转到信用认证平台首页，点击“注册”按钮注册用户。

第三步：在系统跳出的用户注册页面中，输入基本信息，点击“看过并同意服务条款，确认提交”按钮确认注册信息。

4. 企业信用认证平台服务商基本操作

第一步：在角色选择中选择服务商平台，点击“进入”链接进入操作界面。

第二步：系统跳转到服务商平台首页，点击“支付管理”菜单“银行账户管理”链接绑定服务商网银。在右侧银行账户管理界面中，点击“新增账户”按钮进行下一步操作。

第三步：选择已经开通企业付款通道功能的企业账号作为服务商收取服务费账号进行网银绑定。点击“提交”完成网银绑定。

第四步：点击“会员管理”菜单“会员资料管理”链接查看和管理已经注册的会员信息。

第五步：点击具体会员可以进行注册会员资料修改。

5. 企业信用认证平台服务商审核客户企业信用

第一步：在角色选择中选择服务商平台，点击右侧“进入”链接进入操作界面。

第二步：点击信用认证服务商平台“业务中心”菜单“未审核的认证企业”链接，审核用户提交的企业信用认证信息。

第三步：在右侧内容页中查看用户提交的企业认证信息，点击操作栏中的“审核”链接进行审核。

第四步：在系统跳转的企业认证详细信息页中填写和选择信用审核指标信息，并选择审核状态，点击“审核”按钮以确认通过或不通过审核。

第五步：已审核的企业将出现在业务中心菜单“已审核的认证企业”名录下，通过点击业务中心菜单“已审核的认证企业”链接可以查看企业认证审核状态，点击操作栏中“重审”链接可以对该企业信用评级进行重新审定。

6.4.2 实训内容

除了安全电子邮件数字证书外，数安时代网站还提供了可信手写签名、电子印章、文件保护、时间戳服务、SSL 数字证书、代码签名证书和 PDF 文件证书等电子安全服务，其中大部分服务分企业和个人证书服务且收纳一定的费用。

题目：以数安时代网站为主，其他数字证书服务网站为辅，查找相关资料，分别介绍以上证书的功能、特点与作用原理。

实训思考

一、选择题

1. 计算机病毒是指（　）。

A. 具有破坏作用的特制程序

B. 带细菌的磁盘

C. 已经损坏的磁盘

D. 优良程序

2. 对称密码技术中 DES 是（　）。

A. Data Encrypt ion Standard

B. Data End System

C. Data Encrypt ion System

D. Data End Stardard

3.（　）协议是用于开放网络进行信用卡电子支付的安全协议。

A. SSL　　B. TCP/IP　　C. SET　　D. HTTP

4. CA 认证中心主要承担电子商务中的交易认证、（　）、身份审核等服务。

A. 伏路把关　　B. 数据加密

C. 证书签发　　D. 信息传递

二、问答题

1. 为什么说安全问题是电子商务得以健康发展的核心问题？

2. SSL 和 SET 协议各有什么优缺点？对称密钥加密和非对称密钥加密各有什么特点？

3. 防火墙在电子商务网络中的地位和作用是什么？

4. 简述数字签名与传统签名的相同之处与不同之处。

5. 简述计算机病毒的特点与分类，并简述网络病毒的防治方法。

7 电子商务法律法规与知识产权

【导入案例】

2015 年 360 互联网安全中心发布的《2015 年青少年上网安全分析报告》指出：中国 16 岁以下青少年网民有 1 亿～ 1.2 亿，占全国网民的 16% ～ 20%。手机是中国网民上网的主要设备，中国使用手机上网的网民达到了 85.8% ，高于使用台式电脑、笔记本电脑等其他设备的上网比例，而这一特点在青少年当中可能更为突出。在智能手机高度普及的今天，家长通过强制方式阻止孩子上网的手段可能已经不再奏效。

青少年可以通过手机、iPad 等移动设备体验网络购物乐趣，与此同时也可能做出一些错误行为。一名 8 岁的男孩在玩手机游戏的过程中，以其父亲的账号购买了价值不菲的精良装备，当家长发现时网上支付已经完成，虽然几经波折联系上游戏运营商，要求游戏运营商退款，但游戏运营商不同意退款，双方因此发生纠纷。

有人认为，网络与电子商务是一种新的媒介、新的媒体，但不是新的社会关系。电子商务合同订立在虚拟的世界，却在现实社会中得以放行，因而它不是新的法律关系，应该也能受现行法律调控。而我国现行的《民法通则》规定，不满 10 周岁的未成年人是无民事行为能力人，不能独立进行民事活动。因此，这个案件中家长有权拒绝购买。

另一种观点认为，不少人把电子商务的过程当作一件有趣、好玩的事情，根本没想到也不可能踏踏实实地履行合同，这就容易出麻烦，如果没有限制规则，电子商务就没有信用、无法履行。那么怎样进行限制呢？一些学者提出，在电子商务合同中应明确规定对方当事人的年龄，或在合同履行中不与无相应民事行为能力的人进行交易条款。对家长或其他监护人来说，首先应该告知家中的儿童或心智不成熟的其他非完全行为能力的民事主体，网络购物应该由家长陪同进行，只能签订特定的小额、简单的电子商务合同。

在这一案例中，因为 8 岁男孩是用其父亲游戏账号进行购物的，账号并没有实名绑定，没有保存购物人的年龄等信息，网站也没有审查购物者身份。网站没有尽到自己的监管义务，对合同的无效应当承担责任。8 岁男孩的父亲由于未妥善保管自己的手机和游戏账号，监护未成年人确有疏忽，致使发生了这次交易行为，也应当承担相应的责任。

7.1　电子商务法律法规

7.1.1　基础理论知识

电子商务无论作为一种交易方式、传播媒介还是企业组织的进化形式，都在广度与深度上取得了前所未有的进展。与此同时，电子商务发展的基础环境问题，尤其是电子商务的法律环境，也越来越引起人们的关注。一方面，电子商务的各个环节与问题都直接影响着相关法律、法规的制定；另一方面，法律环境的每一个细节与措施也都左右着电子商务的前程。所以，及时制定一系列与电子商务相关的法律、法规，完善我国的电子商务政策法律环境，不仅可改善我国的电子商务基础环境，从根本上促进我国电子商务与网络经济的发展，还可以使我们的以信息化带动工业化，实现现代化的伟大构想更早实现。在1998年亚太经合组织第六次领导人非正式会议上，我国领导人曾指出，电子商务代表着未来贸易方式发展的方向，其应用推广将给各成员带来更多的贸易机会。发展电子商务不仅要重视私营、工商企业的推动作用，也应加强政府部门对发展电子商务的宏观规划和指导，为电子商务的发展提供良好的政策和法律法规环境。

1. 电子商务法律的概念

电子商务法律的概念有广义和狭义之分，严格地说，狭义的电子商务法属商法与国际商法范畴，主要用于规范电子商务活动中双方的权利义务、合同以及相关的程序要件，包括电子签名法、电子合同法等。而广义的电子商务法范围要广得多，除电子签名、电子合同外，还包括对电子商务基础环境、安全认证、消费者保护、信息发布、责任承担等多个环节的规范和调整。

电子商务所引发的法律问题主要是指传统的法律体制如何接纳、调整这种新型的贸易方式，从而使其合法合规地健康发展。从世界发展现状来看，电子商务无论从体系上、组织上、模式上、法律上、管理上、技术上均还未完全成熟，各国也都处于摸索阶段。一般来说，立法相对于现实生活具有滞后性，而且电子商务是无确定界限的商务活动，它不仅提供新的商机，也带来了新的不确定因素。尽管电子商务是全球性的活动，但调整它的法律却是属于国家范围内的，公司、企业面临的是互相矛盾的不同国家法律系统，而各国法律均具有规制电子商务的可能性，那将会使电子商务的发展受到严重的阻碍。

电子商务涉及的法律问题的范围很广。

首先是民商法。交易主体的虚拟性和商品销售形式的无形化、信息化，尤其是电子商务过程的无纸化、无记录决定了它不可追踪。这些特点从根本上动摇了传统民商法对平等主体当事人之间，在“面对面”情况下所发生的法律关系进行调整的根基。

消费者通过网络进行商品或服务的消费，这势必要求其披露某些受到法律所保护的个人信息，诸如往来信件、收支账目、职业与教育情况、健康与医疗情况、婚姻家庭情况、出生年月、身份证号码等，其中的相当大一部分属于消费者的个人隐私信息。而在电子商务中，消费者不得不通过披露自己隐私接受所需商品和服务。保护好这些脱离了本人控制的隐私具有重要的法律意义。

其次是刑法。与传统的刑法和刑事诉讼法有关的问题较多，主要是对电子商务中出现的犯罪的认识以及如何适用刑罚和适用什么样的刑罚的问题。电子商务中出现的犯罪可以分为三大类。

（1）利用计算机和网络工具实施的传统类型的犯罪。比如，通过网络进行诈骗等犯罪，这类犯罪原则上适用于传统的刑事法律，但对其中诸如管辖等问题也要做出进一步明确的规定。

（2）与计算机有关的犯罪。比如，对计算机数据进行修改。假冒他人身份并窃取计算机信息的犯罪。

（3）电子商务中特有的犯罪。诸如通过互联网终端非法进入他人计算机设施、破译他人的密码、使用他人的计算机资源、利用互联网向他人的计算机系统散布计算机病毒等犯罪，这些类型的犯罪需要重点研究。

然后是行政法。发生在电子商务活动中的违法却未达到应受刑法处罚的行为，比如在计算机信息系统安全、有害数据防治、安全专用产品销售许可等制度中所涉及的行政违法行为以及在电子商务中出现的违反税收征管、侵犯知识产权和消费者隐私权的违法行为的行政责任问题。对它们进行深入研究有助于弥补我国传统法律在电子商务中的行政责任的缺失，以便使我国的法律监控体系更加严密。

最后说经济法。计算机网络使进行经济交往的方式发生改变。主要体现在以下几个方面。

（1）电子银行、电子货币使经济往来形式和传统的付款方式受到冲击。

（2）网上交易无纸化和无单据化，使建立在交易和簿记会计制度上的税收征管制度无法正常运转。

（3）计算机网络的出现对知识产权制度也提出了同样严峻的挑战。

2. 电子合同

（1）电子合同的概念与特点。在合同法理论上，合同又称契约，其本意为共商交易。根据《中华人民共和国合同法》第二条规定：“合同是平等主体的自然人、法人、其他组织之间设立、变更、终止民事权利义务关系的协议。”可见，合同反映了双方或多方当事人就某一方面达成一致的法律行为。在市场经济条件下，绝大多数交易活动通过缔结和履行合同来进行，而交易活动是市场活动的基本内容，无数的交易构成了完整的市场，因此合同关系是市场经济社会最基本的法律关系。

随着电子技术的发展，电子商务正在被越来越多的商家所采用，电子合同出现。电子合同，亦称电子商务合同，目前我国对电子合同尚未做出明确的法律定义，世界各国在有关电子商务的立法中也没有一个权威性的统一解释。联合国《电子商务示范法》第二条规定：“‘数据电文’系指经由电子手段、光学手段或类似手段生成、储存或传递的信息，这些手段包括但不限于电子数据交换（EDI）、电子邮件、电报、电传或传真。”《中华人民共和国合同法》第十一条规定：“书面形式是指合同书、信件和数据电文（包括电报、电传、传真、电子数据交换和电子邮件）等可以有形地表现所载内容的形式。”这样，《中华人民共和国合同法》实际上把电子合同纳入了书面形式。

从法学研究的角度来看，电子合同的定义是研究电子合同其他方面问题的一个逻辑起点，也是电子合同立法的一个重要前提。因此，从理论上对电子合同进行定义是非常必要的。根据联合国《电子商务示范法》以及世界各国所颁布的电子商务（交易）法，结合《中华人民共和国合同法》的有关规定，可以给出这样的定义：电子合同是平等民事主体之间通过电子信息网络，主要以电子邮件和电子数据交换等形式设立、变更、终止财产性民事权利义务关系的协议。通过上述定义可以看出电子合同是以电子方式所订立的合同，主要是指在网络条件下当事人为了实现一定的目的，通过数据电文、电子邮件等形式签订的明确双方权利义务关系的一种电子协议。

电子合同作为一种崭新的合同形式，它与传统合同所包含的信息大体相同，即同样是对签订合同各方当事人的权利和义务做出确定的文件，其成立同样要具备要约和承诺两个要件。在订立电子合同的过程中，合同的意义和作用并没有发生改变，但其签订过程和载体已不同于传统的书面合同，其形式也发生了很大的变化。通过将电子合同与传统合同进行比较，可以清楚地看到它的以下几大特征。

① 电子合同为无纸合同，只是通过电信信号表示，没有书面，没有原件。

② 有些情况下，电子计算机系统自动撮合，可以不通过人订立合同。什么时间发出邀约，什么时间承诺，难以弄清楚。

③ 电子合同与一般合同在签署、生效的条件上不同，传统的方式是签字、盖章，而电子合同只是电子识别，既无法签字也无法盖章。

④ 传统的合同签订只是合同的双方，而电子合同则有第三方即网络经营者的参与。电子信息先发给网络经营者，网络经营者再发给收件人，因此一切电子交易均与其有关。

（2）电子合同的订立。通过计算机网络系统订立合同，近年来在国外发展迅速，我国也已出现网上交易形式并且发展很快。目前，电子合同主要通过互联网，采用电子邮件（E-mail）和电子数据交换（EDI）方式订立。

电子合同作为一种新生事物，必然存在着许多问题，如何解决这些问题，特别是如何从法律上加以规范是保障电子合同能否健康发展的前提。为此，我国应对现行的法律、法规进行修改和完善，以全面系统地规范电子交易，这样既有利于电子商务在我国的推广与应用，也可以使我国法律在此方面能与国际公约和国际惯例接轨。

3. 电子商务中的知识产权

知识产权是基于创造性智力成果和工商业标记依法产生的权利的统称。广义的知识产权包括著作权（含邻接权）、专利权、商标权、商号权、商业秘密权、产地标志权、集成电路布图设计权等各种权利。狭义的知识产权包括著作权（含邻接权）、专利权、商标权。专利权、商标权又叫工业产权。

近几十年来，计算机网络技术迅速发展，数据信息共享的需求越来越旺盛，并发生了与知识产权固有特性的强烈冲突。"专有性"是知识产权突出的特点之一，而网络上的信息则是公开的、公用的，很难受到严格的控制。"地域性"是知识产权的又一特点，而网络传输的特点则是"无国界性"。知识产权与电子商务这些相反的特性导致了两者间的矛盾和冲突。

下面仅讨论与电子商务密切相关的几类，包括专利权、商标权、域名注册、版权、商业秘密等。

（1）专利权。专利是专利权的简称，指的是一种法律认定的权利。它是指对于公开的发明创造所享有的一定期限内的独占权。专利制度并非一成不变，它必须随着科学技术的发展所提出的新问题不断变化。网络技术对专利领域也提出了大量问题。例如，计算机软件能否成为专利制度保护的客体；互联网的广泛性和开放性对专利的“新颖性”特点提出了挑战；专利的电子申请方式涉及的法律问题，等等。这些都是网络环境需要讨论和解决的问题。

专利法中一般都规定授予专利的发明创造必须具有新颖性，新颖性是授予发明或实用新型专利的实质要件之一。传统的专利法并没有规定在互联网上公开发明创造应采取什么样的原则，因此在互联网上公布的发明是否还具有新颖性就是一个值得探讨的问题。

专利的电子申请在网络环境下也有了新的问题。电子申请就是以电子文件的形式，向国家知识产权主管行政机关提交有关专利的申请。而传统的做法是以纸质文件为载体进行的。世界知识产权组织（WIPO）起草的《专利法案条约》（草案）和《专利合作条约》细则的修改已确认了电子申请的合法性。日本专利局已于1990年12月开始接受专利的电子申请。韩国已经着手进行通过互联网申请专利的实验。美国、日本、欧洲三地专利局正在进行通过互联网联机申请专利的准备，并把实现专利文献无纸化作为今后的发展方向。

（2）域名和商标权。域名是一种资源标志符，是互联网主机的IP地址，可以转换成特定主机在互联网中的物理地址。域名作为一种在互联网上的地址名称，在区分不同的站点用户上起着非常重要的作用。域名是作为一种技术性手段建立起来的，在本质上并不是一种知识产权，因此域名本来并不能像商标那样作为知识产权受到保护。但是，随着域名商业价值的不断增强，法律已经开始将某些知识产权的权利内容赋予了域名，以保护权利人利益。

域名具有唯一性，即它在全球范围内是独一无二的，但同时域名又通常按照“登记在先”的原则进行登记，因此一旦有人先对某个名字进行了注册，其他人就不得再使用该名字命名网址。因为域名具有较高的商业价值，抢注者希望借助被抢注者的良好名誉得到网络用户的访问，一旦抢注成功，网络用户将无法访问该域名真正代表的被抢注企业的站点，而是访问抢注者的站点。法律应当制止这种恶意抢注行为，保护被抢注者的域名名称或商标利益。

我国对商标进行了如下定义：生产者、经营者为使自己的商品或服务与他人的商品或服务相区别，而在商品及其包装上或服务标记上使用文字、图形、字母、数字、三维标志和颜色组合以及上述要素的组合所构成的一种可视性标志。世界知识产权组织对商标的定义如下：用来区别某一工业或商业企业或企业集团的商品的标志。国际保护工业产权协会在柏林大会上曾对商标做出如下定义：“商标是用以区别个人或集体所提供的商品及服务的标记。”总之，商标应具有以下特征：是一种无形资产，具有价值；是商品信息的载体；是参与市场竞争的工具；具有独占性。

企业在电子商务中的商标使用行为是否构成商标侵权行为，还得进一步分析。从电子商务行为的实际效果来看，如果在先知识产权名称被他人抢注域名，公众看到该域名时，会认为使用该域名的网站与在先知识产权权利人存在着某种联系而访问该网站，客观上利用了在先知识产权的声誉，在网络领域无偿享有或占有了在先知识产权主市场知名度和影响力所付出的努力。这种行为从根本上违背了《中华人民共和国民法通则》“诚实信用、公平交易”的原则，给公平有序的竞争秩序造成损害，根据目前法律体系，这种行为构成了侵权行为。在电子商务中，随意将他人的注册商标作为域名使用，或者用作网络链接，或者在电子商务中随意诋毁他人商标信誉，或者使用他人商标装潢网页也都构成了商标侵权行为。总之，无论将商标、字号、商品（服务）名称作为域名，还是作为美化、装潢网页之用，它们在市场中所发挥的作用均体现在识别上，因此抢注域名以及美化、装潢网页可能给权利人造成的损害应体现在“误认”方面。一旦将他人商标、字号、商品（服务）名称作为域名或电子商务中的内容，且造成双方产品或服务的误认的，那这种行为就属于侵权行为。

（3）版权。所谓版权，有时也称作者权，在我国被称为著作权，是基于特定作品的精神权利以及全面支配该作品并享受其利益的经济权利的合称。一般来讲，版权的客体是指版权法所认可的文学、艺术和科学等作品。但是，在信息时代，计算机软件、数据库、多媒体技术给版权的客体带来了新的内容。目前世界上已经建立了一个比较全面的版权保护法律体系，将计算机软件纳入版权保护中，给软件提供更加及时和完善的保护。1972 年，菲律宾第一个把“计算机程序”列为“文学艺术作品”中的一项，1980 年以后，美国、匈牙利、澳大利亚及印度先后把计算机程序或者计算机软件列为版权法的保护客体。1985 年之后，又有日本、法国、英国、联邦德国、智利、多米尼加、新加坡等国以及我国台湾与香港地区，都把它列到了版权法之中。1990 年，我国制定的《中华人民共和国著作权法》《计算机软件保护条例》和《计算机软件著作权登记办法》等建立了对计算机软件的保护。

在讨论电子商务的版权侵权问题时，尤其需要注意的是网络服务商侵权问题和链接侵权问题。网络服务商根据其提供服务内容的不同，主要分为网络内容服务商和网络中介服务商两大类。网络内容服务商指自己组织信息通过网络向公众传播的主体。网络内容服务商会提供一些网页，这些网页上面的内容就存储在网页所在的服务器上。如果网络内容服务商提供的内容服务未经版权人允许，则构成了对作品的复制权和传播权的侵犯。网络中介服务商的基本特征是按照用户的选择传输或接受信息，其本身并不组织、筛选所传播的信息。此基本特征决定了其在版权保护法律体系中具有与网络内容提供商不同的法律地位，使其可能承担的侵权责任问题更复杂，更具有时代性。

信息共享始终是互联网的理想追求，因此链接技术的出现深受人们欢迎。所谓链接是指使用超文本标记语言 HTML 的标记指令，通过统一资源定位器（Uniform Resource Locator，URL）指向其他内容。链接的对象可以是一个网站，也可以是网站中的某个网页，甚至是网页中的某个组成部分。关于链接技术的侵权问题目前并没有一个统一的说法，不同的国家有很大的差别。

（4）商业秘密。根据目前我国的立法情况，在网络环境下保护网络用户的商业秘密可以采取多种形式，分别依据不同法律。一方面，网络用户可以通过订立保密合同或在合同中加入保密条款对商业秘密进行保护。信息网络对信息贸易的拓展，向网络用户提出了两个问题：在贸易达成后，如何保证受让方在履约期间和协议期满之后的一定时间内，不向外泄露商业秘密；若交易未达成，如何保证对方当事人不使用和不向外泄露商业秘密，这是订立保密协议时需要特别注意的。另一方面，网络用户可以依据《中华人民共和国反不正当竞争法》来保护自己的商业秘密。当自己的商业秘密被人侵犯时，权利人可依《中华人民共和国反不正当竞争法》获得民事和行政保护。经营者违反本法第八条规定对其商品作虚假或者引人误解的商业宣传，或者通过组织虚假交易等方式帮助其他经营者进行虚假或者引人误解的商业宣传的，由监督检查部门责令停止违法行为，处二十万元以上一百万元以下的罚款；情节严重的，处一百万元以上二百万元以下的罚款，可以吊销营业执照。再一方面，我国刑法第二百一十九条还专门规定了侵犯商业秘密罪，也是网络用户保护自己商业秘密的重要依据。

4. 电子商务中的隐私权

隐私权是指社会公民的个人和生活不被干扰的权利与个人资料的支配控制权。隐私权是人权的一种表现形式。随着电子商务的应用和普及，有些商家在利益驱使下在网络应用者不知情或不情愿的情况下采取各种技术手段取得和利用其信息，侵犯了上网者的隐私权。网络隐私数据如何得到安全保障，这是任何国家发展电子商务中都会遇到的问题。对网络隐私权的有效保护，成为电子商务顺利发展的重要市场环境条件。在电子商务环境下，如何保护隐私权成为法学界、经济界、技术界普遍关注的问题。

具体到网络与电子商务中的隐私权，涉及对个人数据及企业的商业秘密的收集、传递、存储和加工利用等各个环节中的保护隐私权利的问题。从权利形态划分可分为隐私不被窥视的权利、不被侵入的权利、不被干扰的权利、不被非法收集利用的权利。从权利的内容划分可以分为个人特质的隐私权（姓名、身份、肖像、声音等）、个人资料的隐私权、个人行为的隐私权、通信内容的隐私权和匿名的隐私权等。其中，隐私不被窥视、侵入的权利主要体现在用户的个人信箱、网上账户、信用记录的安全保密性上；隐私不被干扰的权利主要体现在用户使用信箱、交流信息及从事交易活动的安全保密性上；不被非法收集利用的权利主要体现在用户的个人特质、个人资料等不得在非经许可的状态下被利用。

5. 电子商务活动中的税务

电子商务极大地促进了世界经济贸易的发展，显示出了越来越强大的生命力。同时，它全新的商务运作方式对传统的商业经济管理模式和方法形成了巨大冲击，特别是对现行税收制度、税收管理模式提出了全面挑战。中国电子商务的交易总额在 2004 年达到 4 400 亿元人民币，2005 年激增至 6 200 亿元人民币。中国电子商务市场已经进入务实发展阶段，跨越了概念炒作和短期利益行为阶段，正在为赢利和长期发展做积极准备。电子商务将成为中国互联网发展的下一个热点和赢利点。

电子商务的迅猛发展，税务管理部门来不及研究相应的征管对策，更没有系统的法律、法规来规范和约束企业的电子商务行为，出现了税收管理真空和缺位，导致应征的税款白白流失。从理论上分析，从互联网上流失的电子商务税收主要有关税、消费税、增值税、所得税、印花税等。据测算，美国的函购公司搬迁到互联网之后，政府每年损失各种税收约 30 亿美元。由于电子商务可以规避税收义务，大大降低企业税收负担，因此一些企业纷纷通过上网规避税收，牟取暴利，在逃避大量税收的同时，扰乱了正常的市场秩序。

我国目前的电子商务尚处于起步阶段，但网络经济和电子商务已成为一种势不可当的历史趋势和时代潮流，在认识和对待我国电子商务和税收的关系上，应采取一种积极面对的态度，树立超前意识，更新传统观念，以顺应和迎接新的网络经济时代。面对电子商务对传统税收制度、税收政策和现行国际税收安排所提出的挑战，首先必须通过加强研究来弄清情况，掌握国际电子商务的最新动态和发展趋势，明白其对我国现行税制、税收、涉外税收的影响之所在，从而紧密结合中国具体国情并参照世界税制、税则变动最新情况提出应对举措和方略。我国的税制、税则和税收政策要立足于有利于促进电子商务的发展。现行税收的安排又要在电子商务发展的实践中不断进行改革和完善，以适应电子商务的发展。我国电子商务的征税满足以下原则。

（1）税收中性原则。税收中性原则是指税收的实施不应对网络经济的发展有延缓或阻碍作用。从促进技术进步和降低交易费用等方面来看，电子商务和传统交易方式相比具有较大优势，代表着未来商贸方式，应该给予支持，至少不要对它课征什么新税。另外，从我国发展的现实情况来看，电子商务基本上属于幼稚产业，亟须政府的大力扶持。因此，在税收政策上，在电子商务发展的初期应给予政策优惠，待条件成熟后再考虑征税，并随电子商务的发展及产业利润率的高低调节税率，进而调节税收收入。

（2）公平税负原则。公平税负原则是指税制设置应使每个纳税人承受的负担与其经济状况相适应，并使每个纳税人之间的税收负担水平保持均衡，如果某一种税能够以公平方式对待每一个纳税人，公正地影响纳税人税前和税后的赢利水平，则这种税可认为是公平的。电子商务虽然是一种数字化的商品交易，但它并没有改变商品交易的本质，仍然具有商品交易的基本特征。因此，按照税法公平原则的要求，它和传统的贸易应该适用相同的税法，负担相同的税收。

（3）财政收入原则。电子商务税收制度的建立和发展也必须遵循财政收入原则，要与国家的整体税收制度相协调和配合，保证国家开支的需要。就电子商务而言，对电子商务的征税与对其他产业的征税共同构成的税收收入能充分满足一定时期的公共支出的需要；对电子商务征税要有弹性，保证财政收入能与日益增加的国民收入同步增长。

（4）维护国家税收主权原则。电子商务领域应该在借鉴其他国家电子商务发展成功经验的同时，结合我国的实际，探索适合我国国情的电子商务发展模式，维护国家税收利益。

我国应改革和完善现行税法政策和法规，重新修订和解释一些传统的税收概念，补充有关电子商务所适用的税收条款，对电子商务的纳税义务人、课税对象、纳税环节、纳税地点、纳税期限等税制的要素给予明确界定，以使对电子商务的税收征管有法可依。

加快税务机关的信息化建设，建立电子税务系统，推动电子商务的发展。所谓电子税务，通俗地讲就是把税务各项职能搬到网上，实现网上办公、网上征管、网上稽查、网上服务、网上发票认证等。它首先要求各级税务机关在公众信息网上建立自己的站点，提供税务机关信息资源和有关的应用项目。在此基础上进一步实行税务网站与办公自动化联通，与税务机关各部门的职能紧密结合，把税务机关的站点变成为民服务的窗口。电子商务作为信息流、资金流和物流的统一，它的运行从根本上离不开银行网上支付的支撑。因此，发展电子商务客观上要求银行业必须同步实现电子商务化，以保证资金流正确、安全在网上流通，进而保证电子商务目的的最终实现。为确保电子商务税务征收，还必须加强银行、税务机关、海关之间的联网，真正实现电子商务税收的电子化。

7.1.2 实训内容

题目：熟悉电子商务相关的法律、法规内容，记录该法律、法规的时间、立法机构及互联网阅读链接网址等信息，并熟读该法规相关细则。

（1）《中华人民共和国电子商务法》。

（2）《中华人民共和国电子签名法》。

（3）《中华人民共和国民事诉讼法》。

（4）《中华人民共和国合同法》。

（5）其他至少 3 部相关法律、法规。

7.2 电子商务侵权实例分析

7.2.1 基础理论知识

案例一　以电子邮件方式订立的房屋买卖合同能否反悔?

——黎女士告彭女士房屋买卖合同纠纷案

【案情简介】

原告：黎女士

被告：何先生、彭女士

上海市国年路某弄 43 号 601 室一套建筑面积 66.98 平方米的房屋是何先生和彭女士夫妻共有的私房，是复旦大学的教工住房。黎女士从 2005 年起就开始租住在内。2007 年 7 月 5 日，黎女士收到彭女士发来的一封电子邮件：“小黎，您好！我们经过多次讨论，我和我先生也经过慎重考虑，决定将 43 号 601

室以 75 万元的售价卖给你，如果你同意的话，请给我们发一电子邮件，就算成交。双方不变。你们可以开始装修。并请你在 9 月底前办好贷款和过户的准备工作。601 室内东西的处理办法，请见附件……”接到这封来信，黎女士于同月 6 日，回了一封电子邮件：“彭老师，您好！您的 2007 年 7 月 5 日零晨 5 时的电子邮件收到，经和家人商议，同意以 75 万元的价格购买你们的房子。房款在你们 2007 年 10 月从美国回到上海期间付给你们，具体支付几次，待合同上确定。具体手续我会了解办理。房产交易涉及的税费，买家卖家各付各的税。”次日上午，彭家的亲友来到屋内，根据黎女士处的清单将彭家需保留的物品搬出。在双方商定了房屋买卖事宜后，黎女士对国年路房屋进行了装修，就等着何先生夫妇回国办理房屋过户手续。可是 2007 年 10 月 12 日，黎女士又收到彭女士的电子邮件，被告知无法继续房屋买卖，愿意协商补偿黎女士装修费及家具定制费。收到来信后，黎女士次日回邮表明了自己的态度：双方的房屋买卖合同几个月前已经成立，基于房屋买卖成交，自己才装修房屋并添置家具；房款 75 万元已经准备好，希望能顺利办妥房屋过户手续。邮件中还提出，如果何先生因身体原因确不能回国或担心在彭女士回国期间无法完成全部交易手续，可以公证方式委托他人办理。

2007 年 11 月，彭女士将黎女士告上法庭，要求终止双方签订的“物业租赁协议”，黎女士搬出房屋并按每月 3 200 元支付租金至实际搬出日止；此外，还要黎女士支付违约金 1 600 元。2007 年 12 月，黎女士也将何先生和彭女士告上法庭，要求确认双方的房屋买卖合同成立，并按 75 万元房价办理过户手续，并表示愿意在办理过户手续前十日将房款 75 万元支付给何先生和彭女士。何先生和彭女士则表示不同意卖房，因为房屋是夫妻共同财产，仅彭女士一个决定卖房，侵犯了何先生的权利，现有的证据并不具备房屋买卖合同的主要条款；彭女士曾委托中介公司办理有关买卖事宜，但在中介公司向黎女士介绍有关流程并要求黎女士支付定金时遭到拒绝，故双方并未签订正式的买卖合同，未签约的责任在于黎女士。

【审理结果】

法院经审理后认为，当事人订立合同，有书面形式、口头形式和其他形式。书面形式不仅包括合同书，还包括信件和数据电文（如电报、电话、传真、电子数据交换和电子邮件）等可以有形地表现可载内容的形式。2007 年 7 月 5 日的电子邮件表达了何家希望与黎女士就房屋买卖订立合同的意思，并明确了房屋的售价及房内物品的处理方式，且以“如果你同意的话，请给我们发一电子邮件，就算成交。双方不变”的词句表明经承诺即受此意思表示的拘束，故此电子邮件是要约，黎女士到达时即生效。黎女士于次日回复的电子邮件对彭女士发出的要约表示了同意，构成承诺，彭女士收到时生效。承诺生效也就表明了合同成立。双方的要约及承诺具备了买卖的标的及价格，构成房屋买卖合同的主要条款。综上，黎女士要求确认房屋买卖合同成立的诉请，符合法律规定，法院予以支持。合同为双方真实意思表示，且不违反法律和社会公共利益，为有效合同，双方应全面履行自己的义务。遂判决：黎女士与彭女士、何先生之间的房屋买卖合同成立；黎女士向彭女士、何先生支付房款 75 万元；彭女士、何先生应于黎女士支付房款后十日内协助黎女士办理关于房屋的过户手续，权利人登记为黎女士。

【法理评析】

本案争议的焦点问题便在于以邮件签订的电子合同的效力问题。电子合同是指以电子数据交换（Electronic Data Interchange，EDI）、电子邮件等能够完全准确地反映双方当事人意思表示一致的电子数据信息的形式，通过计算机互联网订立的商品、服务交易合同。电子数据信息能否取得与传统法律书面形式同等的效力，也即电子合同的形式要件问题。在计算机网络中传输的信息既不是文字，也不是人们所能直接感知的其他物质。如果按照传统法律对形式固定化、稳定化的要求，电子数据信息似乎不具备传统书面形式的特点和功能。然而，信息时代以电子数据信息形式签订合同进行商品买卖可以极大地满足效率的要求，也符合时代发展的潮流。世界上许多国家以立法形式认可了电子数据信息的法律效力。我国法律将电子数据信息作为书面形式的一种，《中华人民共和国合同法》第十一条规定：“书面形式是指合同书、信件和数据电文（包括电报、电传、传真、电子数据交换和电子邮件）等可以有形地表现所载内容的形式。”因此，就合同的订立而言，一项要约以及对要约的承诺，均可以通过数据电信的手段表示，除非当事人另有协议或者要求，否则，若使用了一项数据电信来订立合同，就不得仅仅以使用数据电信为理由否定该合同已经成立的事实。本案中，黎女士与彭女士以电子邮件这种数据电文的形式签订了电子合同，符合相关法律的规定，具有法律效力，双方当事人应该遵照此履行该合同。

【法条点击】

《中华人民共和国合同法》（1999 年 10 月 1 日施行）

第十一条 书面形式是指合同书、信件和数据电文（包括电报、电传、传真、电子数据交换和电子邮件）等可以有形地表现所载内容的形式。

第十四条 要约是希望和他人订立合同的意思表示，该意思表示应当符合下列规定：

（1）内容具体确定；

（2）表明经受要约人承诺，要约人即受该意思表示约束。

第十六条 要约到达受要约人时生效。采用数据电文形式订立合同，收件人指定特定系统接收数据电文的，该数据电文进入该特定系统的时间视为到达时间；未指定特定系统的，该数据电文进入收件人的任何系统的首次时间，视为到达时间。

第二十一条 承诺是受要约人同意要约的意思表示。

第二十三条 承诺应当在要约确定的期限内到达要约人。要约没有确定承诺期限的，承诺应当依照下列规定到达：

（1）要约以对话方式作出的，应当即时作出承诺，但当事人另有约定的除外；

（2）要约以非对话方式作出的，承诺应当在合理期限内到达。

第二十五条 承诺生效时合同成立。

案例二 网站删去他人侵权文章后是否还需要承担法律责任？

——德某和高某诉北京某某网信息服务公司侵权案

【案情简介】

原告：德某

原告：高某

被告：北京某某网信息服务公司

2000年底，德某拿到了某住宅小区的新房钥匙，同时作为业主代表协助收取物业管理费、取暖费等。由于人多问题也多，他的一些做法“得罪”了某些人。2001年6月，当他无意中浏览新家园网站“某某网”时，发现电子公告服务（BBS）上发布了《我在某某园中的36种死法》《德某就是这样做的》《业主代表（指德某）无权与公司签协议》等三篇文章，文章中不仅捏造事实，而且擅自篡改德先生的姓名并多处使用侮辱性的言词。与此同时，园区另一业主代表高某也遭此厄运。在德某、高某提出意见后，某某网于2001年6月删除了该文。一个月后，网络用户又在该BBS上发布《业主代表（指德某）无权与公司签协议》一文，该文于同年 12 月 31 日删除。2001 年 12 月，德某、高某以“某某网”在其“美丽园业主委员会（BBS）”页面中刊登对其进行人身攻击和侮辱的文章为由，起诉到法院，要求北京某某网信息服务公司公开赔礼道歉，提供发表侵权文章作者的个人资料及分别赔偿两人各 4 000 元。

【审理结果】

法院认为，网络用户在“某某网”的 BBS 上先后发布三篇文章及一些涉及“德蝇”“高螈”的侮辱性文字，以美丽园小区范围内相关人与事为描述对象，文章中的化名和所涉及的内容足以使美丽园小区的业主、居民及认识德某、高某的人，在阅读该文后将“德蝇”“高螈”定格为德某、高某，导致德某、高某的社会评价降低。“某某网”作为电子公告服务提供者虽有删除依法不得发布的信息之义务，但在无法确定信息内容是否属于侮辱、诽谤他人及被侵权人未向其证明在其网站电子公告服务栏上所发布的文字属侵权文字的情况下，不应承担法律责任。法院最终驳回了两人的上诉。

【法理评析】

本案涉及电子公告系统服务提供者的民事责任的可归责性。电子公告系统服务是指在互联网上以电子布告牌、电子白板、电子论坛、网络聊天室、留言板等交互形式为上网用户提供信息发布条件的行为。在人们的交流需求日益强烈的今天，BBS 作为新兴的信息发布和传播手段已逐渐成为人们获取信息进行思想交流的重要渠道。BBS 的正常运营离不开网络平台提供商（Internet Presence Provider，IPP），他们为用户提供信息交流和技术服务的平台与空间，供用户阅读他人上载的信息或自己发送信息，甚至进行实时信息交流。作为一种新型的信息交流场所，BBS 的出现适应了网络跨空间发展的趋势，使人与人之间的距离变得无限近，满足了现代社会中人类自由倾吐、即时交流的愿望。但是，任何网域都不可能是法律真空地带，在虚拟世界混沌状态的 BBS 上同样会产生一系列的法律问题。随着 BBS 上全球用户的剧增和信息量的不断扩大，利用 BBS 侵犯他人人身权、著作权的行为日渐增多。《互联网电子公告服务管理规定》第九条对某些电子公告信息的发布行为做了禁止性规定。同时，在第十条和十三条规定了电子公告服务商的义务：“电子公告服务提供者应当在电子公告服务系统的显著位置刊载经营许可证编号或者备案编号、电子公告服务规则，并提示上网用户发布信息需要承担的法律责任”“电子公告服务提供者发现其电子公告服务系统中出现明显属于本办法第九条所列的信息内容之一的，应当立即删除，保存有关记录，并向国家有关机关报告”。由此可见，电子公告服务商对于BBS上面的信息负有一定程度的监控、管理、删除义务，违反这些义务，就要承担民事责任。规范互联网电子公告服务管理及电子公告信息的发布行为，明确电子公告服务提供者与网络用户之间各自承担法律责任的界限，从而建立良好的互联网管理秩序、维护公共利益，促进司法保护和社会进步。

本案中，北京某某网网络信息服务公司为上网用户提供信息发布条件的同时，履行了提示上网用户发布信息需承担的法律责任。对于三篇文章及相关文字涉及的侵权内容，北京某某网网络信息服务公司难以判断在文章及相关文字中使用的上述文字是否在贬损特定的民事主体的人格。在无法确定信息内容是否属于侮辱、诽谤他人及被侵权人未向其证明在其网站电子公告服务栏上所发布的文字属侵权文字的情况下，作为电子公告服务提供者的北京某某网网络信息服务公司没有对在其网站上发布的文章及相关文字进行删除，不存在过错。而且，德某、高某在主张文章内容可能涉及侵权的情况下，某网公司删除了相关文章及文字，尽到了作为管理者的法律义务。因此，在其作为系统管理人已履行法定义务的前提下，不应承担网络用户侵权产生的法律责任。

【法条点击】

《互联网电子公告服务管理规定》（2000年10月8日第4次部务会议审议通过）

第二条 在中华人民共和国境内开展电子公告服务和利用电子公告发布信息，适用本规定。

本规定所称电子公告服务，是指在互联网上以电子布告牌、电子白板、电子论坛、网络聊天室、留言板等交互形式为上网用户提供信息发布条件的行为。

第九条 任何人不得在电子公告服务系统中发布含有下列内容之一的信息：

（1）反对宪法所确定的基本原则的；

（2）危害国家安全，泄露国家秘密，颠覆国家政权，破坏国家统一的；

（3）损害国家荣誉和利益的；

（4）煽动民族仇恨、民族歧视，破坏民族团结的；

（5）破坏国家宗教政策，宣扬邪教和封建迷信的；

（6）散布谣言，扰乱社会秩序，破坏社会稳定的；

……

第十四条 电子公告服务提供者应当记录在电子公告服务系统中发布的信息内容及其发布时间、互联网地址或者域名。记录备份应当保存60日，并在国家有关机关依法查询时，予以提供。

《互联网信息服务管理办法》（2000 年 9 月 25 日起施行）

第十四条 从事新闻、出版以及电子公告等服务项目的互联网信息服务提供者，应当记录提供的信息内容及其发布时间、互联网地址或者域名；互联网接入服务提供者应当记录上网用户的上网时间、用户账号、互联网地址或者域名、主叫电话号码等信息。

互联网信息服务提供者和互联网接入服务提供者的记录备份应当保存 60 日，并在国家有关机关依法查询时，予以提供。

案例 3 手机短信能否作为证据定案？

——杨先生诉韩女士借款纠纷案

【案情简介】

原告：杨先生

被告：韩女士

2004 年 1 月，杨先生结识了韩女士。同年 8 月 27 日，韩女士发短信给杨先生，向他借钱应急，短信中说："我需要 5 000 元，刚回北京做了眼睛手术，不能出门，你汇到我卡里。"杨先生随即将钱汇给了韩女士。一个多星期后，杨先生再次收到韩女士的短信，又借给韩女士 6 000 元。因都是短信来往，两次汇款杨先生都没有索要借据。此后，因韩女士一直没提过借款的事，便再次向杨先生借款，杨先生产生了警惕，于是向韩女士催要。但是，一直索要未果，于是起诉至海淀法院，要求韩女士归还其 11 000 元，并提交了银行汇款单存单两张。但是，韩女士却称这是杨先生归还以前欠她的欠款。为此，在庭审中，杨先生在向法院提交的证据中，除了提供银行汇款单存单两张外，还提交了自己使用的号码为"1391166××××"的飞利浦移动电话一部，其中记载了部分短信息内容。后经法官核实，杨先生提供的发送短信的手机号码拨打后接听者是韩女士本人。而韩女士本人也承认，自己从去年七八月份开始使用这个手机号码。

【审理结果】

法院认为，依据 2005 年 4 月 1 日起施行的《中华人民共和国电子签名法》中的规定，移动电话短信息符合电子签名的形式。同时移动电话短信息能够有效地表现所载内容并可供随时调取查用；能够识别数据电文的发件人、收件人以及发送、接收的时间，可以认定该移动电话短信息内容作为证据的真实性。法院据此判决韩某在判决生效后偿还杨先生借款 11 000 元。

【法理评析】

本案的焦点在于手机短信能否作为定案的依据。在人们的日常生活中，手机短信已经成为人们进行工作和生活交流的主要方式。与电子邮件、书信等相比，手机短信具有发送方便、快速及时、表达明确和接收方便等优点。所以，手机短信是当前个人非常重要的交往表达方法。《中华人民共和国民事诉讼法》第六十四条对当事人的举证责任做了规定，即当事人对自己提出的主张，有责任提供证据。根据《民事诉讼法》的规定，证据的法定形式一共有七种，即书证、物证、视听资料、证人证言、当事人的陈述、鉴定结论、勘验笔录。手机短信作为数据电文的一种电子证据，并未被列举在这七种法定证据形式之中，但对于电子证据的可采纳性，我国学术界已基本没有异议，在我国诉讼实践中，主要是将电子证据"推定"为书证或视听材料。我国《合同法》第十一条规定"书面形式是指合同书、信件及数据电文（包括电报、电传、传真、电子数据交换和电子邮件）等可以有形地表现所载内容的形式。"而《电子签名法》第四条规定："能够有形地表现所载内容，并可以随时调取查用的数据电文，视为符合法律、法规要求的书面形式。"据此可以推断能够以其内容表明案件事实的电子证据系书证的一种。当然，对于书证，法律上有"原件"这样的严格标准，即我国《民事诉讼法》第六十八条规定："书证应提供原件，物证应当提供原物。提交原件或原物确有困难的，可以提交复制品、照片、副本、节录本。"但是，我国《电子签名法》对于数据电文的原件要求规定了两个构成要件，可以解决电子证据原件认定的问题，即《电子签名法》第五条规定："符合下列条件的数据电文，视为满足法律、法规规定的原件形式要求：① 能够有效地表现所载内容并可供随时调取查用；② 能够可靠地保证自最终形成时起，内容保持完整、未被更改。但是，在数据电文上增加背书以及数据交换、储存和显示过程中发生的形式变化不影响数据电文的完整性。"另外，《电子签名法》第八条规定了审查数据电文作为证据的真实性应当考虑四个因素：① 生成、储存或者传递数据电文方法的可靠性；② 保持内容完整性方法的可靠性；③ 用以鉴别发件人方法的可靠性；④ 其他相关因素。

根据诉讼活动中案件证明事实的客观规律，证据具备有"三性"才能作为有效的证据起到证明案件事实的作用。证据的"三性"是客观性、关联性、合法性。证据的合法性包括两个方面：一是证据取得的程序是合法的；二是证据本身具备的形式是法定的。本案中，原告提供的被告发送的移动电话短信息属于数据电文，符合证据的客观性和关联性，取得的程序也可以推定得知系合法行为，只是该证据的形式是否符合法定形式有待商榷。手机短信作为一种数据电文符合《电子签名法》中对数据电文原件构成要件的规定，即有效地表现了所载内容并可供随时调取查用。另外，对其保存的真实性和稳定性，《电子签名法》第六条也做了明确规定，即“符合下列条件的数据电文，视为满足法律、法规规定的文件保存要求：① 能够有效地表现所载内容并可供随时调取查用；② 数据电文的格式与其生成、发送或者接收时的格式相同，或者格式不相同但是能够准确表现原来生成、发送或者接收的内容；③ 能够识别数据电文的发件人、收件人以及发送、接收的时间。”本案的移动电话短信符合上述要求，另外还有两张银行汇款单存单相佐证，因此应当认定涉案移动电话短信的证明力，并由被告承担债务偿还责任。

【法条点击】

《中华人民共和国民事诉讼法》（1991 年 4 月 9 日通过）

第七十一条 人民法院对当事人的陈述，应当结合本案的其他证据，审查确定能否作为认定事实的根据。

当事人拒绝陈述的，不影响人民法院根据证据认定案件事实。

第六十三条 证据有下列几种：

（一）当事人的陈述。

（二）书证。

（三）物证。

（四）视听资料。

（五）电子数据。

（六）证人证言。

（七）鉴定意见。

（八）勘验笔录。

以上证据必须查证属实，才能作为认定事实的根据。

第六十九条 人民法院对视听资料，应当辨别真伪，并结合本案的其他证据，审查确定能否作为认定事实的根据。

《中华人民共和国电子签名法》（自 2005 年 4 月 1 日起施行）

第三条 民事活动中的合同或者其他文件、单征等文书，当事人可以约定或者不使用电子签名、数据电文。

当事人约定使用电子签名、数据电文的文书，不得仅因为其采用电子签名、数据电文的形式而否定其法律效力。

第四条 能够有形地表现所载内容，并可以随时调取查用的数据电文，视为符合法律、法规要求的书面形式。

第六条 符合下列条件的数据电文，视为满足法律、法规规定的文件保存要求：

（一）能够有效地表现所载内容并可供随时调取查用。

（二）数据电文的格式与其生成、发送或者接收时的格式相同，或者格式不相同但是能够准确表现原来生成、发送或者接收的内容。

（三）能够识别数据电文的发件人、收件人以及发送、接收的时间。

第八条 审查数据电文作为证据的真实性，应当考虑以下因素：

（一）生成、储存或者传递数据电文方法的可靠性；

（二）保持内容完整性方法的可靠性；

（三）用以鉴别发件人方法的可靠性；

（四）其他相关因素。

7.2.2 实训内容

题目：就以下电子商务纠纷案例，利用所查找的法律、法规知识进行分析。

1. 消费者面对此类糟心事该如何维权

2018 年年底，北京周先生在“饿了么”订购真功夫餐点，页面宣传“全城送约 41 分钟”。11:08 短信提示外卖已送出，11:38 短信告知订单因配送问题被取消。2019 年 1 月，周先生就此事向北京互联网法院起诉“饿了么”欺诈消费者，要求其按《消费者权益保护法》相关规定赔付 500 元。“饿了么”否认存在欺诈行为，称系真功夫公司做出取消行为，应由真功夫公司承担相应责任。

请利用所查找知识进行解析。

2. “中国流量灰产第一案”

被告许某在 2017 年 9 月中旬找到原告常某某，请她帮找暗刷“资源”，要求为某款游戏在 IOS 端刷出至少每天 50 万 UV（独立访客，即多少个用户访问过）。原告常某某满口答应，并且“价格可以给到最低”，还能给“个人返点”（即“吃回扣”），报出了千次 UV 0.9 ～ 1.1 元的价格。经协商，双方约定款项每周一结，并且合作将持续“三四个月”。被告在聊天中难掩激动，“这样我们就可以一起喝肉汤了”。随后的“合作”开展得非常顺利，平均日 UV 过百万。最后一次，原告常某某仅在 15 天的时间里就刷出了 2 794 万 UV，“超额完成”了被告许某的任务。

常某某没想到的是，被告许某居然想赖掉最后这笔钱。许某以“质量不好”“没有正常的产出”为由，拒绝支付最后一笔 3 万多元的费用。“一起喝肉汤”的满心欢喜被“给我一个心服口服的解释”的委屈取代，两人协商未果，最终走进了北京互联网法院的直播审判间。

庭审中，原告披露的两个细节成为人们关注的焦点，其中一个是被告明确要求“植入一个 JS 暗刷点击”。所谓的 JS 暗刷，就是编写 JavaScript 脚本，并设法将脚本挂在网站或 APP 的服务器里。用户访问时，就可能在无感知中也访问了 JS 脚本引流的地址，向暗刷者“贡献”点击量。另外一个细节是刷量“生意”层层代理，反复转包，转包后的刷量行为往往不那么靠谱。原告称，有的下家为了吸引点击设立了攒积分的模式，还有的直接付费购买用户点击。这些可能与流量“水分”增大有关，因此被流量购买者察觉产生争议，最终对簿公堂。

实训思考

一、单项选择题

1. 电子商务在商务活动中的特点是非常突出的，以下活动中哪些不属于其特点？（ ）

A. 交易无纸化

B. 在很多环境下表现为“机对机”的交易

C. 信息本身成为交易标的物

D. 在很多环境下表现为“面对面”的交易

2. 电子商务法是调整以数据电文为交易手段而形成的因（ ）所引起的商事关系的规范体系。

A. 交易形式　　B. 交易内容

C. 交易方式　　D. 交易结果

3. 关于数据电文的法律效力，正确的表述是（ ）。

A. 由于数据电文的易篡改性，其法律效力是不能确定的

B. 由于数据电文是一种新的形式，其法律效力要等待法律的明确规定

C. 数据电文是否具有法律效力，由有关的当事人约定

D. 不得仅仅以某项信息采用数据电文形式为理由，而否定其法律效力

4. 发端人设计的程序或他人代为设计程序的一个自动运作的信息系统，为（ ）。

A. 发端人　　B. 代理人

C. 电子代理人　　D. 设计人

5. 认证机构颁发的数据通讯或者其他纪录，是用来确认（ ）的身份。

A. 通过网络进行商务活动的人　　B. 持有特定密钥的人

C. 信息的发送者　　D. 信息的接收者

6. 数字签名与传统的手写签名相比有什么优点？（ ）

A. 数字签名中的签名同信息是不能分开的

B. 只有特定的人可以对数字签名进行检验

C. 任何人都可以对数字签名进行修改

D. 在数字签名中，有效签名的复制同样是有效的签名

7. 除非法律另有规定，拟交付给被许可方的拷贝灭失的风险，包括以电子方式交付的拷贝，于（ ）时转移给许可方。

A. 交给承运人　　B. 拷贝被交到目的地

C. 被许可方收到拷贝　　D. 电子信息交易合同成立

二、多项选择题

1. 为了使数据电文信息达到“书面形式”保存或提交的法律要求，《电子商务示范法》规定界定电子商务环境中“书面”的基本标准是:（ ），以备（ ）。

A. 可以调取　　B. 可以打印

C. 日后查用　　D. 保存

2. 电子商务对以纸质文件为基础的传统法律规范带来的冲击表现在以下哪些方面:（ ）。

A. 书面形式问题　　B. 主体资格问题

C. 签名问题　　D. 证据效力问题

3. 一项数据电文，在符合下列（ ）条件时，应当视为满足法律、行政法规规定的原件形式要求。

A. 自最终形成之时起，其完整性即有可靠保证

B. 能够有形地表现所载内容

C. 可以在数据电文上增加背书记载

D. 可以在正常的交换、储存和显示过程中发生改变

三、简答题

1. 电子商务的技术特征包括哪些方面?

2. 根据我国法律规定，如何确定数据电文发送与接收的时间与地点?

3. 应当如何规制电子商务中的格式条款?

8　电子商务模拟实训

【导入案例】

与普通意义上单一从事商品买卖的 B2C 网站不同，由上海市糖业烟酒集团和上海市第一食品商店股份有限公司共同出资组建的易购 365（http://www.ego365.com），一方面集投资方业务、销售、配送和商誉等优势资源于一身，与国内外的食品商建立起了良好的合作关系，规划在未来的几年内整合社会优势资源，立足上海，辐射江浙，面向全国，并最终成为中国著名的居家生活服务综合性网站；另一方面鉴于网络对社会的全面渗透，传统商业融入新型电子商务行业已然大势所趋，易购 365 旨在成为中国大型商业企业向电子商务企业转化的先行者，充分利用互联网技术，促进烟糖集团由传统产业向现代产业转化。

易购 365 现已开通了两个专业频道，分别从事 B2C（针对消费者个人）和 B2B（针对加盟易购超便利体系的零售小店）业务。B2C 频道的网页设计更注重对消费者个人的服务，B2B 频道更像是一个对外宣传加盟的窗口，走网上网下互相联动之路。

在逐步巩固 B2C 业务的基础上，从 2001 年底开始，易购 365 还重点对市内的社会零售小店（小食品店、小杂货店、小烟酒店的总称）进行整合，计划建立起以加盟店为基础的“易购超便利”连锁经营体系，为社区居民提供身边的人性化服务，改变零售小店以往给人脏、乱、差的印象，易购将这部分业务称为 B2B 部分。至此易购已初步构筑起两条腿走路的完整商务模式。

易购 365 运营的是通过电话和互联网接受客户订货、提供送货上门的无店铺销售业务，这就更需要每位从业人员的一切工作都围绕如何使消费者满意而展开。通过推进规范服务、星级服务、品牌服务和创新服务，易购 365 的客户服务队伍在高起点上进一步提升了整体素质。因此，易购 365 在提出“上午订货下午送，下午订货隔天送”的服务承诺和订购满 50 元环线内免费送货的基础上，又推出了“铃声一响，你我互连，在线服务，满意无限”的服务理念。

在网站取得一定成功经验的基础上，易购 365 将更多的人力、物力放在了“易购超便利”体系的建设上。

经过了长时间的调研后，易购 365 发现零售小店遍布城市的大小街道，其无一不与市民的生活圈紧密相连，且以小、快、灵为经营特色，与其余的零售业态保持着错位经营的格局。通过整合，易购 365 使便民性更强、具有常青业态特征的零售小店真正成了可持续发展的业态，从而使上海的整体零售业态得到了进一步完善。他们利用市场机制，将目前无人管理的零售小店纳入规范化管理，从采购、物流直至售后服务的各个环节全面杜绝“假冒伪劣”，正本清源，使“市场规范工作”最薄弱、最难深入的方面得到加强。同时，他们利用烟糖集团的强势资源，通过统一采取“超便利”的经营模式，针对小店本身的特点，引入老百姓日常生活所需的常备商品，使老百姓在家门口就能解决基本生活的细节需要，以亲切的、人性化的服务有别于超市和大卖场。

8.1 B2B 模拟交易

8.1.1 电子商务的后台管理活动

学生可以以供应商、采购商两种身份模拟 B2B 电子商务活动。所具备的功能有：企业产品发布、产品查询及产品维护、网上签约购买、在线购买、货款支付、订单交易、企业数据维护、客户管理等。

任务描述：

1. 流程说明

学生可以通过注册不同身份，担任采购商或者供应商的角色。采购商在前台购买商品，订单就会出现在相应的供应商的订单处理中，供应商处理订单后，交给采购商确认，经过二次确认的订单就可以生成销售单。同时，销售单生成后，供应商派物流商把货物送到采购商处；采购商可以在适当的情况下，结清货款。如图 2–8–1 所示。

2. 购物车

购物车是提供购物支持，允许购物者来查看、更改、删除当前所购买的商品，同时生成订货单或询价单。

通过页面浏览查看价格，选择合适的商品，进入产品采购区，点击所需要购买的商品放入购物车；进入“购物车”，此时有四种选择，即“生成订货单”“生成询价单”“重新计价”“删除”。

生成订货单：确定所要采购的商品，点击“货物”。进入订货单页面，选择支付方式和交货日期，点击“确定”，生成“订货单”。

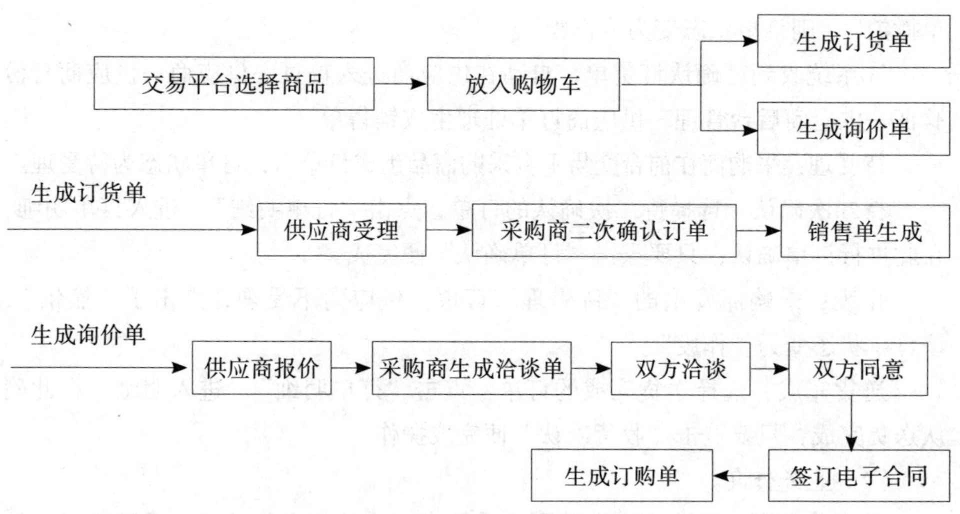

图 2-8-1　B2B 流程图

生成询价单：确定要询价的商品，点击“生成询价单”。进入询价单页面，填写询价内容，点击“生成询价单”。

重新计价：填写单据里的“购买数量”，点击“重新计价”完成计价过程。

删除：选择要删除的单据，点击“删除”，完成单据删除。

3. 采购商后台管理

采购商进入首页—采购商—采购商身份验证—采购商后台管理。采购商可在此对自己的采购单进行跟踪管理，并据此与供应商进行交易对话，这为采购商提供了一个方便、快捷的交易平台。采购商后台管理包括的模块有订单处理、订单查询、订单结算、应付款查询、网上洽谈、电子合同、我的资料等。

（1）订单处理。采购商点击“订单处理”—采购商在该模块对订单进行二次确认和收货确认—订货单是采购商在购物车中点击“货物”方式生成的单据。处理流程如下：

①采购商进入首页—采购商—采购商身份验证—采购商后台管理 / 订单管理页面，查询未受理订货单。

②如果供应商拒绝受理订货单，则撤销订货单，订单状态变为“作废”；如果供应商同意受理订货单，则订单变为“待二次确认”，等待采购商二次确认。

③采购商进入订单管理页面，查阅“待二次确认”的订货单。

④采购商选择单据状态为“待二次确认”的订单，点击“订单明细”，对该订单进行“确认”，单据状态变为“销售处理”；如果不想购买，则选择“订

单撤销”，则订单状态变为“作废”。

⑤系统收到已确认订货单，自动在供应商进入首页—供应商—供应商身份验证—供应商后台管理—供应商订单处理生成销售单。

待受理：采购商在前台交易平台采购商品生成订单后，订单状态为待受理。

待二次确认：选择待二次确认的订单，点击“订单明细”。进入订单明细，在此进行订单确认，只要点击“订单确认”便完成。

作废：采购商发出的“待受理”订单，供应商不受理，点击了“撤销”，该订单状态变为“作废”。

送货完成：选择送货完成的订单，点击“订单明细”。进入明细，在此确认送货完成，只要点击“收货确认”便完成操作。

（2）业务查询。

①订单查询。采购商进入首页—采购商—采购商身份验证—采购商后台管理—订单查询。在此，采购商可以查询所需要的各种单据，如订单编号、订单状态、结算方式、结算状态、单据日期等。可以在相应的查询方式的空白处填写或选择所要查询的内容，点击“查询”。查询结果出来后，选择要查看的单据，点击“订单明细”，便可查看单据的明细。

②应付款查询。采购商进入首页—采购商—采购商身份验证—采购商后台管理—应付款查询。本模块记录了采购商与各商家之间的资金流动情况，同时采购商可以在此对所有单据进行结算。

应付款查询：选择要查询的供应商，点击“应付款明细”。选择要查看的日期，点击“查询”。

目前结算方式有两种：一种电子支付；另一种是银行转账。

（3）网上洽谈。采购商（供应商）进入首页—采购商（供应商）—采购商（供应商）身份验证—采购商（供应商）后台管理—网上洽谈。网上洽谈是一种通过网上洽谈来商定交易价格，签订电子合同的交易方式。流程如下：

①采购商在购物车中生成询价单，询价单状态为“询价”。

②供应商进入网上洽谈，选择单据状态为“询价”的询价单。

③供应商报出合理的价格，点击“提交”，“询价单”状态变为“报价”。

④采购商进入网上洽谈，点击询价单状态为“报价”的订单，点击“生成洽谈单”。

⑤洽谈单生成，采购商选择“双方不同意”的洽谈单，点击“洽谈单明细”按钮，进入洽谈单页面。采购商进入网上洽谈，点击洽谈单页面，选择需要洽

谈的单据，在电子合同洽谈室里与相应的供应商进行洽谈，填写洽谈内容，然后点击“提交”。

供应商进入网上洽谈，点击洽谈单页面，选择相应的洽谈单据，在电子合同洽谈室里与采购商进行洽谈，填写洽谈内容，确定质量要求、检验方法、确定交货地点、付款方式等，然后“提交”；（注意，只要其中一方已经同意，则合同内容就不能更改）洽谈完成后，双方达成一致协议，由其中任何一方填写洽谈内容，填写完合同信息，点击“提交”按钮，把洽谈内容提交。一方看完有关合同信息后表示同意，点击“同意”按钮，洽谈状态显示一方同意；另一方看过洽谈内容后，点击“同意”按钮，洽谈合同状态显示“双方同意”。完成洽谈过程，生成待签订的“电子合同”。

询价单：选择单据，点击“询价单明细”，填入询问事宜，“确认”询价单，等待对方报价。

洽谈单：选择单据，点击“洽谈单明细”，在洽谈页面有两种操作：一是洽谈；二是提交电子合同。

洽谈：在填写框中填写与供应商的洽谈内容，填写完毕后，点击“提交”完成。

（4）电子合同。本模块是模拟电子合同的签订过程。在网上洽谈中生成的待签订的合同，在本模块进行合同的签订。签订流程如下：

①采购商进入电子合同模块，选择甲方没有签订的合同，点击“合同明细”。

②在合同明细页面，点击“签订合同”，完成采购商合同签订。

4. 供应商后台管理

学生以供应商身份登录，点击“后台管理”，在后台管理界面可以进行订单处理、订单查询、产品目录、库存查询、发货处理、调拨处理、网上洽谈、电子合同、应付应收查询、客户管理和修改我的资料等操作。

（1）订单处理。供应商在此处理采购商的购买订单。对“待受理”的订单进行受理，对经过采购商“二次确认”的订单，通过生成配送单的方式，交给物流商进行配送处理。订单处理过程如下：

① 供应商点击“订单处理”模块，选择“待受理”的订单，点击“订单明细”，对采购商下的订单进行“订单受理”。

② 订单受理后，订单状态变为“待二次确认”，等待采购商二次确认。

③ 经过采购商二次确认后的订购单，单据状态变为“销售处理”，订购单变成销售单。

④ 供应商点击该销售单明细，生成配送单，向物流商请求配送。

待受理：采购商从购物车发出订单，等待供应商处理的订单。

销售处理：经过采购商二次确认的可以进行配送处理的订单。

订单撤销：采购单无效，供应商点击“订单撤销”，订单作废。

查询信誉记录：供应商在进行订单处理的同时，可以对该采购商过去的信誉情况进行查询。如果该采购商提前付款，他的信誉记录就 +1；如果他逾期付款，他的信誉记录将 -1。

（2）价格管理。价格管理的信誉价格指的是采购商在一定的采购数量范围内，获得的比市场价格更加优惠的价格。信誉价格定义就是要供应商设定自己的信誉价格待遇以及相应等级的要求。供应商只需要定义每个信誉等级的信誉价格和商品最少购买量。采购商的信誉等级在供应商的客户管理中设置。

价格管理过程是：点击供应商—后台管理—价格管理。在这个模块中供应商设置商品信誉价格。

（3）库存查询。点击后台管理—库存查询，可以根据配送商、存储仓库、商品类别、商品编号、商品名称查询现有产品在各个仓库中的库存数量。

（4）发货处理。将供应商已有商品发送给物流商，增加物流商的现有库存。处理流程如下：

① 进入“发货处理”模块，点击“新建发货单”。

② 进入新建发货单页面后，点击“选择发货商品”，再选择发货商品，把需要选择的商品勾上后，点击“确认选择”。

③ 系统确认后返回“新建发货单”页面，填写发货数量，选择收货方和收货仓库，点击“确定”，完成发货。

提示：这时候单据状态为“未入库”，供应商要等物流商确认入库后，才真正完成发货处理流程。

（5）调拨处理。仓库之间可以通过商品调拨来实现商品的转移。调拨流程如下：

① 供应商进入后台管理，点击“调拨处理”，进入“调拨单列表”页面。

② 点击“新建调拨单”，进入“选择库存商品”页面。

③ 点击选择配送商，再点击选择调出仓库，系统列出调出仓库的商品，点击选择需要调拨处理调拨的库存商品后，点击“生成调拨单”。

④ 填入调拨数量，选择调入仓库，点击“确定”，完成调拨。

提示：这时候单据状态为“待处理”，供应商要等待物流商对该调拨单进行入库处理后，调拨单的状态就会变为“调拨完成”，从而完成调拨过程。

（6）应收应付查询。应收应付账记录了商家之间的资金流动情况。一般来说，生成订单的同时就生成应收应付记录。同时可以进行应付款项目的结算工作。

应收款查询：供应商的应收账在销售订单生成的同时建立应收款。点击应收应付查询，选择应收款一览。选择需要查看的采购商，点击应收款明细，可以查看该采购商应收款。

应付款查询：供应商的应付款单在物流商受理配送单时被建立。点击应收应付查询，选择应付款一览。选择要查看的物流商，点击应付款明细，查看应付款的情况。选择相应的配送单，点击配送单明细，查看配送单。

配送单结算：先进行应付款查询，查询需要付款的配送单。根据配送单明细记录的款项，去电子银行转账。在应付款明细中选择已经转账的配送单，点击“配送单明细”。进入该配送单，发送结算信息，完成配送单结算。

（7）客户管理。供应商的客户管理对象是采购商和物流商。

采购商客户管理：点击供应商后台管理—客户管理，选择供应商页面，

签约商户管理：采购商前台申请签约后，供应商在客户管理中对采购商的折扣和信誉额度进行修改，也可以对该采购商的客户资料进行查询。

物流商客户管理：主要是物流商的资料查询。点击供应商后台管理—客户管理，选择物流商页面，就可以查询物流商客户。

8.1.2 实训内容

题目：使用博星卓越全球贸易通教学实训平台，完成以下电子商务运营过程。

1. 平台简介

“博星卓越全球贸易通教学实训平台”是跨境电子商务技能实训的综合性教学平台。平台以跨境电商运营岗位真实能力要求与工作任务为设计基础，以“学训一体，任务驱动”为设计理念，依托博导股份 10 多年的教学产品研发经验，以阿里巴巴授权学习资源和阿里巴巴国际站作为设计蓝本，在深入剖析跨境电商、阿里巴巴国际站运营核心业务的基础上，同步产业运营规则，内容涵盖产品发布、旺铺装修与管理、订单处理与跟进、平台营销推广、商机发现与处理等阿里巴巴国际站运营核心能力，系统化训练并形成阿里巴巴国际站实战运营的核心技能，提升学生跨境电商就业竞争力，为跨境电商创业奠定运营基础的跨境电子商务运营技能实践平台。

2. B2B 电子商务运营

（1）平台注册及登录。

① 登录注册。在浏览器中输入网址：http://ip（具体 IP 由教师提供），进入登录页面，如图 2-8-2 所示。如有需要可点击右上角的二维码图标，用手机扫一扫弹出的二维码，进入并关注“i 博导”微信公众号，下载更多丰富的学习资料。

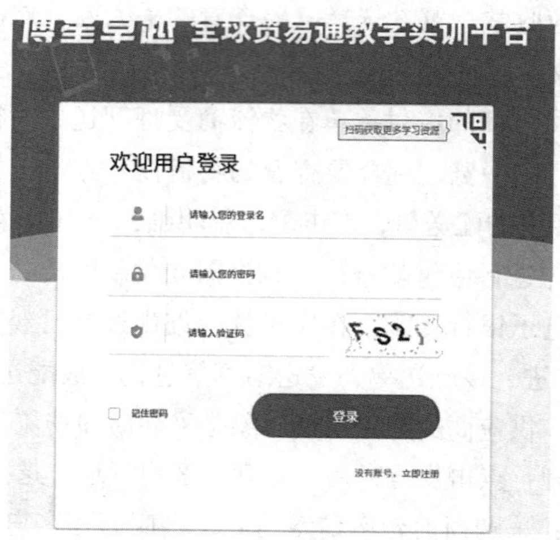

图 2-8-2　登录页面

② 个人信息设置。新注册用户第一次登陆成功后，系统首先会进入个人信息设置页面，并给出提示信息，如图 2-8-3 所示。在个人信息页面填写个人相关信息，上传个人照片头像（.jpg 或 .png）。

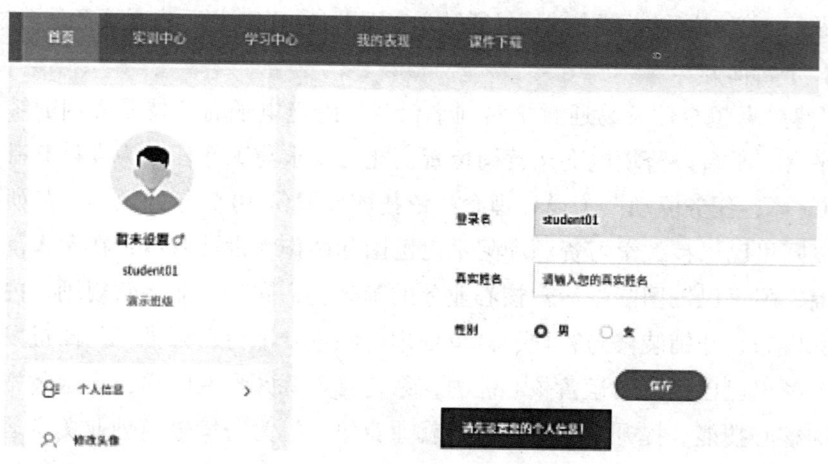

图 2-8-3　个人信息设置

③ 学生端首页展示了实训任务部署情况，等待老师部署实训任务，查看实训相关要求及评分细则。

（2）B2B 卖家。

① 注册登录。在实训中心，按照相应的实训任务进入卖家前台，点击“注册”，填写邮箱等信息进行验证，如图 2-8-4 所示。依次按照要求，设置密码、公司名称、英文姓名、手机号码等资料信息，点击“确认”提交，即可注册成功，可选择自动或手动方式调到卖家平台。以后即可通过实训任务页面进入阿里巴巴国际站直接登录。

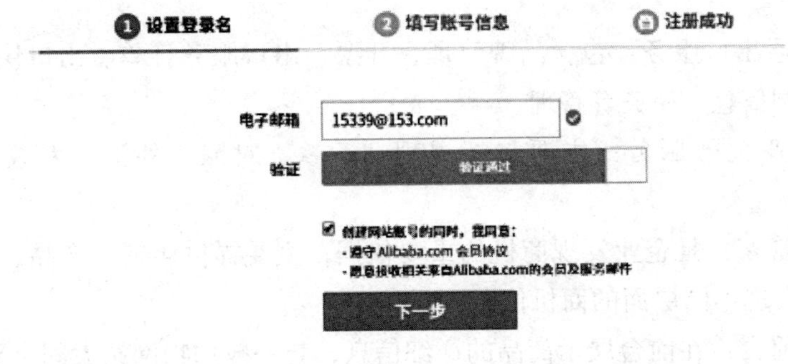

图 2-8-4　注册设置

② 卖家后台管理。登录后即进入卖家后台页面，如图 2-8-5 所示。卖家后台管理理由卖家后台由快捷入口、店铺管理、产品管理、商机 & 客户中心、客户管理、信用保障交易管理、一达通出口服务、物流服务、资金 & 金融服务、数据管家、营销中心和我的外贸服务 12 个模块构成。

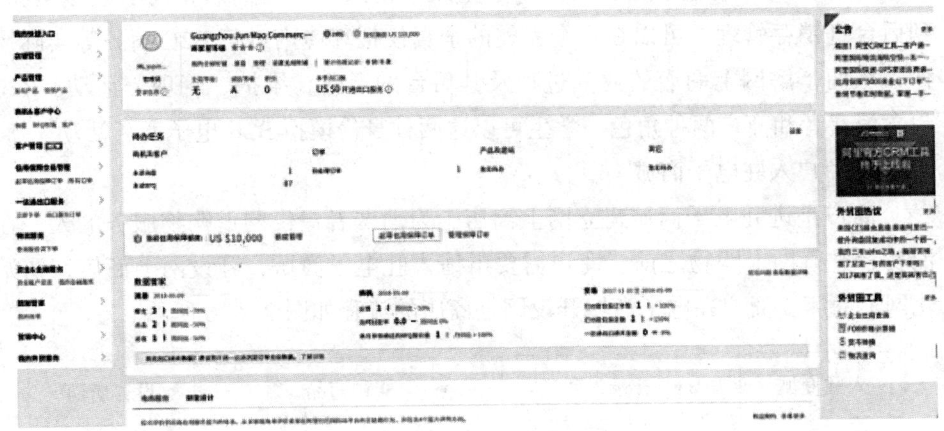

图 2-8-5　卖家后台

店铺管理：一是全球旺铺，左侧导航“店铺管理”—“管理全球旺铺”，主要管理内容包括我的页面、编辑器、模板管理和装修市场四大模块功能。分别按照说明书对各个模块进行设置，完善店铺信息管理。二是全球E站。

产品管理：包括发布产品、管理产品、产品分组与排序、橱窗产品、认证产品、优商专区管理、图片银行、视频银行等内容。

商机 & 客户中心：主要做询盘、邮箱设置、企业信息验证、报价管理、样品单管理、买家管理等

信用保障交易管理：订单管理、评价管理、纠纷管理、信用额度、信用贷款等。

一达通出口服务：包含品牌管理、开票、出口服务订单、出口快递、办证服务、函调信息、税务等管理。

资金 & 金融服务：主要包括提现、还款、对账、外汇、发票、交易记录等。

数据管家：是企业发现商机的重要依据，主要提供店铺、产品、关键词等促使商家发现不同层面的商机信息。

卖家前台：在前台展示商品的详细信息，与一般购物网站大同小异。

8.2 B2C模拟交易

8.2.1 基础理论知识

B2C是在企业与消费者之间通过Internet网进行商务活动的电子商务模式，本模块提供了一个电子商城网站，学生从申请入驻开设商店，网上模拟购物，到后台进销存管理，可以在一个完整的全真模拟环境内进行B2C商务等实际操作，从而了解网上商店的业务过程及其后台的运营、维护、管理等活动。B2C包含消费者和商户两种角色，学生可以这两种身份模拟B2C电子商务活动。

1. 商户入驻电子商城

商户是进驻电子商城建立网上商店，为消费者提供网上购物服务的人。在消费者进行网上购物之前，商户需要申请入驻电子商城，开设网上商店，初始化网上商店。商户在电子商城开设网上商店的流程如图2-8-6所示。

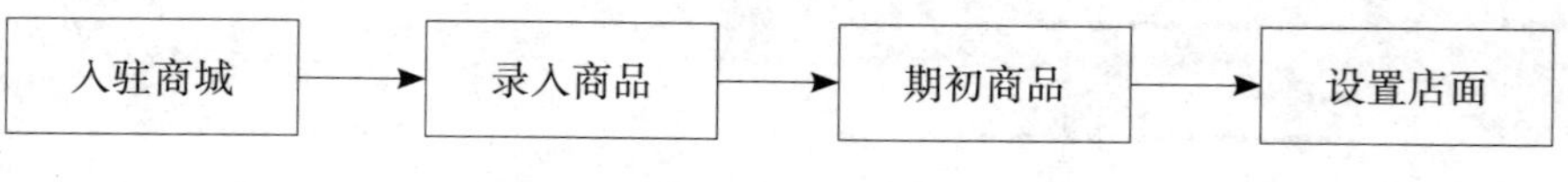

图2-8-6 商户入驻流程

（1）商户申请入驻商城。

（2）商户登录商店管理后台，录入商品。

（3）商户期初商品。

（4）设置商店柜台。

（5）开张营业。

商户入驻电子商城后。电子商城就为商户开辟了一个专柜，供商户销售商品。商户销售商品前需要初始化商店的数据，如商品录入、期初商品以及店面设置。

商品录入添加和发布商品信息。

期初商品登记新添加的商品数量，进入库存。

设置店面设置商户的付款方式、送货方式、售后服务说明等。

2. B2C 前台购物网站

商户通过后台的管理功能将产品发布到前台后，消费者就通过前台电子商城购物网站订购商品。前台购物网站的功能包括搜索商品、会员注册、我的资料、购物车、订单查询等。

B2C 前台购物流程如下：

（1）消费者注册成为电子商城的会员；（2）消费者搜索商品；（3）消费者把选购的商品放入购物车；（4）消费者进入结算中心，通过电子支付结算订单；（5）购物完成，等待商家送货。如图 2-8-7 所示。

图 2-8-7　消费者购物流程

提示：消费者购物前，需要到电子银行的个人网上银行开设账户，这样就可以通过电子银行支付结算订单了。

3. B2C 后台管理

（1）B2C 后台流程。B2C 后台管理是提供给商户管理商店的“进销存”功能模块，其中包括的功能有商品管理、期初数据、采购管理、销售管理、库存管理、商店管理、客户管理、应收款明细、应付款明细、我的资料等。B2C 后台管理的整体流程如图 2-8-8 ～图 2-8-10 所示。

（2）商品管理。商品管理是用于发布商品到前台购物网站以及维护商品基本信息的模块。

（3）采购管理。采购管理用于采购商品，并把采购的商品登记入库。采购管理的功能由采购订单、采购入库、单据结算、单据查询组成。

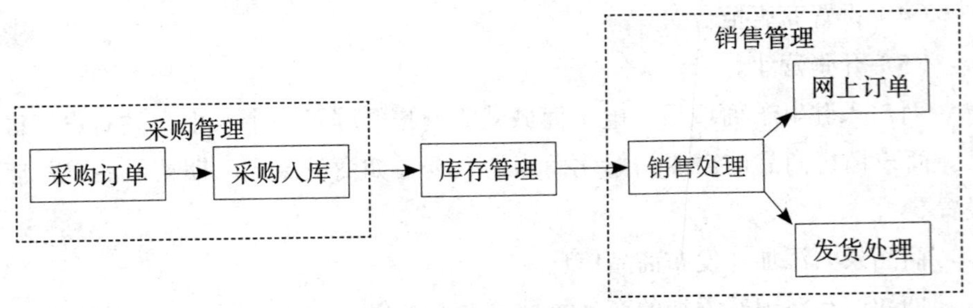

图 2-8-8 B2C 后台管理的整体流程

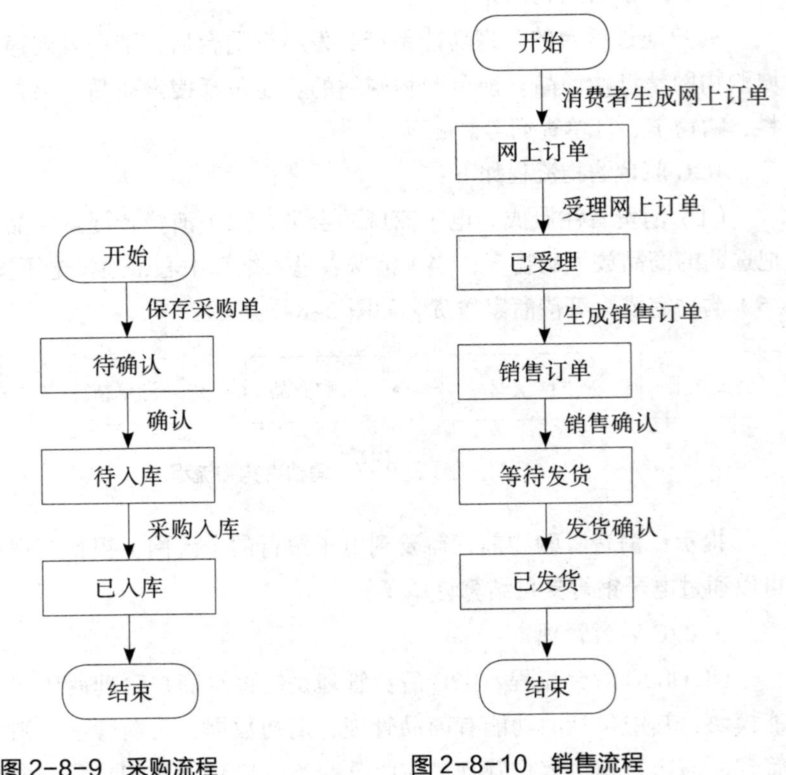

图 2-8-9 采购流程

图 2-8-10 销售流程

采购流程如下：B2C 商户在缺货的情况下，进行采购，先进入采购订单模块下订单，再对下的订单进行入库处理，然后对订单进行结算，完成整个采购流程。

（4）销售管理。此模块主要是B2C商户与B2C采购者之间的交易单据，B2C商户在商店管理模块中可以看到采购者所下的订单，并且对订单进行操作。商店管理主要由网上订单、销售订单、发货处理、单据查询等模块组成。

网上订单：B2C采购者的采购订单在该模块中处理，从中可以知道采购者的采购情况及基本信息。当B2C商户存在货源不足的情况时可以及时地对商品进行“生成采购单”，当“受理”此订单后此订单便进入“销售订单”中。

① 进入单据明细，如果库存不足则点击“生成采购单”进行采购补充库存；② 页面进入“采购订单”；③ 如不接受则点击“作废”；④ 如接受该订单点击“受理”便生成“销售订单”。

销售订单：B2C商户对B2C采购者的采购订单进行“结算”及“确认”。

① 选择订单后，点击“明细”进入结算页面；② 点击“结算”后完成对订单的结算；③ 再次进入此单据明细，点击“确定”后，交易才算完成，订单转入“发货处理”。

发货处理：B2C采购者对已“确认”的“销售订单”进行发货处理。

① 选择订单，点击“明细”进入发货处理页面；② 点击“确认发货”完成与B2C采购者的交易。

单据查询：对B2C商户与采购者之间的各种状态的订单进行查询。

① 选择订单，点击“明细”进入单据的信息页面；② 点击“确定”或“返回”便完成对订单的查看；③“销售单号”查询，把销售单号填入括号内，然后点击“查询”便可以。

8.2.2　实训内容

题目：B2C网上商城运营，以“博星卓越网上商城系统”为例。

“博星卓越网上商城系统”按照主流B2C电子商务交易平台功能，以网上商城管理员、商城买家和商城卖家三类角色为切入点，结合电子商务教学的需要和企业电子商务岗位实操的要求专门设计开发的集实训支撑、自主学习、创新创业为一体的多功能教学实践平台。该系统功能主要包含网店分类管理、商品管理、团购管理、订单管理、支付方式管理、配送方式管理等。

1. 博星卓越网上商城系统后台管理

在浏览器地址栏输入后台管理地址“http://IP地址：端口号/shopxx/admin”，按回车键打开管理员登陆界面。在用户名和密码一栏输入后台预设的用户名admin，密码123456，单击“登录”进入商城系统后台管理页面，如图

2-8-11 所示。

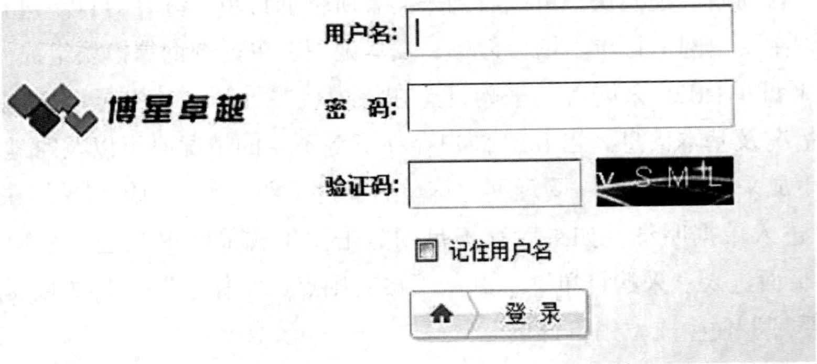

图 2-8-11 管理员登陆页面

（1）商品管理。如图 2-8-12 所示，单击“商品管理”，主要包含商品管理、商品分类管理、商品品类管理、商品规格管理和品牌管理，主要进行各类管理的查询、添加、编辑、删除等功能。

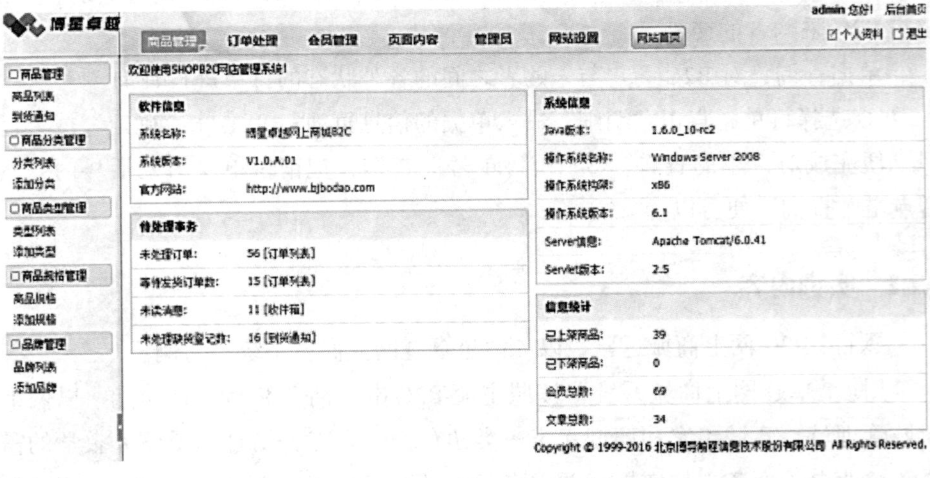

图 2-8-12 商品管理

（2）订单管理。如图 2-8-13 所示，通过对订单列表信息、订单状态、付款状态、物流状态的筛选，浏览订单详细信息及投诉订单的状态等，还可查看购物车详细信息、商品销售的详细信息及发货、退货商品的物流信息等。

图 2-8-13 订单管理

（3）会员管理。如图 2-8-14 所示，会员管理中的设置主要有会员管理、商品评论和在线留言三大模块，可对管理员或者会员进行编辑、添加、修改及删除等操作，赋予不同会员的会员等级及操作权限；对账户平台身份认证有效期进行查看，可以通过设置时间区间做到精准查询；查看平台所有用户账号的点击数量信息。

博星卓越
商品管理 订单处理 会员管理 页面内容 管理员 网站设置 网站首页
admin 您好！ 后台首页
个人资料 退出
会员管理
会员管理
会员等级
会员注册项
商品评论
评论列表
评论设置
在线留言
留言列表
留言设置
会员列表 总记录数: 69 (共4页)
添加会员 查找: 用户名 搜索 每页显示: 20

用户名	会员等级	E-mail	注册日期	状态	操作
1001	普通会员	123@123.123	2016-09-13	正常	[编辑]
wang	普通会员	wang@qq.com	2016-09-12	正常	[编辑]
xiaoi	普通会员	80744@qq.com	2016-08-12	正常	[编辑]
test065	普通会员	213423523@qq.com	2016-08-12	正常	[编辑]
test064	普通会员	124124234@qq.com	2016-08-12	正常	[编辑]
test063	普通会员	1242354@qq.com	2016-08-12	正常	[编辑]
test062	普通会员	12424234@qq.com	2016-08-12	正常	[编辑]
test061	普通会员	1241254@qq.com	2016-08-12	正常	[编辑]
test060	普通会员	332059976@qq.com	2016-08-10	正常	[编辑]
test059	普通会员	214235@qq.com	2016-08-10	正常	[编辑]
test058	普通会员	124124@qq.com	2016-08-10	正常	[编辑]
test057	普通会员	234235325@qq.com	2016-08-10	正常	[编辑]

图 2-8-14 会员管理

（4）页面内容。如图 2–8–15 所示，页面内容设置中主要有内容、模板、缓冲管理和网址管理等。

博星卓越
admin 您好! 后台首页
商品管理
订单处理
会员管理
页面内容
管理员
网站设置
网站首页
个人资料
退出
内容管理
导航管理
文章管理
文章分类
广告位管理
广告管理
友情链接
模板管理
页面模板管理
邮件模板管理
打印模板管理
缓存管理
更新缓存
欢迎使用SHOPB2C网店管理系统!
软件信息
系统名称: 博星卓越网上商城B2C
系统版本: V1.0.A.01
官方网站: http://www.bjbodao.com
待处理事务
未处理订单: 56 [订单列表]
等待发货订单数: 15 [订单列表]
未读消息: 11 [收件箱]
未处理缺货登记数: 16 [到货通知]
系统信息
Java版本: 1.6.0_10-rc2
操作系统名称: Windows Server 2008
操作系统构架: x86
操作系统版本: 6.1
Server信息: Apache Tomcat/6.0.41
Servlet版本: 2.5
信息统计
已上架商品: 39

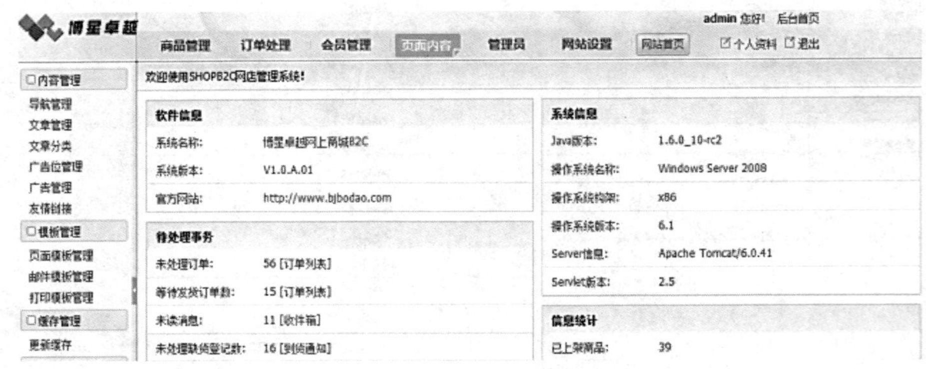

图 2–8–15 页面内容

（5）网站设置。主要包含网站设置、支付管理和配送管理。如图 2–8–16 所示，网站设置有基本设置、显示设置、安全设置、邮件设置与其他设置等内容。支付管理则主要设置货到付款与在线支付两种支付方式，而配送管理则设置配送区域、配送方式及物流公司选择等。

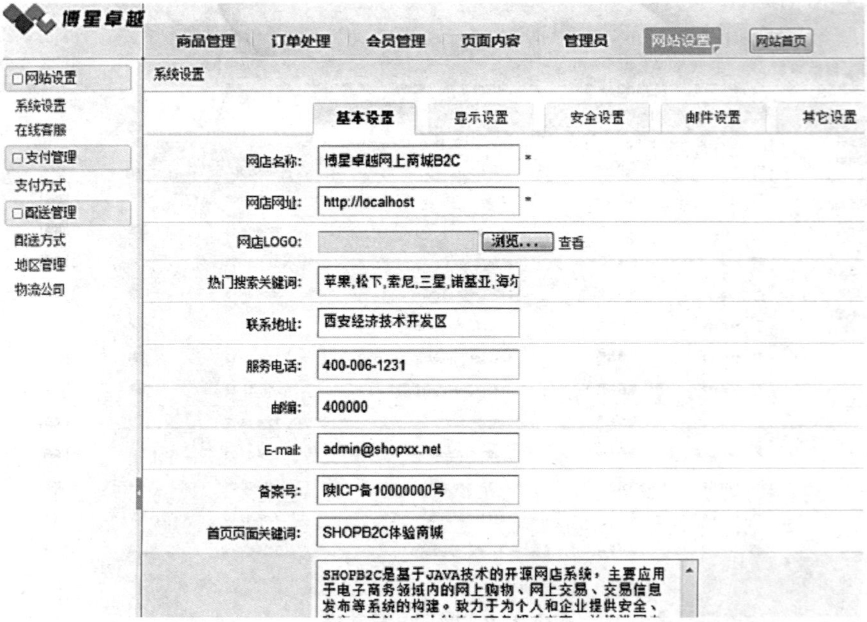

博星卓越
商品管理
订单处理
会员管理
页面内容
管理员
网站设置
网站首页
网站设置
系统设置
在线客服
支付管理
支付方式
配送管理
配送方式
地区管理
物流公司
系统设置
基本设置
显示设置
安全设置
邮件设置
其它设置
网店名称: 博星卓越网上商城B2C *
网店网址: http://localhost *
网店LOGO: 浏览... 查看
热门搜索关键词: 苹果,松下,索尼,三星,诺基亚,海尔
联系地址: 西安经济技术开发区
服务电话: 400-006-1231
邮编: 400000
E-mail: admin@shopxx.net
备案号: 陕ICP备10000000号
首页页面关键词: SHOPB2C体验商城
SHOPB2C是基于JAVA技术的开源网店系统，主要应用于电子商务领域内的网上购物、网上交易、交易信息发布等系统的构建。致力于为个人和企业提供安全、

图 2–8–16 网站设置

2. 博星卓越网上商城系统前台

后台相关设置完成后，可通过后台管理页面点击“首页”，亦可在浏览器地址栏输入商城网址，便可进入自己的商城首页，也称为买家端，如图 2-8-17 所示。

图 2-8-17　商城首页

（1）注册登录。在商城购买商品时必须先注册账号，才可以购买。点击左上角“注册”，弹出注册窗口，如图 2-8-18 所示，输入用户名、密码等信息后点击完成注册，系统会弹出注册成功信息窗口，便可完成登录。

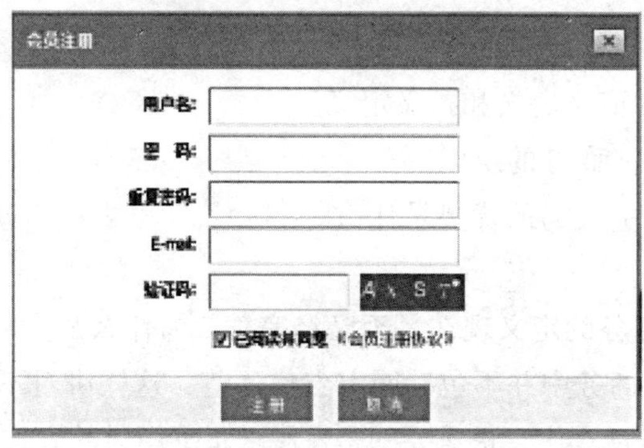

图 2-8-18　注册窗口

（2）如图 2–8–19 所示，登录后，可进入“会员中心”，查看和修改个人资料、交易记录、收藏、系统消息、消费记录等信息。

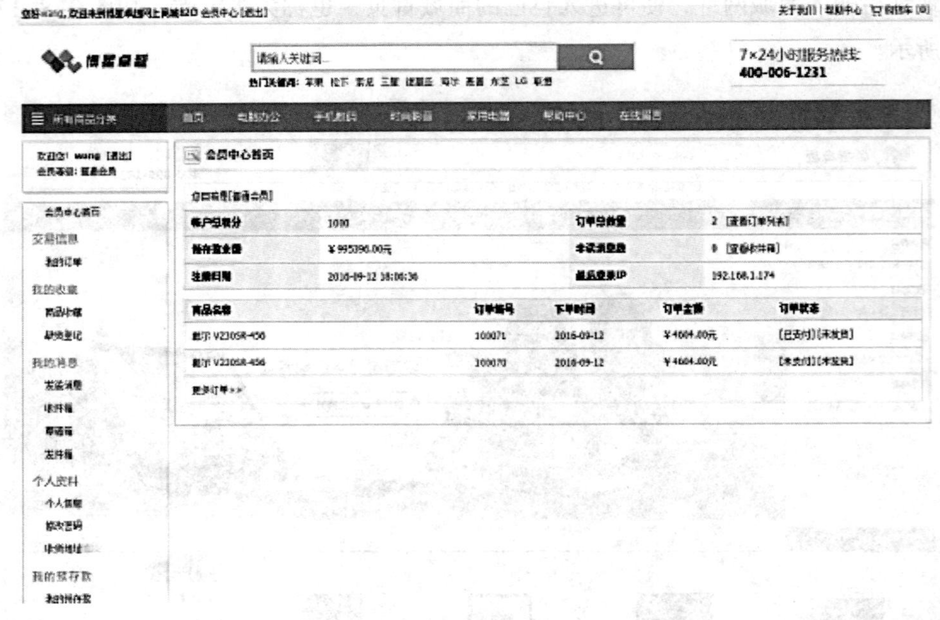

图 2–8–19　会员中心页面

（3）购买。购买流程与其他电子商务网站大同小异，参照此流程：搜索商品→加入购物车→去结算→支付→收货并评价。具体的详细信息可点击右上角“帮助中心”进行查询。

实训思考

一、简答题

1. 电子商务的广义定义和狭义定义。

2. 简述 Internet 商务的组成。

3.B2B 电子商务交易的优势是什么？

二、理解题

1. 有关电子商务的定义现在是否已经完善？为什么？

2. 在 Internet 商务中并不包括网上支付环节，这样讲对不对？

3. 在电子商务活动中，最重要的是发展送货上门付款方式，是不是这样呢？

参考文献

[1] 宋艳苹 , 王玥 . 电子商务综合实训 [M].2 版 . 北京 : 电子工业出版社 , 2016.
[2] 陶杰 . 电子商务物流实训教程 [M]. 杭州 : 浙江大学出版社 , 2018.
[3] 王多娜 . 电子商务基础 [M]. 天津 : 天津大学出版社 , 2018.
[4] 邵明 . 乡村振兴与农村电商发展 [M]. 北京 : 化学工业出版社 , 2018.
[5] 李明娟 , 侯光玉 . 跨境电子商务平台商业模式创新研究——以考拉海购为例 [J]. 中国市场 , 2019(23): 189, 191.
[6] 李喻 . 对我国旅游电子商务发展问题的一些思考 [J]. 中国市场 , 2019(22): 191–192.
[7] 冯讲琴 . 电子商务对我国农业发展的推动作用及路径 [J]. 现代农业研究 , 2019(8): 27–28.
[8] 袁素红 . 当前农村电子商务物流模式的理论和实践 [J]. 重庆第二师范学院学报 , 2019 (4): 21–24, 29, 127.
[9] 王春燕 . "一带一路" 战略区电子商务新常态模式分析 [J]. 现代营销 (经营版) , 2019(4): 133–134.
[10] 王玉 . 辽宁省农村电子商务发展问题探究 [J]. 现代营销 (创富信息版) , 2019(8): 237.
[11] 崔曦文 . 浅谈电子商务发展对市场营销的影响及应对策略 [J]. 现代营销 (创富信息版) , 2019(8): 245.
[12] 任思璇 . 我国跨境电子商务发展的就业效应研究 [D]. 北京 : 北京邮电大学 , 2019.
[13] 吴双 . 电子商务与社交媒体中电子口碑对消费者行为影响的差异性研究 [D]. 北京 : 北京邮电大学 , 2019.
[14] 项铭晓 . C2C 模式下电子商务税收征管博弈分析及对策研究 [D]. 上海 : 上海海关学院 , 2019.
[15] 齐思达 . B2B 平台企业财务舞弊案例研究 [D]. 沈阳 : 沈阳工业大学 , 2019.
[16] 李景龙 . 基于数据挖掘的电子商务卖家分层模型研究 [D]. 北京 : 北京邮电大学 , 2019.
[17] 马晨 . 电子商务环境下农产品质量安全管控机制与模式研究 [D]. 北京 : 中国农业科学院 , 2019.
[18] 陈荔晋 . 电子商务对当前国际经济贸易的影响研究 [J]. 品牌研究 , 2018(8): 66, 75.
[19] 蒋蔚 . 基于大数据的电子商务专业课程实习改革探索 [J]. 科技经济市场 ,

2018(12): 146-148.
[20] 刘荣 . 对主要 C2C 电子商务平台经营普通纪念币疑似假币现象的调查 [J]. 时代金融 , 2018(36): 203-204.
[21] 孙月玲 . 电子商务运营训练系统的设计与实现 [D]. 南京 : 南京理工大学 , 2018.
[22] 余婷 . 电子商务合同的效力和证据问题研究 [D]. 广州 : 华南理工大学 , 2018.
[23] 韩芳芳 . 移动电子商务情境下产品图片美学对顾客购买行为的影响 [D]. 杭州 : 浙江工业大学 , 2017.
[24] 张成培 . 电子商务环境下双渠道供应链协调的定价策略研究 [D]. 杭州 : 浙江工业大学 , 2017.
[25] 蒋慧 . 社区 O2O 电子商务商业模式研究——以社区便利店 O2O 为例 [D]. 南昌 : 南昌大学 , 2016.
[26] 林煌国 . 电子商务平台产业竞争与规制研究 [D]. 福州 : 福建师范大学 , 2016.
[27] 罗佳莉 . 浅谈我国电子商务环境下的税收法律问题 [D]. 湘潭 : 湘潭大学 , 2016.
[28] 于龙杰 . B2C 电子商务网站顾客忠诚度影响因素研究——以 B2C 购书网站为例 [D]. 青岛 : 青岛大学 , 2016.
[29] 黄继磊 . 电子商务环境下 A 公司供应链管理优化研究 [D]. 南昌 : 南昌大学 , 2016.
[30] 丁尧 . 我国电子商务欺诈治理模式构建研究 [D]. 湘潭 : 湘潭大学 , 2015.
[31] 申建栋 . 基于社会化媒体的电子商务营销模式构建研究 [D]. 武汉 : 湖北工业大学 , 2015.
[32] 李瑜生 . O2O 模式下传统零售业物流配送模式选择 [D]. 广州 : 华南理工大学 , 2015.
[33] 邱清波 . 地方政府在电子商务产业发展中职能研究——以石狮市为例 [D]. 泉州 : 华侨大学 , 2015.
[34] 张洁 . 基于农村电子商务环境下的农村物流发展研究 [J]. 农业经济 , 2019(7): 135-136.
[35] 王思媛 . 电子商务与现代物流关系 [J]. 电子商务 , 2019(7): 2-3.
[36] 韩静 , 杨力 , 刘卜榕 . 电子商务与物流产业协同度研究 [J]. 合作经济与科技 , 2019(13): 134-137.
[37] 薛晓东 . 电子商务物流管理问题分析 [J]. 物流工程与管理 , 2019, 41(06):

37–38.
[38] 程晓栋 . 电子商务环境下生鲜农产品冷链物流发展分析与高职人才实践教学培养 [J]. 中国物流与采购 , 2019(11): 63–64.
[39] 黄志 . 电子商务环境下企业物流管理创新分析 [J]. 企业改革与管理 , 2016(24): 10–11.
[40] 杜俊鹏 . 我国跨境电子商务物流现状与运作模式探讨 [J]. 商场现代化 , 2016(30): 45–46.
[41] 胡涛 . 电子商务环境下物流包装绿色化存在的问题及对策 [J]. 湖北工业职业技术学院学报 , 2016, 29(6): 54–57.
[42] 乐思伟 . 商务电子邮件中的模糊限制语——一项基于语料库的电子商务沟通的语言策略研究 (英文) [J]. 商务英语教学与研究 , 2015(00): 97–108.
[43] 柳青云 . 浅谈电子商务环境下的网络营销战略 [J]. 商 , 2015(50): 84.
[44] 谭天敏 . C2C 模式下农户直销研究 [D]. 杭州 : 浙江农林大学 , 2015.
[45] 罗炜虹 . 外贸电子商务模式应用研究 [D]. 泉州 : 华侨大学 , 2015.
[46] 王晓露 . 电子商务中品牌视觉形象设计研究 [D]. 天津 : 河北工业大学 , 2015.
[47] 刘天 . 第四方物流在电子商务领域的应用与实现 [D]. 西安 : 西安电子科技大学 , 2015.
[48] 肖邦明 . 社会化商务中基于多重关系的社会网络形成机制及其对产品销售的影响 [D]. 武汉 : 武汉大学 , 2015.